TRAJETÓRIA REBELDE

Dados Internacionais de Catalogação na Publicação (CIP)
(Câmara Brasileira do Livro, SP, Brasil)

Viegas, Pedro
  Trajetória rebelde / Pedro Viegas. – São Paulo : Cortez, 2004.

  Bibliografia
  ISBN 85-249-1016-X

  1. Revolucionários – Brasil – Narrativas pessoais. 2. Viegas, Pedro
I. Título.

04-1762   CDD-923.281

Índices para catálogo sistemático:

1. Brasil : Revolucionários políticos : Narrativas pessoais 923.281

PEDRO VIEGAS

TRAJETÓRIA REBELDE

TRAJETÓRIA REBELDE
Pedro Viegas

Capa: DAC
Preparação de originais: Eloísa Aragão
Edição digital do texto final: Dora Helena Feres
Revisão: Irene Hikichi
Composição: Dany Editora Ltda.
Coordenação editorial: Danilo A. Q. Morales

Fotos: Pedro Viegas/Lunapresse

Nenhuma parte desta obra pode ser reproduzida ou duplicada sem autorização expressa do autor e do editor.

© 2004 by Autor

Direitos para esta edição
CORTEZ EDITORA
Rua Bartira, 317 — Perdizes
05009-000 — São Paulo-SP
Tel.: (11) 3864-0111   Fax: (11) 3864-4290
E-mail: cortez@cortezeditora.com.br
www.cortezeditora.com.br

Impresso no Brasil — abril de 2004

Se uma luz te atrai, segue-a. Se ela te conduzir a um pântano, dele sairás. Porém, se não a seguires, terás sempre na vida a impressão de que aquela era tua estrela.

Goethe

A
Marco Antônio da Silva Lima,
Padre Paulo Tonucci,
Alípio Antônio Nunes Neto
e a todos que, como estes, ousaram
lutar contra toda forma de opressão e por
uma sociedade em que homens
e mulheres, independentemente de
raça, credo, cor e origem social,
pudessem ser cidadãos por inteiro
e, nesta condição,
desfrutar da mais ampla
liberdade de opinião e igualdade de
oportunidades.

Nota do editor

É possível obter mais detalhes sobre assuntos de alguns temas tratados neste livro, na obra *Vozes do Mar — o movimento dos marinheiros e o Golpe de 1964 —*, de Flávio Luis Rodrigues, lançado por esta editora em 2004.

Sumário

Marinheiro de terceira viagem 11
    Percival de Souza

Apresentação 15

1. Meu caso é político! 19
2. O movimento dos marinheiros 40
3. Propósitos revolucionários no cárcere 61
4. O mar se agitou! 83
5. Cabana do Jacu, refúgio dos guerrilheiros 100
6. Perseguição e violência brutal 114
7. Presídio da Ilha das Flores 131
8. Em Santiago, busca de alternativas 147
9. Em Paris e em Milão, a alegria *peró non troppo* 171
10. À espera de determinações 178
11. A polêmica sobre o "cabo" Anselmo 183
12. O retorno a Santiago 189
13. Na Argentina, sob o encalço da repressão 192
14. Riscos constantes 198

15. Guerreiros sem descanso 208
16. Em Milão, mais uma vez 216
17. Rumo ao solo brasileiro 227
18. Operários e lutas 241
19. Movimentos políticos: reflexões e críticas 254
20. Argentina: revelação das monstruosidades 260
21. Reconquista e identidade 274

Marinheiro de terceira viagem

*Percival de Souza**

Na primeira fase, da Armada, temos a vivência militar para perceber, como poucos, o movimento nascente entre as praças, com oficiais a distância, que seria considerado insuportável para as Forças Armadas e um dos pretextos principais para ser deflagrado o março de 1964. Na segunda, o encantamento pelas teorias de foco, as doutrinações partidárias, o navegar pelas ideologias e a opção consciente em arriscar-se para reverter o *status quo*, eterno sonho dos revolucionários. Na terceira, a hora de colocar isso no papel de maneira cristalina, coisa que poucos se mostram dispostos a fazer, como se fossem prisioneiros de gaiolas do pensamento ou importadores de idéias armazenadas em sarcófagos.

Nesta terceira viagem, podemos tornar mais compreensíveis alguns pensamentos genéricos, porém adequados a nossas circunstâncias, bem à Ortega y Gasset, que provocaram o ciclo militar e as reações corajosas contra o arbítrio institucional. Alguns deles: "O Estado é o mais frio dos monstros frios" (Nietzsche). Nem cátedra de Stalin, nem gorilas ululantes. "A verdade é uma terra não palmilhada" (Krishnamurti). Sim, como os diamantes, ela é ou não é. "A nossa consciência é um juiz infalível, enquanto não a assassinamos" (Honoré de Balzac). Patrulheiros do passado e do presente unem-se no mesmo labor.

---

* Jornalista e escritor, autor de *Autópsia do Medo e Eu, cabo Anselmo*.

História de vida e militância, este *Trajetória rebelde* é um documento de quem viveu uma situação e foi muito além dela. Não se deixou ficar refém de dogmas e pré-conceitos, não quis falsear a história para torná-la mais saborosa e resistiu à tentação de colocar-se como herói intrépido, lutando contra moinhos de vento militares. Com um detalhe: ele era militar. E da Marinha, o cérebro da inteligência de informações contra os que acharam melhor armar-se para enfrentar e derrubar o regime. Isso é interessante, porque vem de um olhar interessado e revelador. Quando publiquei *Autópsia do Medo*, um bando anacrônico, que se identificou como missivistas "intelectuais", mandou uma carta à *Folha de S.Paulo* para atacar o autor do livro e apresentar-se como titular de um imaginário monopólio detentor da verdade. Como a História não escolhe o que conta, ou o que deve deixar de contar, e muito menos oculta fatos sob tapetes, só me restou responder com outra carta, em legítima defesa, dizendo que eles estavam me confundindo com Sidney Sheldon. É inacreditável! Por isso, também é mais um mérito deste livro de Pedro Viegas, que diante de vários episódios faz uma verdadeira restauração histórica e não titubeia em colocar-se, com fraquezas e limites, sonhos e coragem, numa mistura imperdível de João Cândido — aquele que se revoltou contra as punições que a Marinha do Brasil aplicava a chibatadas (coisa que a História oficial não quer lembrar) — com a militância e a orientação política de grupos e partidos. Águas revoltas, muitos preferem vê-las assim, mas o nosso marinheiro não teve receio das tempestades, reais ou inventadas, e seguiu em frente. E isso inclui prisões, perseguições, julgamentos, fuga, exílio, solidão, amargor, solidariedade, amor, carinho, afeto, decepções, ódio, rancor, desilusões. A vida, em facetas.

A carga do marinheiro é pesada. Urgia entregá-la, intacta, e ele conseguiu chegar ao destino de uma forma que testemunhei: a dificuldade no trajeto, o sufoco e as lágrimas no momento de reconstituir e revelar fatos, a vontade de desistir, o ânimo revigorado. O resultado (sofrido) da terceira viagem está em suas mãos.

Não pense que se trata apenas de *mais um* livro sobre o tema. Porque o trabalho de Viegas transcende os limites pré-determinados, é uma vontade de mergulhar fundo e voltar à tona com cenas recompostas por completo; e não em parte, para agradar os companheiros de outrora e em fiel obediência ao totem partidário ou ideológico. Prefiro ver a obra como uma história de homens e mulheres, acreditando no que pensavam e defendendo as suas idéias, dispostos a oferecer suas vidas até como holocausto, cometendo equívocos e conseguindo acertar. Viegas, de posse da velha bússola, consegue nesta empreitada manter sempre regulado o rumo do norte. E como experimentado marinheiro, ensina que não se pode confundir, em alto mar ou terra firme, impacto da onda com farfalhar frívolo da espuma.

Para acompanhá-lo nessa viagem, é bom saber que o mergulho na História contemporânea, embora já coisa do século passado, exige desprendimento. "Era uma vez..." configura formato interessante. "Meninos, eu vi!", também. Era uma vez um grupo do qual Viegas fazia parte. E ele viu muita coisa, testemunhou, sofreu e alegrou-se. É como se contasse a História, sem querer enfeitá-la, despindo-a de tons épicos, o que não significa abolir atos de coragem, altruísmo e humanidade, mas contar a você uma parte relevante de fatos ainda insuficientemente esmiuçados. Alguns episódios e nomes são conhecidos. Mas nada é apenas repetitivo. Aqui estão revelações que ajudam a formatar lentamente um mosaico gigantesco, com partidos e organizações, alas e tendências, filosofias e engajamentos, confrontados com uma repressão de momentos brutais, selvagens, exterminadores.

É bom conhecer este navegante, como eu conheço, para uma viagem em que fatos não são selecionados. Setores que se consideram bons pensantes, que enfrentam o provérbio chinês segundo o qual brigar com os fatos é inútil, podem até não gostar. Mas isso não tem a menor importância.

Porque neste livro, com alentadores momentos de audácia, Pedro Viegas ousa desmentir Carl Jung: "Todos nós nascemos originais e morremos cópias". Ele, não. Coisa de marinheiro calejado, que não teme as chibatadas de nosso tempo, das quais está nos ajudando a ficar livres, dizendo sem receio, do Leviatã, que nós também não somos assim.

Cidade de São Paulo, fins de 2003.

Apresentação

Poucas vezes me ocorreu a idéia de, um dia, "tirar tempo" para escrever um livro sobre os salpicos de experiências vividas durante a ditadura militar, os famosos anos de chumbo, como bem definem aquela etapa nada alvissareira de nossa história os que conseguiram sobreviver a ela. Quando a tentação surgia, a reação imediata era rechaçá-la, optando pelo silêncio durante todos esses anos. Acreditava não ter muito a dizer, embora tenha participado diretamente de alguns acontecimentos e testemunhado outros, dos quais, em ambos os casos, não restam motivos para embevecimentos ou boas recordações para serem guardadas, a não ser o fato de ter pertencido àquela geração fervorosa que alimentava o sonho de que era preciso criar algo novo, capaz de oferecer vida melhor e mais digna para todos, de transformar a utopia em realidade. A resistência tinha muito a ver com a abundância de títulos já publicados. Considerava, por isso, dispensável um depoimento pessoal.

Com efeito, há hoje farta documentação produzida por intelectuais preocupados em analisar os fatores sócio-econômicos e políticos que acirravam os antagonismos de então, fatores estes responsáveis, por sua vez, pelo radicalismo e tantos confrontos, armados ou não. Também por entidades pacíficas de inquestionável reputação, ligadas à defesa dos Direitos Humanos, que muito se dedicaram à produção de dossiês e outros estudos, contendo denúncias de graves arbitrariedades, num continuado e exaustivo esforço de reconstituir a verdade escondida pelos túneis do obscurantismo promovido e garantido pelo regime opressor, felizmente posto abaixo pela força de grandes mobilizações populares.

Antigos amigos, com os quais converso freqüentemente — e outros mais novos, estes até mais enfáticos —, discordavam de minha recusa em pôr no papel o que pensava à época e as causas que me forçaram, como a tanta gente, a uma atitude rebelde, renunciado à vida pacata (mas não insensível) que levava e a empunhar armas contra a opressão política e todas as manifestações absurdas de injustiça impostas aos trabalhadores por uma burguesia sedenta de acumulação acelerada de capital para melhor situar-se no processo de integração internacional do capitalismo em franco e crescente avanço, conhecido nos dias atuais como *globalização*. Insistiam em que, tendo eu participado de um período político tão convulsionado — e não apenas no Brasil, pois essa convulsão espraiava-se por todo o continente latino-americano —, deveria contribuir para a compreensão daquele momento, por menor que esta fosse. Devagar, o que era, no início, sugestão foi se transformando em cobrança.

Terminou por prevalecer, uma vez mais, o velho dito popular: "água mole em pedra dura, tanto bate até que fura".

Tive que refletir muito sobre isso, terminando por ceder. Sem dúvida, por mais que um mesmo evento histórico seja repetidas vezes contado por pessoas diferentes, sempre surge, por meio de cada um destes relatos, um dado novo que pode servir à elucidação de pontos nebulosos. São tantas as obras sobre Palmares, Canudos, Rebelião dos Marinheiros de 1910, liderada por João Cândido — mais conhecida como a Revolta da Chibata —, e inúmeros outros atos de revolta e resistência acontecidos pelos quatro cantos deste país! Maiores ou menores, entretanto, em todas elas há sempre um quê a mexer com o pensamento, a sugerir mais pesquisas, enfim, a apontar novos horizontes ou caminhos capazes de levar a novas e não raras descobertas surpreendentes.

Não podemos esquecer que vivemos num país que, apesar de inegáveis avanços, tem, nas suas classes dirigentes, representantes que dizem, alegres, que nada melhor do que uma "boa" seca para ganhar eleição. A crueldade que esta afirmativa encerra é inominável. Pode-se alegar que tal mentalidade é própria do atraso rural. Não é bem assim, e a confirmação disso está no que há de mais visível no cenário das grandes capitais: as favelas e tudo o que significa miséria e violência, que muitos reduzem aos feitos perpetrados cotidianamente pela marginalidade. Melhor, por criminosos, já que marginais são todos os excluídos. Bem sabemos que a violência maior, porque é a causadora de todas as outras, está na exclusão, da maioria, de qualquer bem social básico para que um indivíduo se sinta realmente cidadão: educação, saúde, habitação, transporte, emprego, etc., enquanto a renda é concentrada nas mãos de minorias privilegiadas; a corrupção atinge níveis insuportáveis e humilhantes para as pessoas honestas e seus praticantes permanecem impunes; e por aí afora. Vê-se, portanto, que entre o universo rural e o urbano há um traço de união: tudo se resume à cumplicidade de classe entre um e outro desses mundos, submetendo, explorando e oprimindo contingentes de infelizes que, afinal, fazem a prosperidade e constroem o poder que os bem situados desfrutam e exercem. Nisto mesclam-se interesses, conivências, indiferenças e omissões.

A história acontece à sua maneira, única em cada realidade; seu registro, no entanto, dá-se por versões conflitantes, em que predomina por tempo indefinido a dos vencedores. Somente a perseverança investigativa pode levar à verdade completa ou próximo a ela. E esta depende de elementos de reconstituição, de cada depoimento e parecer, em especial, quando possível, dos que tiveram a fortuna de sobreviver ao capítulo que lhe correspondeu estar presente, seja como ator, seja como observador.

Convencido disto, dar-me-ei por satisfeito se o resultado deste esforço, por vezes crítico, acrescentar luzes esclarecedoras a muitas passagens, narradas e interpretadas, por muitos autores, de maneira imprecisa e até distorcida, creio que por falta de acesso às fontes certas de informação. A realização, porém, acontecerá se o oferecido aqui puder ser útil aos pesquisadores do presente, do futuro e estudiosos em geral, interessados em ir ao fundo dos reais motivos do golpe de 1964 e seus desdobramentos, oferecendo, a partir daí, às gerações que nos sucedem — melhor elaboradas e menos emocionais — as origens e os porquês de tanta brutalidade, opressão e massacres que se seguiram. O passado não tem volta. Mas conhecê-lo importa para a definição de rumos que possam conduzir a um futuro menos sofrido.

Não há qualquer intento de promover idéia, seja qual for, nesta incursão. Ao contrário, o intuito é desmistificar conceitos políticos aceitos durante décadas — e que ainda prevaleçam em certos meios de nossa esquerda — como verdades absolutas, para evitar que erros cometidos num passado nem tão distante assim se repitam hoje ou amanhã.

Voltar à estrada percorrida há anos não é simples. Mesmo assim posso afiançar que alinhavar a seqüência daquele trajeto, com seus momentos, datas e nomes, não contém méritos extraordinários.

A imensa dificuldade incidiu sobre a tentativa de imprimir, no presente de cada uma das etapas recompostas na memória, o pensamento de companheiros de jornada, inclusive o meu, a respeito do que ia acontecendo. Não sei se esta meta foi alcançada, mas fica a advertência de que — mantida a essência ideológica — muito da concepção do fazer político que acreditávamos então modificou-se com o tempo, pela observação mais atenta de tantos episódios havidos pelo mundo afora e pelo amadurecimento. Ainda assim, sobram incertezas. E quantas!

1
Meu caso é político!

Foi um dia "cacete", aquele. Era dezembro de 1966. Estava eu ali na esquina da Avenida Rio Branco com Rua São José, quando a antiga cidade do Rio de Janeiro ainda se chamava Guanabara. Ia sempre à Rua São José procurar livros e ver, na livraria do mesmo nome, minhas namoradas intelectuais: Adalgisa Nery, de *Última Hora*, e Eneida, do *Diário de Notícias*, além de outras figuras de igual destaque no mundo das letras que me causavam admiração. Não eram poucas. Dentre tantas lembranças, está sempre presente o velho Otto Maria Carpeaux, de quem, pela maneira aberta de ser, buscava sorver algumas taças a mais de conhecimento. Nestor de Hollanda nos brindava com a coluna "Telhado de Vidro", no *Diário de Notícias*. Tempos férteis. Aos finais de tarde, quase regularmente, todos convergiam para aquele ponto, como a cumprir um ritual. Também ia a um restaurante, num prédio velho, onde se comia um excelente bacalhau à portuguesa, regado a vinho de qualidade determinada pelo disponível no bolso — em geral, tínhamos que nos conformar com o "tinto da casa", servido em caneca de louça.

Mas, desta vez, lá estava esperando o Moacir Omena de Oliveira, grande amigo, meu editor e diretor no *A Tribuna do Mar*, tablóide pelo qual tentava dizer coisas e que me deu o diploma de jornalismo na forma de três anos de "cana", por causa de um simples artigo com mais rebuscos que conteúdo. Moacir já estava de "mala e cuia" prontas para se mudar para a Bahia. Ambos condenados pela Justiça Militar, despedimo-nos, cheios de dúvidas quanto ao futuro. Na verdade, poucas foram as palavras. A sensação que sentíamos era a de saudade de tempos por demais recentes para tanto e, certamente, de tudo o que havíamos vivido como experiência comum no período. Fazer o jornal era apaixonante, como apaixonante era todo o movimento que girava em torno dele, dava-lhe sentido, e do qual era a própria voz: o Movimento dos Marinheiros e Fuzileiros Navais do Brasil. Naquele dia não houve Adalgisa, Eneida, Livraria São José nem o restaurante do divino bacalhau. E o tempo seguiu implacável após o nosso adeus, chegando a fevereiro de 1967, quando "a porca torceu de vez o rabo". Eram os ecos do martelo que o juiz auditor, agindo como autêntico preboste, enérgico no cumprimento das exigências punitivas determinadas pelo poder vigente, havia descido com fúria sobre sua mesa meses atrás.

A campainha soou forte, insistente, no interior daquele apartamento da Vila Valqueire, onde residíamos há algum tempo. Seus estrídulos, irritantes, ressoaram quatro vezes, quase sem intervalos, por todos os cantos da frágil paz que ainda éramos capazes de garantir e que ali, naquele rápido instante, seria rompida em definitivo. Coisa de segundos, mas parecendo durar horas, pela tensão que de repente apossou-se de nós. Não que aquilo fosse, a rigor, inesperado; era apenas inoportuno. Entreolhamo-nos, crespos, e um pôde ler na face do outro o que irresistivelmente escapava por todos os nossos poros: temores e hesitações.

— Com certeza não é a vizinha. Ela não costuma chamar assim! — disse Leda, minha mulher, em voz baixa.

— E os filhos dela? — perguntei no mesmo tom de sussurro.

— Não, eles não. Quando vêm aqui batem na porta e gritam o meu nome. Ainda não alcançam a campainha.

— E quem poderá ser?

— Não sei. Atendo?

— Espera um pouco... Algum amigo ou conhecido nosso ficou de vir aqui hoje?

— Não.

Fomos interrompidos pela campainha que voltou a ecoar, com mais insistência.

— Atendo?

— Atende.

— Vai para o quarto. É melhor!

Segui seu conselho, tratando de afastar-me da mesa da sala, sobre a qual encontrava-me debruçado há horas consultando pilhas de recortes de jornais e revistas e anotando dados. Era preciso que eu desse a impressão de que não me encontrava em casa, e Leda deveria justificar sua demora em atender a porta. Saí pé ante pé para meu "esconderijo" improvisado, enquanto ela, intuitiva, com passos leves e silenciosos foi ao banheiro, deu descarga na privada sem tê-la usado e voltou à sala, não mais se preocupando com o ruído de seus movimentos.

Outra vez a campainha, ainda mais insistente, soou. Antes que silenciasse, Leda abriu a porta.

— Desculpe a demora. O que deseja o senhor?

— Não leve a mal o incômodo, senhora. Boa tarde. O senhor Viegas está?

O homem tirou do bolso traseiro da calça um caderno dobrado ao meio e disse, com voz firme:

— É uma cobrança. O senhor Viegas fez uma compra a prestações numa loja e há uma nota promissória vencida, sem pagamento.

— Estranho, ele não me disse nada! Quanto é? O senhor tem a nota promissória aí? Qual é a loja?

— Não, senhora. Não tenho a nota promissória comigo. Também não sei quanto ele deve e nem em que loja comprou. Trabalho num escritório especializado em cobranças e minha função aqui é só convidá-lo para que compareça para saldar a dívida. Tratando-se de um bom cliente, ao que parece, vai ver esqueceu que ainda resta uma prestação a pagar. O escritório considera essas coisas, que podem acontecer a qualquer pessoa, e por isso o seu nome ainda não vai para o Serviço de Proteção ao Crédito (SPC). Isso só acontece depois do terceiro aviso e este é apenas o primeiro.

— Então está bem. Direi a ele.

— Mas compreenda, senhora, há uma formalidade a ser cumprida entre nós...

— Qual?

— Sabe? Ele tem que assinar um papel. É para que o escritório saiba que estive aqui. Na verdade, é um controle sobre nós, cobradores. Sabe como é: patrão não acredita em empregado.

— Não se preocupe. Eu assino.

— Infelizmente, senhora, só ele mesmo pode assinar. Pode chamá-lo?

Leda hesitou. Senti seu embaraço e apareci frente à porta, intrigado com a história. Em parte por sentir os brios feridos. Afinal, não havia comprado nada e nem devia a ninguém. O homem fitou-me e gritou, voltando-se, excitado, para o início da escada que cortava o prédio ao meio, separando as duas lojas do térreo e os dois apartamentos do andar superior e único.

— Ele está aqui... Sobe!

O parceiro, que aguardava por um aviso seu para subir, se necessário fosse, precipitou-se escada acima aos berros de "segura o homem, não deixa fugir, é perigoso!". Gelei da cabeça aos pés, apesar do calor de quase 40 graus daquela tarde de fevereiro tipicamente carioca, em que me encontrava de cueca. Leda empalideceu e não pôde impedir que as lágrimas que brotavam em seus olhos lhe rolassem pelo rosto.

— Não chore não, dona. A vida tem dessas coisas. — disse o primeiro homem, procurando confortá-la. Olhei mais atentamente para ele e pude ver, em seu pescoço, um colar de ogivas de balas que portava como amuleto por recomendação de seu pai-de-santo preferido. Percebendo minha curiosidade, justificou-se, olhando para o peito e alisando o colar:

— Sabe? Não é todos os dias que fazemos prisões fáceis como esta. Minha delegacia só enfrenta barra pesada!

— E qual é a sua delegacia? — perguntei.

— É a Invernada de Olaria!

Bom leitor, não poderia ter dúvidas. Aquela delegacia era famosa por suas façanhas contra marginais do porte que seus agentes chamavam "da pesada". Só não distinguia era a quem temer mais: se aos marginais contra os quais investiam ou a eles mesmos, os agentes, tão truculentos revelavam-se nos seus embates em defesa da Lei.

— Qual o seu caso? Estelionato?

Um pouco mais descontraído agora, passados os primeiros momentos de pânico, deixei que se esboçasse um leve sorriso nos meus lábios. Mas precisava quebrar a sisudez do segundo homem. Além dos berros ao subir a escada, não pronunciara mais qualquer palavra.

— Sentem-se, por favor. Aceitam um café?

Entreolharam-se, como a esperar, um do outro, consentimento.

— É, aceitamos, se não demorar. Temos ainda muito a fazer. A lista de buscas é grande! — assentiu o segundo homem, um gigante negro, tomando a palavra pela primeira vez desde que entrara no apartamento.

— Não vai demorar — disse Leda, mais calma.

E, voltando-se para mim, acrescentou:

— Deixa que eu faço o café. Fica com eles. Volto já.

Os dois homens sentaram-se no sofá, e eu retornei à mesa, onde se amontoavam os recortes de jornais, revistas e papéis rabiscados. Diante do brusco impedimento que me era imposto, teria que redigir uma rápida nota ao coordenador da equipe que eu integrava nos *Diários Associados* e para o qual haveria de realizar um trabalho nos próximos dias em Fortaleza.

— Não levem a mal — disse — mas devo comunicar ao meu editor o que está acontecendo. Deram-me uma tarefa que implica, inclusive, viagem, e os senhores compreendem que não é correto desaparecer sem dar a mínima. Há toda uma programação em que estou envolvido e até já me forneceram passagens e dinheiro para hospedagem e outras despesas. O que irão dizer de mim se desapareço sem qualquer satisfação?

— Tá bem, tá bem, mas só o tempo de tomar o café — assentiu o gigante, com aprovação do primeiro homem. Mas muito me admira que só agora você se preocupe com estas coisas de moral, ética ou que nome tenha. Você não é estelionatário?

Entendi logo que o exercício da profissão fizera com que aqueles homens classificassem as pessoas e suas possíveis transgressões penais pelos traços físicos e funções na vida. No seu estreito horizonte, nem sequer podiam imaginar que eu não fosse um estelionatário. Tipo magro, palavras razoavelmente mansas e educadas, usando óculos, dedicado à leitura, à caneta e máquina de escrever, não poderia ser, para eles, um arrombador de casas ou violento assassino, por exemplo.

— Senhores, creio que há um equívoco a meu respeito. Não sou estelionatário! Meu caso é político — esclareci.

— Como!? — explodiram numa só voz.

— É isso que ouviram. Meu caso é político. Lembram-se do golpe militar de 64? Pois é. Em conseqüência, enquadraram-me num artigo do Código Penal Militar por ter participado da Rebelião dos Marinheiros no Sindicato dos Metalúrgicos, em março daquele ano. E digo logo: orgulho-me disso.

Nunca vi a sua polícia invadir uma empresa para tirar de lá um patrão, mesmo educadamente, que desrespeita os direitos trabalhistas. Mas estou cansado de ver trabalhador — principalmente operário — espancado e morto por seus colegas por reclamar direitos que estão em lei. Vocês, policiais, lamento pelo que digo, na maioria vindos das classes pobres, esquecem isso e, continuando pobres, servem com exclusividade aos interesses patronais. Desculpem, tenho o direito de me aborrecer. A peça de acusação contra mim foi um texto que escrevi para um pequeno jornal, editado à época pela Associação dos Marinheiros e Fuzileiros Navais do Brasil (AMFNB). Ouviram falar? Naquele tempo eu era marinheiro, cabo. Pretendia abandonar, naquele mesmo ano, a vida militar porque não me satisfazia. Para isso já tinha até me inserido no campo do jornalismo, o que acreditava ser minha verdadeira vocação. Não houve tempo. Veio o golpe, expulsaram-me! Sabem o que consta em minha ficha do Serviço da Reserva Naval do Ministério da Marinha? "Conduta: Boa". "Causa da desincorporação: Expulsão" (data: 30/11/1964). No mínimo contraditório, não lhes parece?

Fez-se um certo silêncio e aproveitei esse hiato para ir um pouco além. De maneira simples, tentei mostrar o que era — e é de fato — o Estado e a quem serve. Lembrei que nenhum direito trabalhista havia chegado aos trabalhadores por obra e graça dos poderosos, mas pela força de lutas e sacrifícios de antepassados, citando o significado do Primeiro de Maio. Mas logo percebi que falava para ouvidos moucos, que não sabiam nem por que tinham salário, jornada de trabalho definida em lei, férias e outros benefícios. Entendiam apenas que havia polícia e bandidos, que quem não estava de um lado, estava de outro. Não tendo platéia, encerrei meu discurso. Sem aplausos, claro.

— Ora, conheci muita gente atingida também por essa situação. Inclusive alguns amigos meus. Lamento — disse o primeiro homem.

Veio o café, interrompendo a conversa. Pus-me a escrever.

Meu caro Antônio Pinto de Medeiros.

O evitável — se tivesse buscado o exílio —, aconteceu. Acabam de chegar aqui em casa dois policiais da Invernada de Olaria com um mandado de prisão contra mim. Trata-se daquela condenação — três anos de reclusão — que me coube como prêmio em setembro do ano passado e da qual te havia falado. Nossos juízes não contemplaram. Bateram duro e impiedosamente seu martelo e expediram mandados de busca e captura por todos os lados contra centenas de pessoas. As prisões vão se dando aos poucos. Minha vez chegou. Nem creio que pudesse escapar desse aborrecimento. Tirando o corpo de casa, como vinha fazendo, mas amarrado ao trabalho legal de sobrevivência, com nome e sobrenome em aberto (quanta inocência!) como qualquer cidadão "normal", minha prisão era questão de tempo. Equilíbrio frágil, queda fácil. A interpretação que faço disso e de suas razões de fundo já conheces bem, o que dispensa comentários a respeito neste espaço. Também não teria tempo e nem nervos para tanto, se quisesse fazê-lo. Minha companheira chora quase sem parar e suas lágrimas me comovem, além de criarem em mim um forte sentimento de culpa que muito me aflige. Mas estes são outros quinhentos que não vêm ao caso ficar remoendo, mas sim enfrentar. O que mais importa agora é informar acerca do irremediável e devolver o que tenho em mãos, relativo ao trabalho que me cabia executar. Segunda-feira, logo pela manhã, minha companheira te procurará com esse fim. O dinheiro, passagens e até algumas anotações que poderão servir a meu provável substituto na tarefa, te serão entregues diretamente. Por fim, devo dizer ainda que dói-me ser tirado de circulação logo num sábado cheio de sol. Mas outros iguais e até mais brilhantes virão. Nem o mundo nem a vida para mim acabaram, espero.

Abraços,
　　　Viegas.

　　　　　　　　　　　　　　　　　　　　　Rio, 8 de fevereiro de 1967.

Escrevia ao Medeiros como se falasse com ele ao telefone. Projetava o que iria acontecer na segunda-feira como se fosse possível antecipar-lhe alguma coisa naquele sábado.

— Pronto, terminei! — disse aos dois homens, após dar uma lida no que havia escrito ao Medeiros.

— O que está dizendo aí? — perguntou um deles, não lembro qual.

— Digo que estou sendo preso e que estou devolvendo o que me havia sido fornecido pela empresa para que pudesse realizar o trabalho que me fora confiado. Querem ler? Não há segredos.

— Quero! — manifestou-se o gigante.

Entreguei-lhe o papel e ele leu o texto gaguejando, mas em voz alta. Ao terminar, devolveu-me comentando:

— Não entendo por que essas coisas acontecem com pessoas como você. Cheguei aqui pensando que ia levar um bandido, depois de algumas trocas de tiros, e me aparece um condenado apenas por ter assinado um artigo escrito para jornal, que, vai ver, ninguém leu, e não um emitente de cheques sem fundos, para ficar no mais barato. Às vezes me pergunto se vale a pena ser honesto. E quando me faço esta pergunta, minha profissão me dá náuseas. Tá vendo este aí? — apontou para o amigo, um senhor branco de uns 45 anos, mas aparentando cerca de 60 — comeu o pão que o diabo amassou só porque, com a mudança do Distrito Federal para Brasília, optou por ficar na Guanabara. Coisa de política, que droga!

— Deu hora, gente boa, temos que partir! — observou o primeiro homem já se pondo de pé, quem sabe procurando fugir às lembranças amargas de um "mau pedaço de vida" que o seu amigo trouxera de volta.

— Bem — voltou a falar o gigante — você deve ser inexperiente nesse negócio de prisão. Aconselho que leve pouca coisa. Basta uma muda de roupa, uma toalha, pasta, escova de dentes e sabonete. Também cigarros, se você fuma.

Fui para o quarto me trocar. Leda ocupou-se da valise que eu deveria portar comigo. Entre soluços, ela abria e fechava gavetas em busca dos objetos recomendados, enquanto eu procurava, com dificuldade, pronunciar algumas palavras que pudessem confortá-la. Mas que palavras de conforto poderia lhe dizer, quando eu mesmo encontrava-me arrasado?

Dei uma olhada em nossa pequena biblioteca e escolhi *Recordações da Casa dos Mortos*, de Dostoievski. A meu ver, nada mais coerente. Também eu, naquele instante da vida, enfrentava meus czares.

Situação incrível, aquela, para mim, mais parecendo um pesadelo num desses sonhos agitados por torrentes de ansiedades e que se deseja, por tudo, que tenha logo fim. Mas este fim não chegava e nem poderia chegar assim, "sem mais nem menos". Vivia uma realidade e de realidades não se pode fugir como nos sonhos, simplesmente acordando.

Pela cabeça passavam-me, velozes, as mais variadas idéias, algumas absurdas, como a que me sugeria saltar a janela e partir. De pernas quebradas, o que fatalmente ocorreria se tentasse o vôo, não se vai a lugar algum e hospital não é saída para enrascada como aquela. Menos ainda dentro de uma armadura de gesso e com escolta policial ao lado do leito. Mais razoável, dizia-me outra, seria o apelo ao inspirado "jeitinho brasileiro". Um tanto cínico e chegado à corrupção como ele só, é certo, mas tão criativo e generoso ao infinito em soluções para as complicações nossas de cada dia. Tanto que muitos homens públicos e grandes empresários "curtem-no" a valer. Desminta-me quem puder. Meus captores não estavam de acordo em que eu era um *bom sujeito*, que cadeia não é ou não deveria ser para gente honesta? Arrisquei.

— Os senhores vão mesmo me levar? Acham certo isso?

— Olha, meu caro, achar certo eu não acho — respondeu o homem de colar de balas — mas a merda não é nossa. É do filha da puta do juiz que te condenou. Levar, temos que levar. É o dever. Não tem mais jeito. Quando disse pro "grande" subir (referia-se ao parceiro), ele deu sinal para os da viatura. Agora eles nos esperam na pracinha, contigo. Tem jeito não. Mas seremos camaradas. Não vais algemado e nem no "chiqueirinho" (traseira, com grades, do camburão, o veículo para transporte de presos).

— É chato, sei, mas é assim — disse o gigante. — Imagina — continuou — o que vão dizer de nós se voltarmos de mãos abanando, depois de tanto tempo em tua casa e do sinal afirmativo que estavas aqui dentro. Vão pensar que recebemos "bola" para te deixar escapar. Não dá pra aliviar. Tens que vir.

— Paciência! — respondi com voz embargada, a "duras penas", e olhando para minha mulher, que naqueles dias havia sofrido dificuldades com a saúde e, só por isso, eu estava ali, apoiando-a.

Um fato de sabor, tendendo ao pitoresco, ocorreria no julgamento que iria jogar-me na situação constrangedora da prisão. Trabalhava, então, na reportagem geral de *O Jornal*. Em contato quase diário com colegas de processo e nossos advogados (um deles era o Modesto da Silveira), sabia com antecedência a data em que iria acontecer. Consciente de que se tratava de um jogo de cartas marcadas, havia tomado uma posição: evitar, o quanto possível, passar nas imediações da 1ª Auditoria da Marinha. Era indiscutível, todos concordavam, que a condenação viria para valer. A filosofia das autoridades navais era incisiva: quanto menor a graduação, maior a pena, dentro do artigo em que os supostos infratores encontravam-se enquadrados. Se este artigo escalonava, pelo grau de responsabilidade, de dois a cinco anos de prisão, o mais graduado tomaria dois anos e o menos graduado, cinco. A questão era política e o determinante seria o *exemplo*. Era preciso deixar o *exemplo* para os subalternos que ficaram e para os que viriam, a fim de que rebeliões como a dos marinheiros não voltassem a se repetir. Só assim, acreditavam, a disciplina seria preservada e a hierarquia de modo algum, ferida no futuro. Mas não faltei ao trabalho e, na redação, só raríssimas pessoas sabiam de minha real situação.

Gastão era o secretário de redação e, girando como sempre o seu chaveiro, pendurado na ponta de uma corrente de prata, disparou:

— Você vai ter que "cobrir" o julgamento dos marinheiros no Ministério da Marinha (a Auditoria funcionava dentro dos muros daquele Ministério).

Respirei fundo, mas nada tinha a fazer para evitar isso. Inventei uma dor de cabeça. Não funcionou. Até Melhoral apareceu no ato. "É má alimentação", houve quem sugerisse. Diante do inevitável, restou-me pegar lápis, sempre gostei de lápis, bloco de papel e partir para as feras.

Foi tudo muito demorado, argumentos e contra-argumentos sucediam-se entre promotor e advogados, réplicas e tréplicas, e eu ali fora do banco dos réus com a conivência geral. Era o jornalista, para todos os efeitos. Veio afinal o conhecido intervalo. Ao reabrir a sessão o martelo iria descer. Pedi orientação ao Dr. Modesto da Silveira e ele aconselhou-me:

— Sai. Vai para o bar ali em frente que te levarei o veredicto quando sair. Depois conversaremos melhor quanto aos passos jurídicos posteriores. Mas adianto: nenhuma ilusão!

O bar era num velho prédio, de alto e baixo, bem ao estilo de todas as construções naquelas imediações. Um lugar decadente, mas, ainda assim, simpático à sua maneira. Era a época da média com pão e manteiga, pela manhã, ou da Caracu batida com ovos quando apetecia ou julgávamos necessitar de energia. Moda, enfim, da qual não escapavam velhos e jovens. O calor prosseguia, mas o que me deixava encharcado eram as dúvidas e uma sensação estranha de perda. Não possuía experiência alguma em matéria de justiça e seus meandros, e nunca me havia imaginado na condição de réu. Mas intuía o que, por certo, viria.

Em algumas horas apareceu o Modesto. Não foi direto. Começou por sua tentativa de conforto, mas o esperado já estava consumado: três anos de reclusão!

Matéria "levantada", voltei à redação. Fui direto à máquina para redigi-la. Texto pronto e relido rapidamente, anexei o listão de condenados. Já não lembro quantos os condenados, nem a quantidade de anos somados. Mas tudo era bem nutrido.

Entreguei a matéria pronta ao Gastão e, sob seus olhos, assinalei, para seu espanto, o meu nome entre os condenados.

— O que é isso?! — foi sua reação.

— É isso! — respondi. E perguntei qual seria a posição da empresa, que era reconhecidamente de integral apoio ao golpe militar e sua ditadura.

— Irão me entregar à polícia?

— Nada disso — respondeu. E acrescentou:

— Vou ver qual a saída.

Rumou para o andar de cima e voltou com uma posição:

— De preferência, não vá para casa e procure manter contato comigo. Encontraremos uma solução.

No dia seguinte esta solução já existia:

— Vai para Florianópolis. O *Diário Catarinense* está precisando de algumas mudanças.

Um pouco louco, partindo de onde partia a opção, mas aquele gesto trazia em si uma clara manifestação de solidariedade. Tratei de arrumar a mala, providenciar o necessário e partir. O desafio estava feito e aceito.

Já no avião começaram os senões no pensamento. Estava indo para uma cidade que mal conhecia, para uma redação com pessoas antigas, mal-remuneradas, com férias atrasadas e demais direitos trabalhistas em geral sacrificados, e eu, chegando de um grande centro, em condições bem melhores. Isto, certamente, poderia situar-me numa posição desconfortável em relação aos colegas locais. Mas a verdade é que não aconteceu assim. Tudo foi até muito bom, enquanto durou. Só que durou pouco.

Cidade pequena tem seus limites reduzidos ao extremo. Um deles logo se apresentou para mim. No jornal tinha que assinar uma sessão, de duas colunas de cima abaixo, versando sobre política geral. Nada justificaria o uso de pseudônimo.

Um outro obstáculo: o presidente do Sindicato envolvia-se em tudo o que de mais importante ocorria na cidade. Um dia chegou ao Hotel Querência, onde residia provisoriamente até encontrar casa, o Ministro da Marinha, com enorme comitiva. Em meio a esta, óbvio, agentes do Cenimar. Adão, o presidente do Sindicato dos Jornalistas, procurou-me esbaforido. Queria que conduzisse a "coletiva", pois, recém-chegado do Rio, tinha mais informações, acreditava. Também aqui a dor de cabeça inventada não deu certo. Terminei com o que, cá entre nós, era "uma batata quente" nas mãos.

Após a entrevista houve um coquetel oferecido à imprensa e lá estava eu sem desculpas para escapar. De repente, alguém toca num dos meus ombros. Viro-me e deparo com um oficial conhecido, com o qual havia servido no mesmo navio antes de ser expulso da Marinha. Creio que empalideci, mas ele me tranqüilizou, em voz baixa:

— Calma, até admiro tua coragem!

— Por quê?

— Porque sei que estás condenado pela Justiça Militar. Pura curiosidade. Li sobre o julgamento e, na relação, encontrei teu nome. Mas daqui não irá sair nada. Só recomendo que te cuides, porque esta cidade tem tradição fascista e está cheia de alcagüetes. No teu lugar não ficaria aqui nem mais um minuto. Todos se conhecem e é para lá de fácil detectar a origem e a vida inteira de caras novas. Os tempos, bem sabes, são de suspeitas, infundadas ou não, de repressão.

Acreditei e procurei tomar meus cuidados. Um telegrama para meu contato no *O Jornal* e já estava autorizado a regressar ao Rio. Não deixei para depois. Naquela mesma noite estava desembarcando no Santos Dumont. Não esperei nem pelo que tinha direito a receber.

Uma vez no Rio, na empresa deram-me nova tarefa: arranjaram-me uma viagem para Fortaleza a fim de realizar uma matéria para a revista *O Cruzeiro*, que já estava "mal das pernas", mas ia resistindo conforme podia. Soube, ao chegar, que minha mulher não estava bem. Precisava de minha presença. Havia sofrido um aborto involuntário e, quando a procurei, enfrentava uma hemorragia. Levei-a a um hospital. Era um desses fins-de-semana longos. No bairro e nas redondezas, nem táxi era encontrado. Mas tive a ajuda de um amigo e ela foi socorrida. Foi aí, num clima emocional muito doloroso, que os policiais me procuraram, numa dessas buscas de rotina, e não tivemos como despistá-los.

Despedidas feitas, parti para o imponderável, sem noção alguma do que seria uma cadeia de verdade e menos ainda do que teria que enfrentar. Caminhamos uma quadra até a pracinha do bairro, onde uma viatura policial nos esperava. O motorista e um outro homem tomavam cafezinho num bar. Notei que seus olhos brilharam ao me verem. Soube, por eles mesmos, que recebiam um prêmio por cada mandado de prisão cumprido. De que espécie — se em dinheiro ou folga extra —, não fiquei sabendo. Importante, naquele instante dramático, foi que cumpriram o prometido, para meu alívio: nada de algemas ou "chiqueirinho". E assim rumamos para a Delegacia de Vigilância e Capturas da Rua Marechal Floriano.

Do outro lado dessa rua reinava a paz, um casarão do Itamaraty, ex-sede do nosso Ministério de Relações Exteriores, na época em que o Rio era Distrito Federal. Do lado de cá, o berreiro, o fedor e o horror, comuns aos xadrezes. Do lado de lá, já havia freqüentado, em algumas passagens, com certa assiduidade por razões profissionais. A principal delas foi quando o general Juan Domingo Perón, então exilado na Espanha, tentou retornar à Argentina via Brasil e foi detido no Galeão. Destacaram-me para participar da "cobertura". Ele vinha clandestinamente, mas essa clandestinidade era um tanto discutível. Na verdade, o que ele pretendia com aquele gesto era atrair a atenção internacional para a situação de seu país e, com isso, abreviar o fim da ditadura militar lá instalada há anos, com a deposição bélica de seu governo. Foi devolvido à Espanha pelo governo brasileiro após muitas negociações (o governo argentino queria-o preso e extraditado, para levá-lo às barras de seus tribunais castrenses). Também vivíamos uma ditadura, embora ainda não no seu estágio mais agudo, como atingiríamos mais tarde. Perón, derrubado em 1955, somente retornaria à Argentina em 1973, quando retomou triunfalmente o poder. Mas, no lado de cá, era-me um universo desconhecido. Jamais imaginei freqüentá-lo, menos ainda na qualidade de hóspede. Era, porém, exatamente isso o que agora estava acontecendo comigo. Aliás, não exatamente: ingressava naquele inferno como residente!

Meus captores desceram da viatura logo que esta estacionou no pátio interno da delegacia, e foram direto a seu chefe: o detetive Neto (tipo arrogante, hoje já morto). Disto resultou que não me conduzissem para o xadrez comum, mas para um espaço que diziam ser reservado a "presos especiais". Não era cercado por grades e, sim, por telas, e dentro havia algumas salas tidas como celas. Havia poucas pessoas depositadas ali, creio que pouco mais de cinco, não lembro o número certo. Uma delas havia assassinado a namorada e aguardava julgamento. Não sendo universitário, devia ser pessoa de dinheiro. Não fosse isso, aguardaria o julgamento em presídio comum. Ingressei naquele ambiente por volta das cinco horas da tarde. Ninguém se interessou em trocar palavras. Prudente, também silenciei. Pelas oito horas da noite começaram a chegar marmitas encomendadas a restaurantes e trazidas por carcereiros, juntamente com cigarros, guaranás e outros pedidos dos presos. O conteúdo das marmitas tinha boa aparência. Aquele aroma estimulou minha fome. Passei a noite forrando o estômago com água, para que não doesse tanto. Isso se repetiu no domingo e na segunda-feira. A comida do Estado chegava aos xadrezes e devia ser aquela coisa. Para os "especiais" do senhor Neto, aquele maná! Foi elucidativo o que aconteceu por volta do meio-dia da segunda-feira: como a adivinhar meu estado famélico, vi, pela tela, Leda tentando fazer chegar às minhas mãos uma marmita com comida feita por ela. Antes, soube depois, já havia tentando visitar-me, sem sucesso. O bravo defensor da lei, da moral e dos bons costumes — o detetive Neto — impediu-a, argumentando "ilegalidade". Note-se que eu não estava incomunicável, até porque já era um caso julgado e sacramentado. E mesmo que fosse incomunicável, em fase de interrogatório ou de processo em andamento, creio que teria direito à comida, no mínimo. Mas nem café. E abertura para falar com minha mulher nem em sonho. Quem manda ter sido marinheiro, ser jornalista, questionar o poder e, ainda por cima, nem passar uma "grana por fora"? Era o que talvez passasse pela cabeça daquele distinto senhor, corrompido por excelência, um "pobre diabo" como tantos outros de seu estreito mundo, alçado à condição de autoridade. Leda saiu dali chorando, com a marmita que trouxe e tivera que levar de volta, intocada. O que até então era fome transformou-se em ódio dentro de mim. Seria este o cartão de visitas e a primeira lição de como funciona o sistema carcerário do país, responsável pela "recuperação" de marginais.

No final da tarde daquela segunda-feira, chegou a ordem de transferência dos presos capturados no fim-de-semana para o Presídio do Estado da Guanabara (PEG). Os "especiais" do senhor Neto permaneceram, exceto eu. Fui, com os demais infelizes, depositados nos xadrezes. Como condenado, cabia-me ser levado para uma penitenciária. Não foi o que aconteceu. Assustado, estômago ardendo de fome e aturdido com tudo aquilo, terminei como que sepultado vivo numa imensa e insondável vala comum da mais constrangedora miséria humana. Assim me sentia e não creio que fosse mera sensação. Com efeito, defrontava-me com uma realidade que jamais pensada. Ali estavam instalados o espelho e o caráter da desigualdade, próprios de uma sociedade em que os senhores do poder esbanjam seu domínio tripudiando sobre os dominados, aviltando-os, em nome da lei que eles mesmos criam em seu benefício como classe social (Juracy Magalhães, figura exponencial da ditadura, dizia: "aos amigos, tudo; aos inimigos, a lei!". Este era seu indecoroso "espírito das leis", que seguramente nada tinha a ver com o Espírito das Leis de Montesquieu. Mas não há surpresas nos conceitos do velho general: "nacionalista convicto", como se autodefinia nos seus momentos mais profundos de euforia autólatra, o que não lhe era raro, soltou aos quatro ventos que "tudo o que é bom para os Estados Unidos é bom para o Brasil" — embora não seja bem isso o que revela o histórico das relações comerciais entre Estados Unidos e Brasil, para que fiquemos apenas neste particular das relações mais gerais ou diplomáticas entre ambos os países).

Em inúmeras ocasiões, naqueles breves dois dias, surpreendi-me desacreditando na verdade "nua e crua" em que houvera mergulhado. Era como se estivesse em meio a um delírio. Dostoiévski e sua *Recordações da Casa dos Mortos* ao vivo, faltando apenas o frio siberiano. Cabeça girando a mil, a concentração foi pelos ares, sem qualquer possibilidade de trazê-la de volta. Naquelas alturas, predominava a dispersão como autodefesa. Nem era para menos, acredito.

Ao ingressar-se no presídio, havia, como de praxe, o ritual que chamavam de triagem. Teoricamente, seria para selecionar pessoas conforme os crimes ou as infrações cometidos. Também para separar possíveis desafetos. Repito, teoricamente, porque na prática não funcionava bem assim. Imperava a promiscuidade: assassinos, muitos profissionais, de aluguel mesmo, misturados com contraventores, simples punguistas com assaltantes da pesada, estupradores com estelionatários, e assim por diante. E agora mais este elemento novo a ser misturado com todos: o preso político. De resto, era a farsa de sempre, a formalidade cínica que encanta a tantos espíritos sacripantas, de todos os gêneros e quilates.

Éramos cerca de 30 presos socados numa sala de paredes revestidas com azulejos brancos até o teto e com janelas pelas alturas, fora do alcance visual. De fora vinham vozes misturadas, pouco compreensíveis. Era dia de visitação, em que os detentos recebiam familiares, amantes e amigos. Permanecemos ali pelo menos três horas, sob um calor abrasador, porque todo o pessoal da segurança — guardas de presídio e policiais militares — encontrava-se dedicado a esse rotineiro evento.

Supus que fosse perto das sete horas da noite quando a porta se abriu e alguns guardas surgiram, trazendo nas mãos papéis amontoados em pastas (prontuários). Com esses papéis, vinha uma lista. Ordenaram que caminhássemos em fila para uma mesa num corredor de acesso a um grupo de celas, dispostas em alas. Ali, um outro guarda ia examinando os papéis e identificando para onde cada preso deveria ser conduzido. Chegou minha vez. O novo endereço já estava definido, ainda hoje ignoro se estava identificado por número ou letra, mas era no térreo. Havia mais dois andares.

O guarda do controle abriu, de sua cabina, a grade corrediça de ferro que separava o saguão e as celas. Ao cruzar essa grade, os ferros se chocaram, fechando-se às minhas costas. Isso foi se repetindo, pancadas secas e indiferentes, enquanto o mergulho naquelas trevas se aprofundava. Nenhuma chance de retorno. Ao meu lado, um policial acompanhava-me silencioso e sem qualquer sentimento extra aparente. Esse era o seu trabalho. Para que, então, palavras? Ele, a própria encarnação da lei; eu, o transgressor da lei. Campos opostos, antagônicos, enfim. Parou diante de uma cela, mexeu em suas chaves e abriu a porta. E, sem a menor cerimônia, determinou:

— Entra!

Entrei. Ele bateu a porta e trancou-a. Foi-se, impassível como viera, imagino. Dever cumprido.

As luzes já vinham caindo de intensidade à medida que afundava no corredor, tornando o ambiente incomparavelmente tétrico. Olhei para o interior da cela e a luz era bem pior, além de bem mais fraca que a do corredor, perdia-se entre nuvens de fumaça que subiam. Do teto, pendiam cordas improvisadas em que penduravam sacos de roupa e outras tranqueiras. Eram presas no outro extremo à grade do teto, de ferro, fixada em toda a área da cela para impedir tentativas de fuga. A um canto, uma mureta tornava menos devassada a "boca do boi", isto é, a privada. Os odores misturavam-se, nauseantes: suor, urina, fezes, cigarros... Mas, o que mais impressionava eram as figuras humanas. No centro da cela, estava um grupo com toucas feitas de meias femininas enterradas na cabeça, cobrindo as orelhas. Ninguém "deu bola" para o recém-chegado. Seus componentes empenhavam-se num jogo de cartas.

As paredes laterais e em especial os cantos eram privativos dos "considerados", pessoas com penas altas à espera de transferência para as penitenciárias, em geral envolvidas em assassinatos, latrocínios e outros crimes hediondos. Os estrados de madeira, que cobriam o cimento do chão e serviam de cama, eram removidos a cada manhã, exceto os que contornavam as paredes. Alguns armavam tendas com lençóis, para maior conforto e alguma privacidade. Era também sinal de prestígio. O "miolo" era reservado aos "otários", aqueles que não pertenciam ao mundo do crime e que, por qualquer infortúnio, encontravam-se ali. Por essa forma organizativa, os "otários" deitavam-se mais tarde e levantavam-se mais cedo, pois seus estrados eram os últimos a serem colocados à noite e os primeiros a serem retirados ao amanhecer, para abrir passagem à movimentação do dia.

Uma cena particular chamou-me a atenção ao pôr os pés dentro da cela. Num dos cantos — como já disse, um dos bastiões de privilégio — estava deitado um tipo forte, pelos 30 anos de idade, branco, com traços ibéricos. Havia acabado de tomar banho, outro privilégio (do cano sem chuveiro poucas vezes vertia água, cujo uso, quando acontecia, era prioridade dos "considerados"). Completamente nu, um crioulo, do tamanho de um armário, o abanava com uma toalha. O homem branco sentia calor e tudo o que queria era se refrescar. Nada de homossexualismo, mas de poder mesmo. O crioulo havia cometido algum deslize na cela e seu castigo era aquele: servir de babá ao "xerife". Pura subversão, porque na cadeia a maioria é negra e se alguém tem que bancar o escravo é o branco. A menos que este seja de valentia reconhecida, para o que conta seu currículo quando em liberdade. E aquele branco era singular. Ele era o "xerife", uma espécie de delegado da direção da prisão na cela. Um líder. Todos o obedeciam. E digo líder porque não seria suficiente que a direção da prisão designasse este ou aquele nome para a função. A massa carcerária teria que aceitá-lo. O designado poderia até morrer se não fosse aceito e se a direção insistisse em impor seu preferido pelo simples uso da autoridade. Aquele era conhecido como "Jaime da Lalá". Ao me ver ali, de pé, meio apatetado, sem saber como me mover, onde pôr as mãos ou, ainda, a quem me dirigir, veio ao meu encontro e disparou a pergunta:

— Qual o teu artigo? — referia-se ao código penal.

Desconhecia aquela linguagem carcerária e por isso respondi que estava ali por um artigo de jornal! Ele riu e deu a entender que eu falava em um idioma ininteligível. Um negro velho, de cabelos grisalhos, notou o meu embaraço e veio em socorro. Homem bem informado, entendeu-me de saída e conversamos sobre os episódios político-militares de 1964. Estava ali por contravenção do jogo do bicho. É que no Rio havia um acordo entre bicheiros e policiais. Para que o envolvimento entre uns e outros não "desse muito na vista", de tempos em tempos eram escalados alguns que escreviam apostas nos pontos de jogo para serem presos. Seis meses era a condenação para os "flagrados". Durante o período de encarceramento, o condenado e sua família tinham toda a assistência dos patrões. Nada lhes faltava. Na prisão, chegavam, para eles, todas as semanas cigarros, material higiênico, comidas e outras manifestações de apoio.

O negro velho era simpático e um bom contador de histórias. Tinha seu espaço próprio e também fazia parte dos seletos "considerados". Todos o chamavam de "Vovô", o que parecia orgulhá-lo. Deu-me muitas dicas de regras e funcionamento da cadeia no geral e, também, no particular da cela que passara a habitar. Cadeeiro experiente e solidário, foi como revelou-se.

Veio, por fim, o jantar, com algum atraso devido à visitação. Apesar da fome, foi difícil ingerir mais que umas três ou quatro colheradas. Mas o "Vovô" estava atento:

— Segura as pontas que mais tarde vem uma bóia legal, um "recortado" pra turma, feita especialmente na cozinha daqui mesmo.

E recomendou:

— Se oferecerem, não rejeita, porque ofende. Quando oferecem é sintoma de que querem amizade. E isto já é vitória para quem chega.

Não deu outra. O velho tinha razão. Lá pelas oito horas da noite começaram a chegar marmitas no capricho. Cheiro bom: arroz, batatas fritas crocantes, bifes macios, feijão e até salada de alface, ovos cozidos cortados em rodelas, cebola, tudo regado a vinagre e azeite de oliva. Ofereceram-me. Impossível não aceitar. De um lado, pela agudez da fome. De outro, pelo conselho do bom velhinho. Refestelei-me! Quebrou-se o gelo inicial. Conversamos até tarde, mas, como "otário", teria que cumprir a regra: ir para o "miolo" na hora de dormir.

Foi sono agitado. Melhor, quase não dormi. Acostumado em casa com cama decente, de gente civilizada, não seria fácil relaxar num estrado sem colchão ou sem o mínimo de forro. Mas havia cansaço acumulado. Saí por vezes da vida como num desmaio, por quanto tempo não sei. Despertei muito cedo, um tanto entontecido, indisposto, com dores pelo corpo inteiro.

Para quem tinha uma atividade intensa, dá para imaginar o que poderia ser passar o dia inteiro sem fazer absolutamente nada, entre quatro paredes e com um monte de pessoas estranhas, sob todos os aspectos, à volta. Os cadeeiros contumazes têm seus esquemas para driblar as horas que parecem paradas, além disso, a cadeia faz parte de seu mundo. Avançando o pensamento por aí, decidi dar início à releitura de Dostoiévski. Nada mais apropriado que *Recordações da Casa dos Mortos*. No mesmo volume daquela edição, *Os Irmãos Karamázovi*. Por pouco não conduzi no dia da prisão *Guerra e Paz*, de Tólstoi, obra que sempre retomo quando necessito me isolar do cotidiano. Não o fiz porque as dúvidas não deixaram. Afinal, não sabia para onde estavam me levando. O principal já estava feito: perda da liberdade. Não seria prudente correr o risco de acrescentar prejuízo à massa falida. Assim entendi e assim procedi.

Antecipar o que poderiam ser os dias seguintes, sem ter vivido pelo menos o primeiro ali, não vinha ao caso. O certo é que a manhã surgiu luzidia. O sol invadiu a cela, banhando tudo, pelo janelão com grades bem no alto da parede que dava para um dos pátios internos do complexo carcerário, composto por aquele presídio e duas penitenciárias. As dores dominavam meu corpo, mas não me queixava de nada. Menino ainda havia aprendido uma lição: "bom cabrito não berra".

Estava na minha São Luís. Ilha linda, cidade histórica e orgulhosa por ser "a única capital no país a não ter nascido portuguesa", o que não deixava de ser puro preconceito contra os irmãozinhos lusitanos, que, entre outras contribuições, inauguraram a pilhagem entre nós, do mesmo modo que os franceses que a fundaram (sem trocadilhos) e os holandeses que, por duas vezes, tentaram rapiná-la. É também uma cidade "metida a besta", pois durante muito tempo fez-se conhecida como a "Atenas brasileira", pelos vultos que produziu (João Lisboa, Gonçalves Dias e uma infinidade de outros nomes), título que terminou reduzido a "apenas brasileira", o que fomenta secular polêmica, aquecida muitas vezes por acusações até pessoais. E sejamos justos: a perda da glória já havia acontecido desde muito antes que eu nascesse. Mas, feito adulto e atrapalhado pelas minhas próprias travessuras, ouvi de feros analistas e críticos de cultura, principalmente da própria terra, interpretações iradas de que a queda do pedestal deveu-se à assunção à Academia Brasileira de Letras de um conterrâneo prócer do sistema nos tempos da ditadura militar. Afirmavam que o ardiloso e tradicional político Ribamar (Sarney) atingiu seus sonhos dourados de ganhar a titularidade em tão cobiçada cadeira, de conquistar a imortalidade, enfim, vestir fardão e ter assegurado o direito de presença fixa no tradicional chá na casa de Machado de Assis sem precisar consumir muita verve para oferecer aos brasileiros e às brasileiras obra de maior alcance literário. Não entendendo da arte, deixo isso para que nossos beletristas ocupem-se do assunto, já que a eles pertence em primeira linha.

O bairro onde morava não era distante do centro, mas suas ruas, naquele tempo, não eram asfaltadas ou mesmo revestidas de paralelepípedos. O chão era só areia. Um areal que fazia doer a vista ao refletir a luz intensa do sol. Meu pai se aborrecia ao me ver descalço, mas era assim que eu gostava de andar parte do dia. Era o único moleque da casa. Por isso, era o leva-recados, o vai buscar isso e aquilo na quitanda, na padaria, na farmácia ou no açougue. Os ramos de negócio ainda não se mesclavam. A concentração e centralização da economia ainda não haviam atingido aquele mundo. A padaria não era sinônimo de bar e lanchonete, como agora. Pequenos "desvios" existiam, claro: na quitanda fazia-se o jogo do bicho, que era legal. Os Aboud eram a força máxima da indústria têxtil no estado, organizados no grupo Santa Isabel, mas reinavam também no futebol com o "Papão do Norte", o

Moto Clube, que tinha uniforme padrão flamengo, vermelho e preto, tradição que mantém até hoje. Um clube bastante popular. Seu adversário mais forte era o meu simpático Sampaio Corrêa, que nunca o vencia. No "Canto da Fabril", como era conhecida a esquina da Rua das Macaúbas por se encontrar instalada ali a fábrica Santa Isabel, com a Av. Presidente Vargas (continuação a partir daquele ponto da Rua Grande, rua tradicional, nascida no Largo do Carmo, centro e marco históricos da cidade), via, todas as tardes, quando retornava do grupo escolar José Augusto Correia, uma mulher de porte considerável, branca, cabelos avermelhados como os do milho e rosto sardento, fazendo pregações de cima de um caixote para os operários, que a aplaudiam. Era a dentista Maria Aragão, comunista assumida e conhecida em todo o Estado por não ter "papas na língua". Falava de proletários, socialismo e comunismo, exploração do homem pelo homem e tantas outras coisas que eu não conseguia entender, mas que me ficaram na memória.

Para não deixar a sola dos pés na areia escaldante, corria sobre ela em alta velocidade, muitas vezes tendo que parar no beiral de uma casa qualquer ou sob uma árvore para aliviar o ardor dos pisantes e poder seguir em frente, no mesmo ritmo. Foi numa dessas escaladas que vi um grupo de rapazes falando alto diante de uma quitanda. Pareciam alegres, e eu com os pés em brasa. Soltei uma piada provocativa e eles não gostaram. Um veio em minha direção, fechou a mão direita e desceu aquele "cascudo" na minha cabeça, tipo "afunda crânio". Abri o berreiro e saí correndo para casa. No portão, braços cruzados, estava um primo — o Zacarias (Zaca, como o tratávamos). Ao me ver chorando, perguntou:

— O que aconteceu?

Caprichei na minha versão. Nada fiz, óbvio. Um "inocente" que foi agredido sem mais nem menos por um grupo de covardes, maiores do que eu, para completar. Soluçava na superfície e ria por dentro, cínico. Zaca pegou-me pelo braço e disse, resoluto:

— Vamos lá!

Acreditei que falasse sério. E pensava: "Aqueles sacanas vão ver agora. Primo Zaca vai mandar pau neles!".

Na quitanda Zaca falou grosso para o grupo. A turma riu. O que bateu disse: "Bati e bato de novo!". Zaca respondeu "duvido" e me mandou ir lá. Fui.

— Quero ver! — dizia Zaca.

O rapaz armou a mesma mão e até lambeu as juntas dos dedos. Desceu a marreta. Doeu. Meu primo repetiu:

— Duvido que faças isso de novo!

O rapaz repetiu a dose, com mais força até. Percebi a trama. Corri e mandei inclusive o meu primo Zaca à puta que o pariu. De longe, olhei para trás e todos riam. Inclusive o primo Zaca, que era amigo dos demais e eu não sabia. Divertia-se com seus maganos às minhas custas. "Seu" Mamede, meu pai, soube da história e me chamou em um canto:

— Da próxima vez que chegares em casa chorando porque tiveste problemas na rua, podes ter certeza: vais entrar no couro!

Não era violento, o velho. Questão de valores, apenas. E foi assim que aprendi que em muitas situações é melhor desabafar com os botões ou silenciar. Lição que deveria ter clara e saber utilizar pela vida afora e que neste ambiente passaria a ser fundamental.

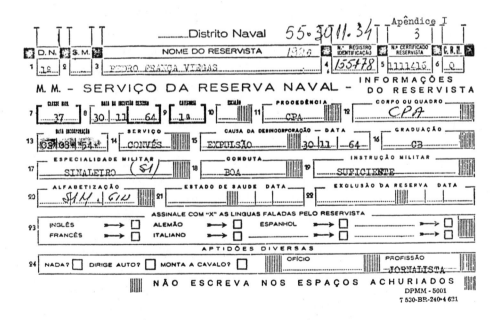

Na ficha do Serviço da Reserva Naval existente na Marinha, com data de 30/11/64, consta que Pedro Viegas tinha BOA conduta e registra EXPULSÃO como causa da desincorporação. No mínimo contraditório. A Marinha sempre se empenhou em negar a Rebelião dos Marinheiros como fato político, apresentando-o como indisciplina.

2
O movimento dos marinheiros

São incontáveis os caminhos que podem levar uma pessoa a situações embaraçosas e mesmo ao abismo. Ter participado do Movimento dos Marinheiros e por isto ter sido condenado pela Justiça Militar, dando uma reviravolta em todo um projeto bem mais ameno de vida, foi o escolhido por mim, embora sem ter muita consciência do que poderia obter como retorno. Simplesmente não pensava nisso. Agora estava ali, no olho do furacão, um tanto perdido em minhas avaliações sobre aquilo tudo. Fazia-se necessário, por assim dizer, rever a trajetória feita desde o seu começo para tentar compreender por que "ventos" havia chegado lá.

Na manhã de um domingo, no início de 1963, saí de casa para uma tarefa familiar de rotina: pegar o pão, o leite e o jornal. Na pracinha que ficava a menos de uma quadra do prédio onde morava encontrei sentado num dos bancos, lendo seu jornal, um velho conhecido. Era Geraldo Costa, o Geraldinho, como era mais conhecido, colega de Marinha. Poucas vezes nos cruzamos pelo bairro. Servindo em unidades diferentes e dificilmente nos vendo, não poderíamos nos considerar amigos. Ele prestava seus serviços no cruzador Barroso, o capitânia da esquadra, e eu no contratorpedeiro Greenhalgh. Ambos cabos especializados em sinais — categoria que utilizava o código morse por emissão de luz, empregando-se para isso instrumentos diferentes, e uma boa gama de outras formas de comunicação visual — nos comunicávamos quase diariamente por força do ofício. Mas só isso. Nordestino das Alagoas, e interessado nos assuntos daquela região sofrida, lia avidamente sobre manifestações das Ligas Camponesas. Ao ver-me, parou a leitura, cumprimentou-me e demos aí o início a uma longa conversa em que o tema era o momento político nacional. O assunto me interessava desde muito e por isso procurava manter-me informado, mas sem qualquer participação.

Geraldo estava entusiasmado. Contou-me o que eu já havia escutado muito por alto, quase como segredo: a fundação em março do ano passado da Associação dos Marinheiros e Fuzileiros Navais do Brasil (AMFNB) de cujo núcleo inspirador era um dos principais ativistas. Os problemas que afligiam o corpo do pessoal subalterno, em especial de cabo para baixo, eu conhecia, e bem, por vivê-los na pele. Mas não imaginava que entre nós tivesse alguém tão disposto a enfrentá-los de modo coletivo e organizado, como categoria profissional. A condição de militar era um impedimento para tanto, segundo os regulamentos, e por isso qualquer reivindicação que pudesse apresentar como efeito mudanças nas tradicionais relações internas na Marinha não poderia deixar de ser um bom combustível para a fogueira dos que a rechaçavam por princípio, ancorados no pretexto de rompimento da hierarquia. Minha atenção fixou-se neste detalhe e por aí, entre questionamentos e concordâncias, seguimos trocando idéias. No plano pessoal, contei-lhe que estava fazendo um curso de jornalismo. Seus olhos brilharam mais do que já brilhavam normalmente, dizendo-me que a entidade já tinha um periódico — *A Tribuna do Mar* — e que seu diretor, Moacir Omena de Oliveira, também cabo, estava praticamente sozinho no esforço de editá-lo. Seria muito importante, insistiu, minha contribuição. E convidou-me para que fosse visitar a sede da Associação, conhecer melhor o que a entidade propunha e estava tentando fazer e conversar com Omena. Uma atitude honesta que não pode deixar de ser registrada: Geraldo fez questão de dizer que as autoridades navais não estavam tolerando nada daquilo, podendo mesmo tomar atitudes que poderiam sacrificar pessoas engajadas no movimento. E enfatizava: "poder é poder e ousar enfrentá-lo é sempre correr riscos. Hoje não existe mais a chibata na Marinha. Mas os que lutaram para que ela acabasse passaram por situações inomináveis, incluindo torturas e assassinatos. Ninguém ainda hoje compreende, se queres saber, como João Cândido sobreviveu depois de tudo o que passou. Não foram poucos os que lutaram ao seu lado e foram massacrados após terminada a revolta, e de os rebeldes, acreditando na seriedade das negociações, terem entregue pacificamente suas armas". Não mentia e nem exagerava. Eu já conhecia a epopéia de João Cândido e de seus companheiros pela obra *A Revolta da Chibata*, de Edmar Morel. Mesmo com essa advertência, fiquei curioso em conhecer mais a fundo e de perto o que houvéramos conversado sobre essa nova incursão marinheira no mundo das lutas sociais e políticas.

Demorei semanas para satisfazer minha curiosidade. Um dia, porém, ao sair de bordo após o expediente, pensei em ir até à AMFNB. Tinha um espaço de tempo muito longo para preencher. O curso que freqüentava, no Sindicato dos Jornalistas, só começaria às oito horas da noite e saíamos da unidade onde servíamos, quando de licença, por volta das quatro horas da tarde. Tudo era muito perto. O Sindicato funcionava num prédio da Av. Rio Branco, na sobreloja de uma galeria que existe ainda hoje, vizinha à antiga sede do *Jornal do Brasil*, no número 120. Dali para a Rua São José eram apenas algumas poucas quadras.

A movimentação das pessoas na Associação era intensa, criando um clima contagiante em quem por ali passasse. Discutiam-se muitas coisas, como a melhora de um serviço jurídico já existente, a assistência social, a criação de uma biblioteca e de cursos que pudessem contribuir para a ascensão dos marinheiros em sua carreira. Sobre este último item é oportuno dizer que o número de reprovações nos exames de cabo para sargento era elevado, um problema que preocupava a todos. As autoridades navais não pareciam sensibilizadas com isso, apesar da reivindicação no sentido de que os chamados para esse exame — o que acontecia por períodos determinados pelo tempo na graduação de cabo e por turmas de especialização — fossem desembarcados e concentrados para que passassem por um curso preparatório elaborado e conduzido pela própria Marinha. Desnecessário dizer que seria ela a maior beneficiada com isso. Os cursos de especialização eram de bom nível, não há como negar. No entanto, o formando saía dali para o exercício prático de sua especialidade, no que se transformava num ás, porém distanciado da teoria aprendida na escola e seus inevitáveis avanços posteriores, sem atualização constante e periódica. O resultado era alto índice de reprovações nos exames à graduação superior (3º sargento) exatamente no que dizia respeito à teoria de cada especialização, incluindo-se nisto marinheiros reconhecidamente competentes por seus superiores imediatos, oficiais que conviviam com as tarefas diárias e por isso os que mais dependiam da eficiência de cada um. Duas reprovações seguidas significavam transferência do reprovado para um quadro suplementar, o que por si só já era humilhante, e do qual jamais sairia até sua passagem à reforma por tempo de serviço. Era o fim da carreira, embora fosse mantido nas fileiras navais. Os que serviam em terra tinham a vantagem de seguir estudando, podendo chegar à Universidade e mesmo ao oficialato na ativa. Expediente encerrado, não poderia haver controle sobre estes, como a seus pares a bordo dos navios. E como 2º sargento aperfeiçoado, curso obrigatório como 3º sargento, o militar poderia prestar concurso para o quadro de Oficiais Auxiliares. Notória discriminação. E discriminações assim geravam um clima desagradável entre uns e outros, porque os de terra, muitos por puro apadrinhamento e nenhuma justificativa (exemplo, um especializado em caldeiras exercendo a função de burocrata no Ministério ou em qualquer outra repartição), conscientes ou não disso, não deixavam de ser privilegiados, utilizados em muitos casos como "exemplos de dedicação pessoal" e "testemunhas vivas das oportunidades que a Marinha sempre ofereceu ao seu quadro de pessoal subalterno". Demagogia e hipocrisia não pertencem unicamente a civis filistinos. Mesmo sem o aval dos estudiosos do comportamento e do caráter humanos, tendo a crer, por esta e outras experiências, que são elas num todo parte intrínseca da espécie a que pertencemos, do mesmo modo que o egoísmo e a concepção classista de hierarquia. Esta última sintetiza parcela imensa de nossas mazelas pela sua vulgaridade cotidiana. Por trás da redoma que a protege, tenta-se esconder que seres humanos são seres humanos, que os papéis representados na comédia efêmera da vida por cada um são distintos, diferenciados pura e simplesmente pelo fazer social — pois somos seres sociais —, graus de conhecimento e responsabilidade no desempenho de uma atividade, etc., mas aí acaba toda a diferença entre os indivíduos, homens e mulheres de qualquer raça, etnia ou crença. Praticada ao sabor da arrogância, a hierarquia não passa de desrespeito e disso, por formação, parte da oficialidade não se dava conta. Pesava a tradição e o "equívoco" que vem de longe, cultural, que termina no amálgama que funde na mesma tigela autoridade e autoritarismo. A influência do fascismo não se apagou com o fim da II Guerra Mundial. Ao contrário, acrescentou raízes. E assim, aqui e ali, como furúnculo, manifesta-se sempre que as defesas do corpo social se mostram debilitadas, como, aliás, acontece em todas as enfermidades, incluindo as de ordem ideológica.

É claro que nascida num momento de turbulência política, além de indesejada pela mais alta cúpula do Comando Naval, o Conselho do Almirantado, a AMFNB não poderia ficar indiferente ao que lhe estava à volta. Foi buscar apoios entre parlamentares e partidos políticos do campo popular e democrático, procurou relacionar-se com entidades sindicais e movimentos de massa formados ou em formação pelo Brasil afora e adotou a solidariedade como um de seus princípios mais sólidos, atitudes que irritavam mais ainda seus oponentes. Muito cedo, mesmo antes de comporem um número expressivo, os integrantes da AMFNB já participavam de campanhas de doação de sangue e de outras, como a desenvolvida pela família Prudente — Antônio e Carmem — em sua luta incansável contra o câncer.

Após ver toda aquela disposição de luta e ter conversado durante bom tempo com Omena, foi-me impossível não aderir. A partir desse momento, meus finais de tarde e parte da noite passaram a ter novo endereço: Rua São José, 84, 3º andar. Antes — e muitas vezes até depois das aulas, que se encerravam as dez horas da noite — lá estava eu contribuindo, com muito afinco, com o que podia. O esforço maior, entretanto, era dirigido ao que concernia à elaboração do jornal. O fervor só tinha como entraves os limites de minha própria inexperiência, que não era pequena.

O ano de 1962, contaram-me os que chegaram antes de mim, foi consumido em sua maior parte na consolidação da AMFNB. As pressões para abortá-la surgiam por todos os lados, sob mil formas, principalmente nas modalidades de ameaças e provocações. Enquanto isso, o quadro social se ampliava. Tudo muito devagar, porque muitos marinheiros e fuzileiros, mesmo simpáticos à idéia da criação de uma entidade que pudesse representá-los e pela qual pudessem conseguir alguma melhora de vida, temiam represálias.

Mas foi em 1963, sobretudo do meio para o fim, que essas pressões iriam tornar-se mais agudas, a ponto de gerarem uma acirrada luta política no interno da Associação. O presidente em exercício, o cabo João Barbosa, nessa função desde a fundação da AMFNB, passou a ser alvo da acusação de conciliar com o Conselho do Almirantado e de outras supostas atitudes até mais graves e nunca comprovadas, como a de ter entregue documentos internos da entidade ao Centro de Informações da Marinha (Cenimar). As autoridades navais, estimuladas por seus ideólogos internos e externos, do Instituto Brasileiro de Ação Democrática (IBAD) e outros bastiões do reacionarismo mais arraigado, aproveitavam as brechas que se abriam para insuflar divergências entre os marinheiros, por meio dos seus adeptos e serviçais, muitos instalados na imprensa, por onde destilavam seu veneno com insinuações maldosas e acusações infundadas. Era o avanço das teses do golpismo civil e militar que o governo de João Goulart revelou-se explícita e inquestionavelmente incapaz de conter.

Porém, foi um pouco antes dessa agudização de divergências na AMFNB que iria aparecer um personagem que bem mais tarde se transformaria em centro de polêmicas tão apaixonadas quanto equivocadas na maioria das vezes (e que irá aparecer em outros capítulos destas reminiscências): o marinheiro de primeira classe José Anselmo dos Santos, que até os mais sérios dos que escreveram e seguem escrevendo a seu respeito continuam chamando de cabo, sem aspas, por não entenderem o que significava ser cabo na Marinha daqueles tempos, posto que, sem ofensas, não podia ter qualquer comparação, devido ao processo de formação, com os da mesma graduação no Exército e na Aeronáutica.

Lembro-me bem, foi num início de noite, cerca das sete horas, quando um grupo de marinheiros do Centro de Instrução Almirante Wandenkolk (CIAW) fixado na Ilha das Enxadas, na Baía da Guanabara, chegou, alegre, à sala de entrada da AMFNB. O velho elevador deixava os passageiros dentro dessa sala. Cumprimentos de cá e de lá, foi feita a apresentação. Anselmo era estimado onde servia. Escrevia, por iniciativa própria, um boletim cultural interno no Centro, pelo qual divulgava seus poemas. Foi levado ao presidente João Barbosa e logo se revelou uma figura simpática e com potencial que poderia ser aproveitado pela AMFNB. Toda mão-de-obra voluntária disponível era sempre bem recebida.

O CIAW, por concentrar turmas para cursos de variadas especializações, reunia pessoal oriundo de unidades navais — de navios e de terra — espalhadas por todos os lugares onde a Marinha tinha presença, incluindo estados diversos da Federação. Por isso mesmo, representava um dos maiores pesos políticos dentro da AMFNB. Era, por assim dizer, um núcleo irradiador das idéias do Movimento dos Marinheiros para além das fronteiras do Rio de Janeiro, como também o era o Quartel dos Marinheiros, instalado na Avenida Brasil, ponto de recepção de novos marinheiros saídos das Escolas de Aprendizes e de concentração e deslocamento de praças para todos os cantos do país. Em termos de força unitária, só perdia para os cruzadores Barroso e Tamandaré. Anselmo seria cooptado pela diretoria para exercer a função de relações públicas da Associação. Até onde se soube, cumpriu bem o seu papel, credenciando-se assim para o que fosse entre a marujada.

A luta interna tomou vulto, chegando a níveis insustentáveis. As eleições normais estavam previstas para, mais ou menos, um ano depois. Mas, pelos estatutos, estava assegurado que, em caso de crises como aquela, as eleições poderiam ser antecipadas por decisão de uma assembléia geral, convocada para esse fim. 50% mais um dos votos garantiriam essa antecipação. A convocação foi feita. João Barbosa, pelas críticas justas ou injustas contra a sua gestão, perdera parte considerável de seu eleitorado. Realizada a assembléia geral, venceu a proposta que defendia a antecipação eleitoral. O castelo de João desabava de vez ali, na sede da União Nacional dos Estudantes (UNE), na Praia do Flamengo. Nessa assembléia, destacou-se o nome de Antônio Duarte, que já era possuidor de respeitado conceito, e foi onde, também, nasceria José Anselmo como personagem a ser considerada até mesmo para uma eventual indicação alternativa, por sua intervenção, num clima de alta emocionalidade. Não participei dessa assembléia, e o tempo incumbiu-se de empanar parte daqueles acontecimentos em minha memória. Foi José Duarte a ajudar-me a varrer um pouco do pó, permitindo-me recompor o quadro.

Certa vez tinha escrito, no intuito de contribuir para que se chegasse a uma conclusão na maçante polêmica, que se poderia tipificar como "já era ou passou a ser" em relação àquele moço — Anselmo — e sua traição. Eu dizia, referindo-me às eleições que o levaram à presidência da AMFNB, que, ao abrir-se a campanha, "a preferência dos marinheiros estava voltada para outro nome: Moacyr Omena de Oliveira, um cabo de tendência democrata-cristã (...)". E mostrava os porquês. Isto era verdadeiro, mas como ato final da peça. Hoje, depois dos "toques" de Duarte e, com base nisso, exigindo mais do cérebro, garanto que o ascenso de Anselmo deveu-se a uma sucessão de recuos. Pois a primeira preferência incidia sobre o *Neguinho* — Geraldo Costa —, que, possivelmente, seria um desastre no cargo. Fiel, honesto, leal e batalhador, sem dúvida. Só que, por temperamento, era essencialmente um agitador. Como tal, ascender a dirigente máximo de um movimento, principalmente num momento delicado como aquele, era temerário. Faltava-lhe o comedimento, o equilíbrio emocional, essenciais a quem se propõe a assumir a responsabilidade de tal função. Muito raramente os agitadores eficientes se revelam bons organizadores, muitas vezes perdem as conquistas do seu próprio trabalho se não houver sobre ele qualquer controle orgânico. Pela impulsividade quase sempre indomável — e essa é a característica mais destacável dos agitadores — tendem a se afastar de regras ou disciplinas de atuação do interesse do conjunto, terminando por preponderar a ação individual, o que, no terreno político, quase sempre leva ou pode levar a resultados negativos e até desastrosos. Talvez por ter clareza desse seu lado vulnerável, ele próprio vinha trabalhando, com todo o vigor e crédito que havia conquistado nas bases, o nome de Antônio Duarte, que também não quis ser candidato. Aí, sim, entrou Omena na linha sucessória, uma vez mais impulsionado pelo agitador *Neguinho*. Mas também Omena "pulou fora", desvencilhando-se dessa hipótese. Discordava, é certo, da gestão de João Barbosa, mas, conciliador por formação e seu amigo pessoal, antevia que a campanha iria ser regida por críticas muito duras, tal a gravidade das acusações, com as quais não se comprometia. Até porque não questionava a honestidade de Barbosa, chegando mesmo a justificar alguns atos que considerava errôneos daquela presidência. Omena, manteve-se, por tudo isso, irredutível em sua decisão de não aceitar candidatar-se, e um dos argumentos que apresentou como saída, apoiando-se nos estatutos, foi o de que estava prestes a ser promovido a sargento, o que era verdade (por esses estatutos, a graduação máxima para uma candidatura à presidência da AMFNB era a de cabo).

Assim surgiu a candidatura de José Anselmo, a quem Omena e, principalmente, os críticos mais acerbos de João Barbosa não só deram integral apoio como partiram para a defesa e a promoção desse nome. Este dado é por demais relevante para os que ainda hoje insistem na tese de que Anselmo era um agente implantado pela Marinha entre os marinheiros para criar condições para o golpe de 1964, como se, previamente a tudo isso, o golpe já não estivesse em andamento desde 1961, com a renúncia de Jânio Quadros. Jango — apesar da resistência que lhe garantiu a posse como presidente da República, conforme determinavam os preceitos constitucionais, afinal era o vice de Jânio — não passou de um recheio provisório para um vazio de poder político que se estabeleceu com a renúncia, enquanto os verdadeiros titulares de um poder bem maior aprimoravam seus projetos para o futuro, numa perspectiva monopolista e integrada internacionalmente. Faltava-lhe, àquela altura, apenas a ratificação política, que efetivou-se com o golpe.

Fica aí, inequivocamente, que Anselmo não se tornou presidente da AMFNB unicamente por suas qualidades, mas, acima de tudo, pelo espaço aberto pela não-aceitação de potenciais candidaturas ao pleito. Ao rememorar isto em algumas entrevistas, Anselmo tenta fazer crer diferente, dando mesmo um colorido de genialidade ao seu ascenso, amparando-se no fato de, em tão exíguo tempo de militância na entidade, ter alcançado a direção máxima do movimento. Mas isto faz parte do exagerado trato que sempre deu ao ego, um traço marcante e nada discreto de sua personalidade. E isto é o que mais se distingue em todos os seus depoimentos. No fundo, no fundo, nada há nisto de singular em Anselmo. Quem já leu Maquiavel sabe disso.

Com tanto apoio importante e vultos de real expressão naquele segmento "fora do páreo", Anselmo se tornou quase unanimidade na AMFNB. Ele seria eleito com larga margem de votos.

Uma vez na presidência, confirmou ser bom falante, inteligente, riso fácil, relacionando-se convenientemente com todos. Não era de alterar a voz. Sabia conduzir-se bem nos momentos de dificuldades ou grandes pressões. Um bom relações públicas, em síntese. E era esse o seu verdadeiro papel como presidente formal do Movimento dos Marinheiros: relações públicas. O mando mesmo estava concentrado na vice-presidência, liderada por Marco Antônio da Silva Lima. Ao contrário de Anselmo, Marco não rebuscava frases para dizer o que queria; era incapaz de fazer discursos; não era de tapinhas nas costas e nem ria à toa, mas era possuidor de um magnetismo incrível. Nas horas "de aperto" era a quem todos recorriam. Os organismos que compunham o organograma da AMFNB eram compostos pela maioria de seu pessoal ou por ele influenciados. Um pessoal duro. Lá estavam os irmãos Duarte — José e Antônio —, Raul, Geraldo, Capitani, Cláudio, Hélio e tantos outros, uma verdadeira plêiade de lutadores sinceros, em busca, a essa altura, de novos rumos não apenas para os marinheiros, mas para a sociedade toda. Iam ou tentavam ir além de seus limites, pois todos eram muito jovens, momento da vida em que a impetuosidade é difícil de ser administrada pelo indivíduo. Quem dava as cartas, quem mobilizava e exercia influência marcante na Associação, era o vice-presidente e aquele coletivo. Todas as decisões, quaisquer que fossem, partiam dali, e o Comando Naval sabia disso. E, por sabê-lo, intensificava o seu fogo sobre essa bastilha, para captar os ecos. Quanto mais ruidosos, melhor. Eram recebidos como matéria-prima para as mais acuradas análises e por estas prosseguir com maiores pressões.

Por essa política, os mentores do golpismo entenderam, "com maior clareza" no início de 1964, que seus planos poderiam ser agilizados por provocações que pudessem justificar a ação repressiva de seus radicais. Se as intimidações anteriores somente conseguiram mobilizações combativas contrárias, então seria o caso de "investir na insubordinação do outro lado". Teriam a "quebra da disciplina" para explorar. Para isto, contavam com a imaturidade política dos dirigentes da Associação (e de todos nós, já que ela era a nossa própria expressão e cara) que não sabiam se valer dos indispensáveis avanços e recuos como tática para evitar confrontos diretos, que sempre seriam desvantajosos para o conjunto do movimento. As autoridades partiram, então, para prisões mais freqüentes de membros da diretoria da AMFNB, certos de que mais reações aconteceriam em contrapartida. "Estabeleceu-se a baderna!", seria o bordão para ferir ouvidos e tocar corações "democráticos". Apoio não lhes faltaria, estavam certos. Receptivo e como caixa de ressonância, lá estava o jornal *O Globo*, que diariamente, em editoriais de primeira página, matraqueava exigindo punições para os "agentes vermelhos" e imediata desarticulação dos "sovietes de marinheiros" que, por meio da AMFNB, "aniquilavam o princípio da hierarquia nas Forças Armadas, ruindo, assim, os alicerces da democracia" (sic). Ironicamente, um dos editorialistas principais de O Globo — e há quem jure até que seria o chefe daquela seleta equipe — era Franklin de Oliveira, um dos mais importantes intelectuais atuando no jornalismo e muito próximo do Partido Comunista Brasileiro (PCB). Bom de pena, imaginemos o que escreveria se fosse quadro da UDN!

As pressões sobre o Movimento dos Marinheiros cresciam, mas as respostas vinham. Mais e mais marinheiros e fuzileiros engajavam-se nele. A radicalização também crescia. E tanto o engajamento como a radicalização não aconteciam apenas pelo que acontecia no interno da Marinha. A fonte de tudo estava na agitação crescente do movimento de massa dos trabalhadores da cidade, do campo e do movimento estudantil, clamando por amplas e profundas reformas que deixavam de ser específicas de uma ou outra categoria profissional para ser da maioria da sociedade. E, por ser assim, aos poucos essas reivindicações iam perdendo a roupagem de reformas para vestirem a das transformações. Daí o desespero do reacionarismo militar e civil mais empedernido.

O desfecho de tudo isso iria consumar-se na comemoração do segundo aniversário da AMFNB, realizada no Sindicato dos Metalúrgicos do Rio de Janeiro, no dia 25 de março. Nenhuma intenção havia entre os membros da AMFNB de transformar o que seria uma festa em sublevação. Mas os golpistas tinham pressa e viram nesse evento a oportunidade de utilizá-lo para seus fins. Começaram por proibi-lo e, em seguida, saíram "à cata" dos dirigentes da entidade para prendê-los. Sabedora disso, a maioria conseguiu esgueirar-se pelas sombras da clandestinidade, reaparecendo apenas na hora da abertura das solenidades, no auditório cheio e inflamado pelas notícias de prisões que corriam.

O momento era complicado também para atos repressivos abertos. Tentativas não faltaram: um grupo de oficiais da Marinha, armado de metralhadoras, foi à porta do Sindicato, na Rua Ana Néri, com a idéia de invadi-lo. Ao verem a massa enfurecida, esses oficiais caíram em si, compreendendo que poderiam executar seu ataque com sucesso, afinal estavam armados, mas à custa de muito sangue, inclusive de seu lado. Não iriam enfrentar civis sem traquejo no uso de instrumentos bélicos, mas militares também. E havia o lado político a se considerar. Um desatino poderia postergar o que para eles já estava decidido para curto prazo: o golpe. Entretanto, não se conformaram.

Por esse inconformismo, aí sim, criaram as condições (com mais e mais provocações) para o amotinamento dos marinheiros e fuzileiros navais, meio eficaz para justificar o que mais queriam: atingir de morte o débil governo Goulart.

Os amotinados passaram a noite no Sindicato discutindo as ameaças dos oficiais. O que era festa transformou-se em assembléia permanente. A notícia chegou aos navios. Na manhã seguinte, os que receberam essa notícia a bordo decidiram levar solidariedade aos companheiros reunidos, juntando-se a eles. Ao passarem pelo antigo Ministério da Marinha, alguns oficiais, emboscados num andar do prédio, abriram fogo com revólveres, fuzis e metralhadoras. Alguns manifestantes foram feridos. Outros recuaram e outros mais jogaram-se ao mar. Um, a nado, saiu num dos armazéns do cais do porto. Assim, ensopado e exausto, chegou ao Sindicato e fez seu relato para a platéia. O ódio transbordou e esse foi o assunto do dia. À noite, em sessão, sucederam-se acalorados discursos e propostas, cada uma mais radical que outra. Mas foi a intervenção de Cláudio Ribeiro, um cabo especializado em eletrônica e que mais tarde iria militar na Vanguarda Popular Revolucionária — VPR — que empolgou a maioria. Foi ele a propor a rebelião na forma de amotinamento. A massa, aos urros, o aplaudiu. A "guerra" estava declarada.

O golpe veio em seguida. Muitos marinheiros, conscientes do que lhes aguardava em caso de prisão, caíram na clandestinidade, buscando alternativas para uma ilusória resistência. Entre eles, Geraldinho, que já se relacionava com a Política Operária (POLOP), o primeiro grupo de esquerda a elaborar uma crítica sistematizada e consistente ao reformismo do PCB. Da POLOP nasceria a VPR, formada por um núcleo dissidente da organização e de remanescentes do Movimento Nacional Revolucionário (MNR), no qual se incluíam ex-militares.[1]

Quanto a mim, houve o processo por ter participado do movimento. A peça de acusação era o jornal. Já estava certo que seria expulso, mas os repressores optaram pela tortura lenta e gradual da espera, da expectativa, no que são mestres. Enquanto isso, continuei o curso de jornalismo, que logo se encerraria (a duração era de um ano). Ganhei um estágio em jornal diário pela minha classificação ao seu término, e já estava em desespero porque tinha prazo para cumpri-lo. Nunca soube se a Marinha tinha conhecimento

---

1. Em *Brasil: nunca mais*, obra lançada pela arquidiocese de São Paulo (Editora Vozes, 1985), há referência significativa sobre a POLOP — sua origem e formação — e também sobre as organizações que tiveram nela o seu berço, p. 102 a 106.

disso, mas o certo é que me segurou até novembro, quando, por fim, decretou minha expulsão de suas fileiras. Antes que isto acontecesse, porém, teria mais dores de cabeça com implicações futuras. Com o passar dos meses, não via e nem tinha notícias de muitos dos companheiros da ex-AMFNB, a não ser do Omena, com quem me encontrava sempre. Ele havia sido preso (seis meses num navio-prisão, ancorado no meio da Baía da Guanabara) e ao ser solto ingressara na Faculdade de Filosofia, onde iria cursar jornalismo, após a interrupção, por causa da prisão, do curso de direito.

Um dia — surpresa! — tocam a campainha de casa, abro a porta, e quem vejo? Nosso Geraldinho. Minha mulher já o conhecia. Falou-nos de sua odisséia clandestina e também que estava necessitando de um lugar para ficar durante alguns dias. Ele e o Antônio Duarte. Não "pestanejamos" em lhes garantir que teriam um canto em casa. Geraldo saiu e mais tarde retornou com Duarte. Aí tivemos uma conversa séria, estabelecendo algumas regras. Eu, ainda com vida legal, não queria saber de onde vinham, para onde iam e menos ainda o que faziam. E estabelecemos um álibi: estavam em nossa casa enquanto providenciavam documentos novos porque, expulsos da Marinha, precisavam recompor a vida, buscar trabalho... Também ficou acertado que tudo o que portassem de comprometedor deveria ficar numa escrivaninha do quarto que iriam ocupar. Em caso de problemas, eu e Leda poderíamos juntar facilmente o que fosse e encontrar um meio de dar sumiço ao pacote.

Houve uma coincidência. Poucos dias depois fui chamado ao famoso Centro de Informações da Marinha (Cenimar). Fiquei assustado, pensando nos meus hóspedes, que saíam pela manhã e só voltavam tarde da noite. Tudo muito corrido, mas tive tempo de avisá-los sobre a intimação e juntos decidimos que seria melhor que se ausentassem até que as coisas se esclarecessem.

Da sala onde mandaram que aguardasse, ouvi uma conversa que vinha de outra sala. Alguém dizia: "tenho certeza de que subindo lá se traz gente". Meu susto aumentou. Era muito provável que falassem de alguma coisa relacionada a mim, pois estava em cima da hora marcada na citação que me havia chegado pelos Correios. Eu morava no primeiro andar. Chamaram-me e respirei fundo quando vi um exemplar de *A Tribuna do Mar* aberto sobre uma mesa. O interrogatório foi sobre um texto que havia escrito. Mas, ao final, perguntaram-me especificamente sobre Geraldo e Antônio Duarte. Disse que fazia muito não os via e que a última informação deles era a de que se encontravam no Uruguai. Não insistiram nisso e fui liberado. Fiz mil caminhos para chegar em casa, temendo estar sendo seguido.

De volta de seu retiro, Geraldo, que agora chamávamos de Neguinho, passou a receber cartas de sua mãe em nosso endereço, no nome de minha mulher, para despiste de prováveis espias. Isto fazia parte de nossos acordos. Um dia recebeu uma delas, pôs no bolso e foi-se para seus compromissos. Enquanto isso, como meu caso ainda não havia sido encerrado pela Marinha, tive que cumprir minha tabela normal de serviço, que no porto correspondia a uma jornada com duração de 24 horas. No dia seguinte, muito cedo, antes que o expediente a bordo recomeçasse, fui chamado para me apresentar ao oficial de dia. Ao me ver, ordenou, sem mais palavras: "acompanha estes senhores". Meio sonolento, deparei com dois homens em trajes civis, o que não era comum nos navios, particularmente naquele horário. Eram agentes do Cenimar, para onde fui conduzido do jeito que estava e sem ao menos lavar o rosto. Até o último minuto do percurso tentei imaginar qual poderia ser o motivo daquele "convite" assim tão repentino, com o sol ainda escondido no horizonte, por trás dos edifícios. Não pude chegar à conclusão alguma.

Ao dar entrada numa sala do 5º andar do Ministério da Marinha, já bem conhecida, tantas vezes fora obrigado a freqüentá-la, tive o punho esquerdo algemado ao braço de uma cadeira. É que no dia anterior um ex-marinheiro de nome Severino, preso e submetido a interrogatório, aproveitou-se de um descuido e fugiu. Os agentes haviam saído para almoçar e não deixaram sentinela para vigiá-lo. Sem vozes e passos por perto, Severino deu uma olhada no corredor. Estava vazio. Seguiu por ele e foi descendo escadas até chegar ao térreo, sem encontrar obstáculos. Ganhou a rua e foi ao reencontro da liberdade. Ao retornarem, os interrogadores estarreceram-se com o que, para eles, era petulância demasiada: muita desmoralização alguém fugir de dentro daquele que era considerado o mais eficiente serviço secreto militar — o Cenimar —, composto por oficiais altamente selecionados e treinados inclusive fora do Brasil, como nos Estados Unidos, pelo programa Ponto 4, entre outros. Algo revelador, pelo gesto de Severino: a inexperiência não era exclusividade nossa.

Diante dos meus olhos apareceu um homem franzino, óculos de grossas lentes e equivalente armação preta, metido numa japona bem maior que seu tamanho e usada, normalmente, como parte do uniforme dos marinheiros. Fazia um pouco de frio. Esse homem era o Solimar. Conhecia-o de nome. Nunca o havia visto antes. Olhou-me da cabeça aos pés e disse, arrogante: "É melhor falar!". Eu só não sabia o quê. Mas logo ele esclareceria, pelo conteúdo das perguntas que fazia. Irritado e com ar de cansaço, queria que dissesse quais as minhas relações com Geraldo e Duarte. E falou em tom de ameaça:

"Não adianta mentir porque eles estão presos e já falaram tudo...". Duvidei por instantes, mas logo percebi que Solimar não blefava ao falar de prisão. Os dois foram a uma reunião que o Cenimar, por infiltração, sabia o dia, a hora e o local em que iria acontecer. Por isso seus agentes anteciparam-se, prenderam os residentes do apartamento e montaram seu esquema. Cada vez que a campainha tocava, um repressor abria rápido a porta e outro, mais rápido ainda, saltava sobre o recém-chegado, arrastando-o para dentro e o algemando ao pé de uma cama. Isto se repetiu até que chegou Dona Maria, a lavadeira. Quando voaram sobre ela, a pobre senhora instintivamente pôs as mãos protetoras entre as coxas e gritou: "Pelo amor de Deus, não façam isso. Estou muito velha pra essas coisas!". Ela acreditou que estava sendo atacada por um bando de tarados sexuais querendo estuprá-la. Não era sem razão. Naqueles tempos a "curra" figurava entre os deleites dos "play boys", rebentos, na maioria dos casos, das classes abastadas, com maior atuação na Zona Sul do Rio. Mas o que importa aqui é que no bolso do Geraldo encontraram a carta de sua mãe com meu endereço. Ele não tivera o cuidado nem de eliminar o envelope. Chegar a mim, por tão elementar indício, significava o próprio atestado de nosso primarismo em matéria de segurança. O erro em que Geraldo incorria era grave: ir a uma reunião clandestina, portando um endereço legal (ou qualquer outra indicação que pudesse criar condições para a prisão de terceiros em caso de queda, uma possibilidade sempre presente em encontros assim). Contudo, seria injusto crucificá-lo individualmente por isso. Pois ele apenas expressava a inconsciência geral quanto ao cumprimento de regras disciplinares mínimas exigidas por um movimento de resistência que, embrionário e naquelas circunstâncias, deveria montar-se sobre bases absolutamente impermeáveis ao conhecimento inimigo. Predominavam ímpetos românticos sobre uma realidade nada lírica.

Procurei manter a calma e seguir o roteiro do nosso filme — ou o álibi que havíamos previamente montado. Percebi, pelas reações de Solimar, que nossas histórias coincidiam ou não expunham contradições significantes. Mas ele não desistia. Tentou pegar-me de surpresa. Apontando para dois litros cheios com um líquido que poderia ser água, perguntou-me: "Reconheces? Trouxe de tua casa. É nitroglicerina!". Não acreditei, mas deduzi quanto à razão do cansaço e da irritabilidade que manifestava a cada minuto: havia passado a noite inteira em minha casa com sua equipe, revirando cômodos, armários, livros e tudo o que encontraram pela frente. Não insistiu no assunto "nitroglicerina", mas continuou no ataque. De dentro de um envelope tirou um pequeno maço de carteiras de identidade de uma associação de policiais militares, em branco e assinadas, jogando-o sobre a mesa e exigindo: "Explica isto!". Fiquei pasmado e indignado, mesmo sem demonstrar ou tentando não demonstrar.

Descobri naquele instante que Geraldo e Duarte haviam rompido um de nossos acordos. Em vez de deixarem reunido o que portavam no local combinado, espalharam o que julgaram que eu não deveria saber por outros cantos. As carteiras de identidade, cuja existência eu ignorava, foram encontradas pelos repressores debaixo de um faqueiro, num móvel da sala de jantar. Talvez quisessem até me proteger, mas terminaram me deixando numa tremenda sinuca, sem saída naquele interrogatório. Mas, nada sabendo, nada poderia responder.

Sorte minha foi que Solimar cedia à exaustão que lhe corroía as forças. Trocou palavras com alguém pelo telefone e retirou-se da sala prometendo voltar para darmos continuidade ao assunto das carteiras. Um outro homem entrou na sala em seu lugar. O suspiro de alívio inicial com a retirada de Solimar de meus calcanhares durou apenas minutos. A troca em nada me beneficiou, pois o seu substituto, descansado e, ao contrário do antecessor, bem nutrido, queria saber sobre uma pistola Beretta encontrada numa das prateleiras de nossa estante, em cima de alguns livros. Nem escondida estava. Não tinha motivos para subterfúgios, no entanto. A arma era legal, possuía documento e nem era minha. O interesse dos repressores centrava-se num detalhe: haviam efetuado a prisão de um ex-marinheiro, o que até aí não era novidade. Só que com Benedetti, o preso, encontraram uma outra Beretta, cuja série correspondia à da encontrada em minha casa. Tinha uma explicação.

Nos três últimos anos de solteiro, passei a dividir o espaço que habitava com um jovem amigo, Carlos. Primeiro num quarto espaçoso, no apartamento de uma senhora espanhola muito distinta, na Corrêa Dutra. Depois, preparando-me para casar, num apartamento, palco destes acontecimentos, na Vila Valqueire. Carlos foi prestar serviço militar no pára-quedismo. Gostava da corporação, mas não queria fazer carreira no Exército. Enquanto arquitetava saídas para o futuro, viu-se diante da encruzilhada: fazer curso para cabo, chamado feito por sua unidade, ou se apresentar como voluntário para o contingente da Organização das Nações Unidas (ONU), conhecida como Força de Paz, com destino ao Suez, Egito, e faixa de Gaza, o que iria garantir-lhe alguns dólares e baixa certa da corporação ao regressar. Optou por esta última alternativa. A missão durou um ano. De regresso ao país, no final de 1963, o navio transporte da Marinha brasileira que conduzia a tropa aportou em Nápoles, na Itália. A pistola Beretta fazia sucesso, principalmente entre os jovens. Os soldados pediram a seu comandante para consegui-la. Esse comandante era um jovem oficial, muito estimado pela tropa: Carlos Lamarca. Foram atendidos, com algumas condições. Entre estas a de que as armas somente seriam entregues ao pisarem o solo brasileiro e pelo próprio Exército. Os adquirentes teriam uma licença para tê-las em casa. Carlos seguiu os colegas, candidatando-se a uma. Conseguiu. Por fora, Benedetti, que fazia parte da guarnição do navio, também adquiriu a sua por esquemas próprios. Aí está a coincidência de série.

Contada essa história, verdadeira, ao meu inquiridor, ele, incrédulo, decidiu conferi-la diretamente na fonte. Deslocou-se para outra sala, seguramente para que eu não ouvisse nomes ou o que iria conversar. Não tive dúvidas. Aproveitei a ausência dele e, com a mão livre, amassei as carteiras de identidade suspeitas e pus na boca. Com meus bons dentes, mastiguei-as com firmeza, mas quanto mais mastigava mais elas exigiam saliva, que já me faltava. Quando ouvi seus passos de volta, engoli o bolo que se formou. Fiquei sufocado, ofegante e sem voz. Lágrimas começaram a descer pelo rosto. Ao me ver assim, disse: "Vocês fazem suas besteiras e depois ficam chorando!". Ele não podia imaginar que, se desse um murro nem tão forte nas minhas costas, espirraria um verdadeiro obus de minha goela. Acho até que o agradeceria se tivesse desferido o golpe. Não porque goste de apanhar, claro, mas porque me livraria do penoso engasgo. Por fim, a "bucha" desceu e passei uma semana sentindo dores na dilacerada garganta. O homem pareceu satisfeito com o que lhe havia relatado, após seu telefonema para "não sei qual" órgão do Exército. Chamou a escolta e ordenou que eu fosse recolhido ao Presídio Naval, na Ilha das Cobras, onde passei 13 dias sem contato com o mundo exterior, com outros presos, entre os quais meus ex-hóspedes. Ninguém do Cenimar voltou a tocar no assunto das amargas (literalmente) carteiras de identidade, trunfos de Solimar para me incriminar. Mesmo assim, ao retornar à liberdade deixei meu prontuário acrescido de mais um processo em que o fundamento nada tinha a ver comigo. Os repressores, para ridicularizarem os participantes daquela malfadada reunião e "de sobra" marcarem alguns pontos políticos contra a esquerda no geral, intitularam-na de "A Guerrilha de Copacabana". Detalhe: mesmo comprovadamente legal e não sendo minha, além de nunca ter disparado um único tiro enquanto esteve em nossas mãos, a Beretta jamais seria devolvida a seu legítimo dono. Carlos não se interessou em reavê-la e eu, em culpa, tentei e nada consegui. Século e milênio virados, talvez hoje Solimar e seus rapazes possam indicar o destino que deram a ela. Poderiam nos dizer em quais coldres repressivos ela esteve pendurada, quantas pessoas aterrorizou e, de quebra, quantas terá matado. Interessante, tocando nisso, ocorre-me outra lembrança. Nessa solerte magia de evaporação repentina de sólidos — não sendo químico ignoro a fórmula — atacam-me saudades da companheira Remington, portátil, quitada e com nota fiscal, capturada bem depois em minha casa por motivos que desconheço. Um dia foi localizada numa unidade do Exército, pela eterna e famosa fibra — ou teimosia — de mulher! Cobrado, o oficial que a tinha sobre a mesa foi claro para Leda, que não descansava em sua tentativa de localizá-la: "A máquina que a senhora procura é mesmo esta. Mas daqui não vai sair e dê-se por satisfeita por ter ficado com as mãos para trabalhar e poder comprar outra, se quiser!".

Desde que regressou do Suez, todo o esforço de Carlos passou a ser dirigido para a preparação de seu casamento. Com o dinheiro que conseguiu economizar, montou um pequeno negócio e quase não vinha mais em casa, a não ser para rápidas passagens. Mas enquanto permaneceu entre nós recebia a visita de Lamarca, de quem se tornara amigo. Lamarca procurava-o para que participasse das "peladas" de fim de semana que organizava. Ambos eram apaixonados por futebol. Apesar de toda a agitação política que se estendia por todo o país, nenhuma referência era feita a ela no pouco que pudemos conversar. Inimaginável que uma pessoa aparentemente tão indiferente àquela tormenta tivesse o menor vínculo com sua dinâmica. E menos ainda que, na posição de oficial do Exército, tivesse secretamente uma posição ativa e contrária a tudo o que a instituição que representava defendia. Com esta lembrança, somente me restaria ficar surpreso quando soube, ao virem à tona os acontecimentos de Quitaúna — em que ele rompe às claras e definitivamente com o Exército —, do papel que passou a desempenhar na luta política armada, naturalmente como prolongamento de uma militância que vinha de muito antes da eclosão daquele episódio.

Pouco tempo depois que deixei o Presídio Naval, Geraldo, Duarte e outros seriam transferidos para o Galpão do Alto da Boa Vista, sob a jurisdição da Polícia Civil, onde já se encontravam recolhidos outros ex-marinheiros e ex-fuzileiros navais. No entanto, a permanência deles naquele presídio não duraria muito. Conduzidos para uma audiência na Auditoria da Marinha, onde corria o processo em que eram incriminados — alguns respondendo em liberdade e outros na condição de reclusos, todos misturados e somando dezenas —,

Geraldo, Duarte, Raul e Capitani decidiram dar as costas à farsa e ir embora. Naquele tumulto não poderia haver vigilância eficiente nem os policiais estavam preparados para isso. Quase que inteiramente sem opções, não é difícil imaginar qual o primeiro ponto de socorro que buscariam. Capitani tinha um contato em Jacarepaguá. Os demais...

A velha campainha soou. Eu estava no trabalho, a essa altura já livre da Marinha, e iniciava no *O Jornal*. Leda abriu a porta e apareceu uma menininha dizendo: "Tem uma moça ali na esquina querendo falar com a senhora". Intrigada, Leda disse que estava bem, mas ficou imaginando quem poderia estar tão perto mandando recado que queria vê-la, podendo ir direto à nossa casa. Mas, já um tanto vivida nesses "mistérios", decidiu dar uma chegada até à esquina indicada. Não podia ser outra pessoa. A "moça" era o Geraldo. Raul e Duarte observavam de longe. Geraldo informou sobre a fuga, foi com Leda até o apartamento para pegar uma muda de roupa, que restava conosco, e sumiu. Todos sumiram à procura de um refúgio. Não tivemos como oferecer abrigo a eles, sob pena de submetê-los ao risco de recaptura, pois a repressão já possuía dados detalhados em seu fichário sobre nossos vínculos.

Segui minha nova rotina, mantendo um contato aqui e outro acolá, enquanto os inquéritos a que respondia tramitavam normalmente. Um deles era presidido pelo comandante Abema Maia. Nas vezes em que fui obrigado a ter com ele, revelou-se um homem profundamente arraigado aos ideais conservadores. Tudo o que estivesse fora de seus antolhos era comunismo. Cristão, como se autodefinia, odiava o democrata-cristão Moacir Omena.

Caminhando num final de tarde pela Rio Branco, encontrei um conhecido. Marinheiro, ele continuava na ativa. A tempestade não o atingira, nem poderia, pois se alinhava do lado dos ventos. Não figurava no rol de minhas amizades, mas também não o hostilizava. E até o tratava bem, em consideração a seu irmão, Wilson Queiroz Pessoa, colega a quem estimava muito — ingressara na Marinha ao mesmo tempo que eu e terminara o curso em primeiro lugar, era o "brigada" de nossa turma. Francisco, parece-me que esse era o seu nome, convidou-me para um cafezinho. Conversa vai, conversa vem, ele perguntou como estava minha situação. Contei-lhe, em grossas linhas. Mostrou-se preocupado e até solidário, a seu modo, oferecendo-me chances de me livrar de todo aquele peso. Esse "seu modo" me arrepiou, mas procurei ouvi-lo para saber, o quanto possível, até onde iam os tentáculos de nossos fascistóides. Como numa sessão de catequese, estendeu-se sobre os encantos do espírito democrático que lhe invadia as entranhas. Conhecendo-me, insistia, não me considerava um comunista. Por isso, sentia-se à vontade para dizer que em sua democracia não poderiam existir comunistas. "Temos que eliminá-los", afirmava enfático. Aí estava o centro de sua luta: eliminar comunistas. Fiz algumas ponderações intimamente gozativas baseadas na natureza e em seu equilíbrio ecológico. O exemplo que dei foi a relação entre as populações de jacarés e piranhas. Não sei em qual delas, figurativamente, ele se enquadrava, mas o que queria dizer era que a baixa ou a aniquilação de qualquer das duas espécies tinha como conseqüência o crescimento desordenado da outra, sempre com grandes prejuízos para o geral. Se entendeu, não demonstrou.

O rapaz estava empolgado e convidou: "Vamos até ali. Quero te mostrar uma coisa, faço questão". Pensei um pouco e decidi acompanhá-lo. Na mesma Av. Rio Branco funcionava o tradicional *Diário Carioca*, na quadra entre a Visconde de Inhaúma e a Conselheiro Saraiva. O velho diário, que teve o mérito de pela primeira vez em toda a história da imprensa brasileira alçar uma mulher, Ana Arruda, ao posto de direção de redação, ocupava a sobreloja do prédio. No andar de cima, para onde fui levado — e que nada tinha que ver com o jornal — estava um grande salão repleto de caixas de madeira enormes e mesas de escritório. Francisco pareceu se sentir em casa. E pela desenvoltura como se movia ali dentro dava a impressão de ser uma pessoa com grande prestígio entre seus pares, pois até a chave que usou para entrarmos estava em seu chaveiro e não na portaria. Minha curiosidade aguçou-se.

Sentados em torno de uma das mesas, ele confessou ter perguntado sobre minha situação por perguntar, porque sabia tudo. Pertencia a uma organização que tinha como um de seus expoentes o comandante Abema Maia, aquele mesmo que presidia um dos inquéritos contra mim, Omena e outros. Dependendo do que eu decidisse — assegurou — estaria livre de processos e condenações. Perguntei a que preço e ele respondeu: "Filiando-se à nossa organização e trazendo outros companheiros para combater o comunismo". Quis saber que organização era essa e ele não hesitou: "Falange Patriótica" (em tempo e terra tão férteis para o cultivo de aberrações, tratava-se de viçoso broto do velho Movimento Anticomunista (MAC), que tinha no almirante Penna Boto o seu fundador). E, apontando para as caixas, explicou: "São uniformes e armas. Qualquer dia desses iremos promover uma marcha pelas ruas do Rio uniformizados. Será a afirmação pública de nosso movimento. Fomos nós a liderar a grande Marcha da Família com Deus pela Liberdade".

A sala não possuía espelho para que eu pudesse ver minha cara, mas acredito que tenha ficado vermelho ao ouvir tudo isso. Convidei-o para que saíssemos para mais um cafezinho. Ele topou. Enquanto caminhávamos, passaram-me mil pensamentos pela cabeça, e o que marcou foi a possibilidade de me infiltrar na sua organização para tomar aquelas armas. Juro, não seria difícil. A questão era como e com quais pessoas. Os ex-marinheiros estavam dispersos, desorganizados. Mesmo assim, marquei um novo encontro, a se realizar uma semana depois, na Presidente Vargas, em frente ao número 590, próximo à Candelária.

Saí dali ávido por contatos. O assunto era delicado. Não podia falar dele com qualquer um. Os dias se passaram e eu cheguei à conclusão de que nada poderia ser feito. Estava só. As pessoas com quem poderia contar se encontravam presas ou sumidas. Oportunidade perdida para quem já havia assimilado, certo ou equivocadamente, que só pela luta armada seria possível conter os avanços da direita e sua ditadura militar.

No dia e na hora marcados com Francisco, estava eu lá. Ele apareceu acompanhado. O acompanhante tinha ares de chefe. Era jovem, impecavelmente vestido com terno de fino corte e gravata, cabelos bem aparados e penteados, bem barbeado, unhas feitas e gestos metódicos. Um típico membro da ultradireitista Tradição, Família e Propriedade (TFP), de Plínio Corrêa de Oliveira. Trazia até ficha de inscrição para que eu assinasse. Estava aberta a porta para a infiltração que imaginei e que não aproveitei por falta de organização, de respaldo político. Nossa conversa não foi demorada. Disse-lhes que havia pensado muito e decidido que ia cuidar da vida sem mais me envolver em nada que tivesse parentesco com política. Despedimo-nos e eu saí tremendamente frustrado por não ter tido capacidade de contribuir com alguns petrechos que, pelos volumes das caixas mostradas e nossas carências bélicas (e de tudo o mais que uma organização político-militar depende para levar seus propósitos adiante, a começar pela sua própria existência), pareceram-me de grande quantidade ou ao menos um bom começo para a montagem de nossos futuros arsenais. Chances assim não se repetem e eu, rememorando isso entre as grades, condenado, teria três longos anos de cárcere a cumprir. Nisso é que teria de pensar agora. Entre o sonho do querer e a realidade do ter estava aberto o abismo, intransponível, ao menos por algum tempo.

ANO II ★ JANEIRO/FEVEREIRO, 1961 — GUANABARA N.º 12

A TRIBUNA DO MAR

Órgão Oficial da Associação dos Marinheiros e Fuzileiros Navais do Brasil —— Diretor-Responsável: Moacir Omena de Oliveira
Rua São José, 84, 3.º andar — Telefone: 42-6253 — Sucursais: Recife, Belém, Salvador, Natal, Ladário

Perseguição e Onda de Prisão na Associação Fuzinauta

PRESSÃO COM PERSPECTIVAS DE FECHAR A ASSOCIAÇÃO DOS MARINHEIROS E FUZILEIROS NAVAIS DO BRASIL — DIRETORIA SOB A MIRA DE TRIBUNAL MILITAR — O NOSSO CRIME FOI PROMOVER A INTEGRAÇÃO SOCIAL DAS PRAÇAS DA MARINHA MARGINALIZADAS — AS AUTORIDADES NUNCA QUISERAM NOS AJUDAR — PEDIMOS INCESSANTEMENTE O NOSSO RECONHECIMENTO PELAS AUTORIDADES NAVAIS — OPINIÃO PÚBLICA MOVIDA A FAVOR DOS MARUJOS E FUZILEIROS — IMPRENSA ESTÁ DIVULGANDO AMPLAMENTE O FATO — PERSEGUIÇÕES, EXPULSÕES, PRESSÕES, VISAM INTIMIDAR EVOLUÇÃO SOCIAL E CULTURAL DAS PRAÇAS DA MARINHA, É UM FATO CLARIVIDENTE ADVINDO DO APARECIMENTO DA ASSOCIAÇÃO — AGRADECEMOS A SOLIDARIEDADE DAS ENTIDADES CONGÊNERES: FORÇA PÚBLICA DE SÃO PAULO — PERNAMBUCO — BAHIA — BOMBEIROS — AERONÁUTICA — CBSM — COMISSÃO DE SARGENTOS DO EXÉRCITO, MARINHA — MARUJOS E FUZILEIROS — LEVOU AO PRESIDENTE DA REPÚBLICA PEDIDOS DA ASSOCIAÇÃO. ———————————————— (Reportagem de PEDRO VIEGAS na página central)

A TRIBUNA DO MAR Entrevista Pelé

O «Rei Pelé» concedeu gentil e prestativamente entrevista A TRIBUNA DO MAR — Na Vila Belmiro, em Santos, quando praticava exercícios parou para atender por mais de 30 minutos ao nosso repórter Jaime Fonseca, que lhe entregou a música «Frevo Pelé 64» do famoso maestro pernambucano Sebastião Primo — (Reportagem na pág. 12.)

Pelé sendo entrevistado por Jaime Fonseca de A TRIBUNA DO MAR. Ao centro a senhorita Claudete Henrique, rainha da Sociedade Esportiva José Bonifácio. (Especial para a TM)

Este seria o último número de A Tribuna do Mar. O artigo que remete para a página central — impossível de reprodução pelo seu estado — serviu como peça de acusação ao autor no processo a que respondeu na Justiça Militar (Marinha) e que resultou em três anos de reclusão para ele e para o diretor do periódico, Moacir Omena de Oliveira.

3

Propósitos revolucionários no cárcere

Costuma-se dizer "meu livro de cabeceira" para referir determinada obra como sendo a preferida ou leitura obrigatória, indispensável ao apetite intelectual. Pois bem, era justamente como meu livro de cabeceira que *Recordações da Casa dos Mortos* estava agora para mim. E não só por motivações subjetivas ou simples força de expressão, mas por algo bem concreto, prático e imediato. É que, além de boa leitura, servia-me de travesseiro! Punha sobre ele a toalha de banho dobrada e assim podia ter amenizada a dor no crânio de quando dispensava aquele improviso. Tinha-se que passar a maior parte do tempo sentado ou deitado por falta de espaço físico para tanta gente circular continuamente. Assim, aquele "travesseiro" tinha valor inestimável!

Era muito difícil cruzar cada dia. As horas não passavam. As conversas não me enriqueciam, ao contrário, empobreciam-me. Os demais presos ocupavam-se de jogos, alguns inventados ali mesmo, ou preenchiam o tempo contando façanhas contra a polícia. Mas alguém descobriu meu "talento". Lápis e papel nas mãos, esmerei-me na redação de "cartas de amor". Por pouco não fazia fila. Na cela, a maioria era composta de analfabetos ou semianalfabetos, mas cada indivíduo revelava ter sentimentos como qualquer outro. Não eram só palavras de amor que desejavam exprimir, é certo. Entre uma e outra destas cartas havia pedidos materiais, em alguns casos, beirando a chantagem. Mas era inegável que havia afeto, no geral. Para mim, o fundamental era ter uma ocupação. Ainda assim, o tempo parecia completamente estagnado.

No presídio, os banhos de sol eram concedidos nos dias de visita. Fazia sentido: dar aos familiares a impressão de que os presos eram bem tratados (brancos, de amarelos, voltavam a ser brancos; negros, de cinzas, voltavam a ser negros). Esses banhos de sol se davam pela manhã e a visitação pela tarde. Aconteciam em dias diferentes por grupos de celas. Ao que pertencia a nossa, banhos de sol e visitações incidiam nas terças e sextas-feiras. E foi numa dessas terças-feiras que as coisas iriam mudar para o meu lado.

Como era de costume acontecer, além do banho de sol, os presos barbeavam-se e cuidavam das aparências como podiam para receber suas visitas. Era pura alegria, como se todos se preparassem para ir a uma festa. E não deixava de ser uma festa, diga-se. Durante o banho de sol não se falava de outra coisa e todos disputavam cada nesga dos raios do astro-rei como a lhe implorar vida. A maioria iria receber cigarros, comidas feitas em casa, roupas limpas e outras demonstrações de solidariedade e carinho. O almoço seria servido na hora certa e todas as atenções convergiam para a uma hora da tarde, quando os primeiros nomes eram chamados e os presos, retirados das celas e conduzidos ao pátio onde o encontro com familiares, amantes e amigos iria ter lugar. Só o fato de deixar a cela por algumas horas já seria motivo para comemorar. As visitas chegavam e cumpriam algumas exigências, como deixar seus documentos na portaria. Um preso que prestava serviços à administração ia chamar o visitado.

Naquela terça-feira, Leda seguira os mesmos rituais. Fora da cela soprava um vento brando e as cores da tarde davam-me a sensação de serem mais fortes. Eu não tinha assunto. Afinal, encontrava-me isolado do mundo, não recebia jornais nem ouvia rádio. Tais "privilégios" não me eram permitidos. E as pessoas da cela que eu habitava, que poderiam tê-los, não possuíam o hábito de se informar. Não sentiam falta disso. Ela falou-me sobre nossas coisas e mostrou-se, como sempre, muito forte.

Não era a primeira visita que Leda me fazia, pois já havia se passado mais de dois meses de permanência naquele presídio. Sua presença significava, além do prazer de estar com ela, a certeza de notícias do mundo exterior àqueles muros e grades, de amigos nossos e de tudo o que a mim interessava ou dizia respeito. Significava também a garantia de um jantar digno, embora simples, e livre dos manuleios internos que os presos arriscavam quotidianamente para melhorar o "trato do estômago" e que me passavam como retribuição aos favores na redação de tantas cartas e bilhetes. Isto ainda não me tornava um "considerado", mas traduzia algum respeito.

Encerrada aquela visitação, um clima de apreensão se estabelecia com a ordem da chefia dos guardas para que os presos permanecessem no pátio. Em geral, éramos recolhidos às celas imediatamente após a retirada das visitas. Os policiais armavam uma mesa, e cada preso que passava tinha tudo o que havia recebido revirado. Roupas, comidas, tudo. A comida era inspecionada com um garfo que a transformava em farelo, fosse arroz com feijão, ensopado, farofa ou bolo. Nada escapava ou era mantido integral. E nenhum protesto era levado em conta. Depois de ter seus pertences revoltos, cada preso era levado para um dos corredores e revistado da cabeça aos pés. Isto não acontecia com todos, mas com os nomeados. E estes não eram poucos. Os demais tampouco eram liberados, o que aumentava o clima de insatisfação. Os motivos não eram revelados, mas estava mais do que claro que a revista efetuava-se em função de drogas, principalmente a maconha. Cocaína era luxo de ricos. Somente muito mais tarde é que se tornaria popular. Os visitantes eram comumente acusados de levar drogas aos seus visitados. Em alguns casos e em pequenas quantidades, até podia acontecer. Mas o comércio mesmo... Que respondam os chefes de disciplina e segurança internos, funções sintomaticamente bastante disputadas pelos que podiam disputá-las.

A revolta cresceu quando chegou a vez do "Jaime da Lalá". O Jaime foi o que na linguagem carcerária se dizia bagunçado. Havia recebido muitas coisas, como lençóis e outras peças de roupa e farta quantidade de frutas e doces. Os carcereiros, como se movidos por algum ódio muito pessoal, exageraram na dose: misturaram tudo, incluindo nisto doces e caldos com roupa. Puseram-no completamente nu e a inspeção no seu corpo não poupou o mais recôndito dos orifícios. Fizeram, sob ameaças de pancadaria, com que ele abrisse as nádegas e não se satisfizeram com um exame visual: meteram o dedo no seu ânus. Foi humilhação demais para o líder. Tudo ficou um tanto mais suspeito quando, inspecionado o Jaime, a revista foi encerrada e todos os presos conduzidos às respectivas celas.

Este seria o assunto até o momento de deitarmos. Ninguém se conformava com o que tinha visto. Jaime, por sua vez, prometia vingança, mas não sabia como se vingar. Mas a humilhação que sofrera não o permitia esquecer o episódio por um instante sequer. A violência dos carcereiros houvera sido de tal monta que ninguém acreditava que ele permanecesse na posição de "xerife". Poderia ter sido autorizada pela direção do presídio para desmoralizá-lo diante dos demais presos, em particular da nossa cela. Por vezes Jaime chorava e dava socos no ar. Mas não descarregou sua ira sobre o rapaz que lhe servia de babá. Até procurou ser brando com este, talvez por sentir-se ferido em seus brios e desencorajado moralmente de manter as mesmas atitudes agressivas de antes. Por fim, todos dormimos.

O assunto da tarde anterior foi retomado desde o amanhecer pelos presos de todas as celas. "Vovô" organizou uma espécie de comitê local, na nossa, composto por ele, o próprio Jaime, "Birrinha", Nataniel e dois outros "considerados" cujos nomes não recordo. Todos concordavam com uma resposta que tirasse o sono e acrescentasse alguma dor de cabeça à direção do presídio. Foi o "Vovô" quem sugeriu:

— Por que não utilizar a imprensa e fazer uma denúncia de quem realmente entra com maconha aqui? Aí está o Viegas que bem pode nos dar uma mãozinha nisso.

Todos voltaram os olhos para mim, fiquei um tanto sem graça até por não saber como corresponder a essa confiança do "Vovô", além de estar consciente de que mexer no tema drogas seria o mesmo que "mexer em vespeiro". E que "vespeiro", já naquela época! De um lado, os presos que comercializavam a maconha; de outro, os policiais que a introduziam em todo o sistema carcerário. O fato era conhecido, mas nenhuma autoridade ousava tocá-lo. Não seria eu, portanto, a envolver-me num assunto que nada tinha a ver comigo. "Vovô", do centro do seu estrado, onde confabulava com os demais componentes do comitê, fez sinal para que me aproximasse. Atendi. Explicou o propósito do grupo, que na verdade era seu, e pediu minha opinião. Expus francamente minhas dúvidas, mas acrescentei o que, na hora, veio-me à cabeça:

— Vocês sabem que não possuo experiência alguma no trato de problemas de cadeia. Não faço a menor idéia de como os policiais irão reagir no caso de uma denúncia dessa. Nem como os presos iriam ver tudo isso, principalmente em caso de uma represália. Mas me surgiu um pensamento. Todos sabem que estou em prisão que não é a que deveria estar como preso político e com condenação. Se fizermos uma denúncia disto, haverá, sem dúvida, muito incômodo. A partir dessa denúncia, entretanto, a gente pode falar das condições gerais dos presos, das arbitrariedades que a direção comete por meio de seus subordinados e podemos insinuar mesmo que essa direção "faz vistas grossas" ao tráfico de entorpecentes, no qual muitos agentes têm participação direta. Mas aí entraria uma questão por demais delicada: o pessoal que trafica teria que estar de acordo. E isto não é fácil, porque são os seus negócios a serem imediatamente prejudicados.

O grupo foi unânime em considerar que, deixando-se de lado a parte do tráfico, a idéia era boa. Mas como levar isto adiante?

— Simples, respondi. Basta que se espere duas visitas. Na primeira, enviaremos para fora alguns pontos para serem usados numa reportagem a ser publicada pelo menos em dois jornais, no mesmo dia. Esse dia deve ser o de visitação, para que não haja revide. Na segunda, a reportagem será publicada e se verá, logo cedo, o que acontecerá. À tarde virão as visitas, e a direção do presídio não disporá de muito espaço para tomar atitudes mais violentas. Se tomar, estará recortando um pedaço de céu que poderá lhe cair na cabeça.

Todos concordaram e em poucos minutos já havia lápis e papel de pão disponíveis para o registro dos pontos discutidos. O comitê encarregou-se de informar as outras celas sobre o que se estava planejando. De fora, só ficaria a dos *crentes,* porque nesta, como uma espécie de coletivo à parte, um verdadeiro santuário, ninguém tocava. Contra seu pessoal não existia suspeitas dos policiais e havia até uma certa reverência. Era recomendação da direção carcerária que os deixassem em paz. Esses presos figuravam como exemplos de comportamento, embora muitos deles não tivessem ouvido súplicas de misericórdia das vítimas em sua prática de crimes, em muitos casos bárbaros, quando em liberdade. Basta dizer que entre eles havia latrocidas e estupradores à espera de julgamento, agora arrependidos, como afirmavam. Houve aprovação do pessoal das outras celas ao plano, numa inquestionável prova de solidariedade ao "Jaime da Lalá". Só restava executá-lo.

Veio a primeira visita e os papéis driblaram a vigilância, chegando aos seus destinos: *Jornal do Brasil, Correio da Manhã* e *Última Hora.* No *Jornal do Brasil*, foi Luís Adolfo Pinheiro a recebê-los; no *Correio da Manhã*, Arthur José Poerner; e, na *Última Hora*, ainda hoje ignoro. Tanto Luís Adolfo quanto José Poerner eram jovens jornalistas que se incluíam entre os novos talentos de nossa imprensa.

Nessa visita, não houve novidades, a não ser referentes aos dados enviados para fora e a certeza de que a reportagem seria publicada. Isto se comprovaria na visita seguinte. Também na cela os ânimos se mantinham serenos. Mesmo o "Jaime da Lalá" já não se mostrava tão abalado pelo que havia passado.

Chegou o dia "D". Logo cedo a temperatura começou a subir. Primeira medida das autoridades: foi proibida a entrada de jornais no presídio. Era notória a irritação dos guardas. Começaram as guerras de nervos, em particular contra mim. De vez em quando aparecia um policial pela minúscula fresta da porta chamando meu nome. Eu respondia e ele mandava que me aproximasse. Dizia:

— É você, né? Vais ver depois da visita... — Esta cena se repetiu durante toda a manhã.

Circulou o boato de que o banho de sol seria suspenso. Não foi. E quando estávamos nele, todas as celas foram reviradas de pernas para o ar.

As provocações policiais persistiram durante o almoço. Os PMs soltavam piadas contra jornalistas com a evidente intenção de atingir-me. "Por isso bato nessa gente nas manifestações!", diziam uns. "Quando posso, não deixo máquina fotográfica inteira!", diziam outros. Eu era o único jornalista presente. Circulou um novo boato, o de que a visitação iria ser suspensa indefinidamente. Tudo isto com endereço certo: jogar os demais presos contra os que tiveram a idéia de denunciar as arbitrariedades. Pelas leis do crime, isto poderia gerar chacina.

Veio a visitação como se nada houvesse acontecido. Tudo como de costume. Mas havia tensão. Presos e visitas mostravam-se desconfortáveis, como se a esperarem por algum tipo de represália pelo que havia saído nos jornais. Muitas atenções voltavam-se para mim, por ter sido o meu caso o denunciado com maior destaque. Melhor dizendo, como o centro das denúncias.

Encerrado o período de visitas e antes que os presos fossem recolhidos às celas, fui chamado e conduzido à sala do diretor do presídio. Queria me conhecer, disse. Não acusou ou fez pressão de qualquer forma. Apenas avisou-me que eu seria transferido naquela mesma tarde. Aliás, que eu deveria retornar à cela apenas para apanhar meus objetos. Ao sair de seu gabinete, outro chamado me fora feito. Era para que eu comparecesse a um salão, onde normalmente os advogados mantinham encontros com seus clientes. Lá esperava-me o doutor Paulo Goldrajch, enviado pelos amigos de imprensa para que me assistisse naquele sufoco. Ele cumpriu seu papel com a dignidade e competência que o caracterizam.

De volta à cela, arrumei meus poucos pertences e me despedi dos colegas com os quais havia convivido todos aqueles dias. E agradeci o apoio. Trocamos votos de boa sorte e segui o guarda que iria me acompanhar à nova morada. O destino era a Penitenciária Milton Dias Moreira. Pensei rever a rua, o que não aconteceu. O trajeto por onde fui conduzido era interno, um verdadeiro labirinto que ligava um prédio a outras unidades do sistema pelo teto.

Parecia que tudo havia começado ali, naquele momento, tal a identidade de procedimentos com minha chegada ao presídio. Longa espera — era hora do jantar —, a mesma burocracia. De diferente mesmo só o significativo detalhe de que iria ter cela individual, o que mereceria celebração, se tivesse como. Sob este aspecto estava penetrando em um novo mundo. Fui recebido por um presidiário que trabalhava no Serviço Social, e não por guardas. E foi este a informar-me que eu iria ficar sozinho numa cela, onde permaneceria incomunicável e trancado por uma semana. Chamavam a esse isolamento de "Prova de Silêncio", e o objetivo disto seria verificar, durante esse tempo e nessa situação, se possuía inimigos na massa carcerária e também para que fosse checado meu grau de periculosidade. Tratava-se de uma norma a ser cumprida por qualquer preso que desse ingresso naquele estabelecimento. Fui, por fim, levado aos novos aposentos.

Para chegar à cela, que ficava no segundo andar, tinha que passar por uma cabina similar à do presídio de onde viera, em que, de seu interior, um guarda movia controles mecânicos e imensa e pesada grade de ferro movia-se para a frente e para trás, para isolar ou dar acesso a uma grande galeria. Ainda não freqüentei os reinos de Lúcifer e quem por acaso o tenha feito não me procurou para explicar como é por lá, mas aquele poderia ser um fiel modelo da porta de entrada do inferno, se ele existisse. Um longo corredor separava, no interno da galeria, as duas alas em que ficavam dispostas as celas, cubículos cujas dimensões não conseguiria precisar. Cada uma estava equipada, no primeiro plano, com pequena mesa, um catre forrado com colchão de crina e roupas de cama, e, no segundo, por uma mureta que isolava a "boca de boi" (privada) e um cano por onde chegava a água para o banho. Ali também havia uma pequena pia. As celas eram fechadas por um cadeado pelo lado de fora e a porta continha uma portinhola para que os guardas controlassem o preso. De qualquer modo, em relação ao presídio de onde viera, era bem melhor. Ao menos passaria a dispor de alguma privacidade, a estar só comigo mesmo e ouvir a voz do silêncio, se é que silêncio tem voz ("que bobagem", talvez dissesse o poeta e mestre Cartola ao ler isto, depois do que nos ensinou cantando que "as rosas não falam, apenas exalam..."), para poder refletir sobre o que quisesse e ler sem incômodos. Única fortuna que ambicionava naquele momento.

Um preso era selecionado por galeria para cuidar de sua limpeza e organização. Era a figura do "faxina", instituída pela administração carcerária. Uma vez por semana — segundas-feiras — ele recolhia a roupa de cama das celas, levando-as para a lavanderia. Nas sextas-feiras, entregava-as de volta.

Na primeira semana de penitenciária fiquei incomunicável, como determinava a regra. Café, almoço e janta eram servidos na cela. Um guarda abria a porta, um preso entregava-me a bandeja e a porta voltava a ser fechada. Li muito para preencher o tempo. Do pátio vinham os sons da algaravia. Eram dos presos que se encontravam no chamado convívio. Às seis horas da manhã, as celas eram abertas e, obrigatoriamente, todos tinham que abandoná-las, a não ser por determinação superior. Às seis horas da tarde voltavam a ser abertas e os presos, recolhidos. O único com acesso à galeria durante todo o dia era o "faxina". A sua cela ficava permanentemente aberta. Uma vez todos trancados, um guarda passava de cela em cela conferindo-as. A portinhola era aberta, o guarda fazia a chamada, o preso respondia e ele olhava para dentro, a fim de ver se o nome e número do preso correspondiam à relação que tinha em mãos.

Na manhã seguinte ao da minha chegada à Milton Dias Moreira, fui tirado da cela e levado ao diretor daquela penitenciária. Pareceu-me comunicativo e não estar ressentido pelas denúncias feitas pela imprensa. Perguntou-me se conhecia de muito tempo o superintendente do Sistema Penitenciário (SUSIPE), o promotor Vicente da Costa Júnior. Respondi-lhe que nem o conhecia, e ele informou-me que recebera uma ordem para que eu fosse prestar serviços na Divisão Legal. A ordem viera da Superintendência. E acrescentou que eu deveria ser apresentado nessa Divisão no dia que saísse da "Prova de Silêncio".

Num dia qualquer alguém gritou meu nome. A voz vinha do pátio. Respondi. Mesmo subindo no vaso não podia ver pela janela, protegida com grade, a pessoa que me chamava lá de baixo. Ele identificou-se. Tratava-se de Geraldo Augusto Nobre, irmão de um colega de turma na Escola de Aprendizes Marinheiros de Fortaleza, onde fizemos o curso para marinheiro. Também ele, Geraldo, ingressara na Marinha, na turma seguinte. Nem imaginava que eu estivesse ali. Contara-me depois que cometera algumas bobagens, foi expulso da Marinha, processado por delitos comuns e condenado a uma pena de oito anos de reclusão. Não entrou em detalhes nem eu lhe perguntei. Procurou estimular-me dizendo que uma semana passava rápido e que tudo já havia sido providenciado para que eu fosse trabalhar no mesmo setor onde ele prestava serviços, a Divisão Legal. Confirmava-se, assim, o que me havia garantido o diretor do estabelecimento.

O ex-sargento da Aeronáutica, Antônio Prestes de Paula, líder da Rebelião de Brasília em 1963, cumprindo pena ali, conseguiu furar o cerco dos guardas e chegar à minha cela. Pudemos conversar um pouco. Contou-me alguma coisa das condições da cadeia e dos cuidados que deveria tomar ao me relacionar-me com os presos comuns. Trabalhava, com Lourenço Bernardino Senna e Raimundo Nonato, na Biopsicologia da penitenciária, dirigida pelo médico Porto Carrero. Senna, hoje advogado com escritório no Rio de Janeiro, e Nonato eram também ex-marinheiros e foram condenados por terem participado da Rebelião dos Marinheiros no Sindicato dos Metalúrgicos.

— Amanhã, tu vais ser retirado da cela para fazer um teste biopsicológico. É norma. Todos fazem — foi o que Prestes me adiantou.

Era o exame de equilíbrio mental e medição de periculosidade! Imagine-se uma pessoa presa, considerando-se injustiçada, sob forte tensão psicológica, submetida a um teste desse, o que pode apresentar? Desenhos e respostas refletindo agressividade por todos os poros e um QI de difícil aceitação. E será mais difícil ainda se esse QI, mesmo assim, revelar-se minimamente aceitável. Não são consideradas perigosas as inteligências, ainda que medianas, quando descobertas em meio a um grupo humano levado à estupidez? As suspeitas, antes de serem minhas, são de estudiosos da matéria.

Fechou-se a semana de "Prova de Silêncio". Saí inteiro, ao que pareceu-me. Mas tonto. Ao me ver em meio àquela multidão que se movimentava sem parar pelo pátio, tive sensações de tonturas e até de náuseas. Parecia que andava sobre nuvens balouçantes, por vezes desabando em vácuos.

Encontrei Antônio Duarte, aquele ex-hóspede (ele integrou a última diretoria da AMFNB, Associação de Marinheiros e Fuzileiros Navais do Brasil) e outros ex-marinheiros e ex-fuzileiros navais (todos éramos ex de alguma coisa). Os primeiros momentos foram de confraternização e troca de informações. O ambiente era de completa ociosidade para a maioria. Algo que chegava a ser inacreditável. A única atividade visível era o jogo. Os que trabalhavam podiam considerar-se privilegiados e, de fato, eram. Formavam uma ínfima minoria, quase não notada.

Pode-se dizer que se abria um novo trecho do caminho pelo qual eram empurrados alguns remanescentes do Movimento dos Marinheiros. Para mim, nada ocorrera de extraordinário nos dois primeiros dias de liberto da "Prova de Silêncio". Era mantido no pátio, como os demais. Entre os nossos, os que já tinham ocupação fixa iam para seus locais de trabalho, de onde só saíam para as refeições e para serem recolhidos aos cubículos, ao final da jornada. Nós, que ficávamos ociosos, conversávamos ou líamos. Mas até ler nos era difícil, pela algazarra dos adeptos de jogos como o dominó e um outro, conhecido como malha, que consistia num pedaço de tábua molhada, arremessada ao rés do chão, de um lado para o outro, ao longo da extensão do pátio. Entrei e saí da cadeia sem me interessar minimamente por ele, e, por isso, continuo ignorando suas regras.

A situação de abandono dos ex-marinheiros e ex-fuzileiros navais condenados era completa. Nenhum dos muitos políticos que oportunisticamente haviam se servido de seu movimento, enquanto este se manteve ativo, deu o "ar de sua graça" para levar qualquer gesto solidário, mínimo que fosse. Ao contrário, de seu conforto e conveniências (conivências também) engrossavam o coro dos que acusavam o movimento de provocação, quando veio a derrocada sob o tacão militar. Aqueles condenados não eram considerados presos políticos, embora estivessem ali sob a acusação de ruptura da disciplina, subversão da hierarquia e por "terem abalado os alicerces da democracia". Também por terem apoiado a legalidade e repudiado o golpe de Estado. A mesma indiferença era notória em relação aos advogados que haviam prestado serviços à AMFNB. Esse abandono era tamanho que afetava o equilíbrio psíquico de alguns. Muitos deles, bastante jovens, haveriam de ser tomados pela opressão numa fase de vida em que ainda é muito cedo para resistir ao impacto da brutalidade a que estavam sendo submetidos, pouco ou nada entendendo os porquês. Também entre os velhos, esta é a verdade, predominava a inexperiência no jogo político. Não havia reunião, ou qualquer outro tipo de atividade, que permitisse a unidade do grupo, única forma, a bem dizer, de se fazerem ouvir. Tratava-se, em suma, de um quadro horrível, em que a personagem mais dramática era vivida por Luiz Gonzaga, completamente dopado e alheio ao mundo, entupido permanentemente de medicamentos antidepressivos violentíssimos. Ele tinha esquizofrenia e, em sua catatonia, arrancava risos do fundo da ignorância de muitos presos comuns e de guardas. Luiz Gonzaga era um dos recém-chegados à Marinha quando veio o golpe e a repressão foi desencadeada. Somente muitos anos depois, soube que ele houvera falecido após ser libertado.

A falta de organização entre os ex-marinheiros e ex-fuzileiros, depositados na Milton Dias Moreira, era conseqüência da dispersão que havia entre os presos políticos em geral, e, em particular, daquela extração. Muitos deles se encontravam na Penitenciária Esmeraldino Bandeira, em Bangu. Estes haviam conseguido alojamentos comuns, convivência como grupo da mesma origem, o que lhes possibilitava melhores condições para cumprirem suas penas. Eram tidos como presos diferenciados, embora não fossem reconhecidos como presos políticos. Não eram hostilizados. Jogavam futebol com os presos comuns, relacionavam-se razoavelmente bem com todos — presos e funcionários — e levavam uma vida regular naquilo que era possível considerar-se tolerável em tal situação.

Certa manhã, pouco depois do café, fui procurado por um guarda. Ele portava um papel com meu nome e disse para acompanhá-lo. Passamos por corredores diversos até chegarmos ao controle de entrada e saída da penitenciária. Cruzamos um jardim limitado por um muro alto, em cima do qual haviam guaritas instaladas em lugares estratégicos, guarnecidas por policiais militares armados. Ingressamos num prédio em que uma das paredes era o próprio muro que se prolongava por todo o complexo penitenciário. Subia-se uma escada de poucos degraus e saía-se num longo corredor com duas portas abertas que davam acesso a uma grande sala, onde funcionava a Divisão Legal, e a uma outra, bem menor, exclusiva do seu diretor, doutor Oziel. Fui apresentado ao senhor Durval, um homem muito educado, competente e de uma honestidade, viria a constatar, irretocável. Antigo funcionário, ele era o chefe da Seção Jurídica e, por não ser formado em Direito, sofria fortes pressões dos advogados sob sua direção.

Ao entrar na sala que a partir dali iria ser meu local de trabalho, deparei-me com Geraldo Nobre, que veio me cumprimentar. O senhor Durval me recebeu, conversou um pouco sobre a Seção Jurídica e sua função e me indicou a mesa que iria ocupar. Em cada uma das mesas havia uma caixa repleta de fichas correspondentes a um grupo determinado de presos. Essas fichas eram verificadas continuamente para ver a situação de cada um, para que então fossem enviados recursos, se coubessem, à Vara pela qual este ou aquele havia sido condenado. Nobre fora designado para me orientar. Eu não entendia nada daquilo. Mas não foi difícil me adaptar. Eram poucos os funcionários para a quantidade de trabalho que existia. Não chegavam a dez. Daí o aproveitamento de presos para que o serviço pudesse ser realizado, cujo volume triplicava nas épocas de indultos concedidos pela Presidência da República.

Verificando aquelas fichas, podia-se notar, em muitos casos, a repetição de delitos, enquadrados num único artigo do Código Penal, cometidos por um só indivíduo na mesma jurisdição de um dado Distrito Policial. Logo ficaria sabendo que, quase sempre, a maioria daqueles crimes ou contravenções penais era imputada ao acusado de maneira fraudulenta. Por exemplo: uma pessoa era pega portando arma na área de um Distrito Policial, que tinha muitos assaltos encalhados por fracasso nas investigações. Essa pessoa era submetida a torturas para que assinasse os inquéritos como autora desses delitos. Uns policiais o espancavam sem piedade e um outro, "bonzinho", sem cometer qualquer agressão física, aconselhava o infeliz a assinar tudo para sair da tortura e depois denunciar, perante o juiz, ter confessado a autoria sob maus-tratos. Os juízes eram sabedores dessa prática policial. Nem por isso deixavam de acatar as acusações, sem dores de cabeça, remorsos, traumas ou essa "coisa de pobre": peso na consciência. O Distrito saía-se bem, com seus arquivos de casos não solucionados por fim esvaziados e seus agentes elogiados por "argúcia" e dedicação ao trabalho em prol da população! Nestes casos, a orientação era providenciar uma unificação de penas, que teria por finalidade reduzir o total de anos que o condenado tinha a cumprir. Se mantidas as penalidades separadas processo a processo, esse número de anos seria bem mais elevado, ultrapassando, em muitos casos, o próprio dispositivo legal que estabelece como limite máximo a pena de 30 anos de reclusão.

Os meses foram se passando e eu até já houvera me acostumado àquela rotina. Mas um dia nos chegou uma notícia de difícil assimilação: foram presos em São Paulo Marco Antônio e José Duarte. Esses companheiros haviam treinado guerrilha em Cuba e preparavam-se, no Brasil, para a guerra revolucionária que acreditávamos ser a única alternativa possível à ditadura militar. Sua prisão se dera de modo tolo, como foi a minha. Encontravam-se provisoriamente numa casa no bairro do Limão, em São Paulo, aguardando o momento de serem deslocados para a região em que iriam atuar. Ao saírem, certa feita, para um compromisso, foram abordados pela polícia comum. Houve resistência e terminaram detidos para averiguação. Os próprios policiais ficaram surpresos ao identificá-los. "É gente do Brizola", comentavam. Com efeito, Marco e Duarte militavam no Movimento Nacionalista Revolucionário (MNR). Os policiais procuravam marginais, em atividade de rotina, e era por isso que faziam sua ronda por ali. Ao verem um negro e um "índio" juntos, não resistiram à tentação de seus preconceitos e decidiram partir para cima daqueles que, por tão marcantes características, ao seu juízo, não passavam, de potenciais suspeitos de qualquer que fosse o ato de delinqüência.

A notícia que trazia a prisão de Marco Antônio e José Duarte informava também que eles seriam, logo que fossem cumpridas algumas formalidades, transferidos para o Rio, onde tinham condenações. Ficamos na expectativa de sua chegada. Não sabíamos para que prisão iriam ser conduzidos.

Uma vez no Rio, foram encarcerados na Penitenciária Milton Dias Moreira. Igual a todos nós que lá estávamos, foram direto para a clausura da "Prova de Silêncio". Só Antônio Prestes conseguiu contato com eles nesse período, ao que lembre, quando igualmente foram submetidos ao famoso exame de periculosidade, o teste biopsicológico.

Chegaram, por fim, ao convívio. E foi inevitável que também eles ficassem estarrecidos com o estado de abandono dos companheiros de AMFNB. Com eles começariam as tentativas de buscar o que fazer para que o quadro fosse virado e as primeiras atitudes concretas para que o grupo ganhasse feição de coletivo minimamente organizado para enfrentar aquela situação abjeta. O primeiro passo seria restabelecer a dignidade ferida do conjunto e fazer com que as autoridades admitissem que tinham em mãos pessoas cujo crime era o de ter opinião política. Duas medidas seriam fundamentais: que os presos fossem reunidos numa só unidade carcerária, de preferência na mesma galeria, e que lhes fosse garantido o *status* de presos políticos. Estas reivindicações teriam que chegar ao diretor da penitenciária e, para isto, teria-se que conseguir audiência com ele. As tentativas iniciais para isto não obtiveram sucesso. Os pedidos de audiência não eram negados de modo explícito. Apenas ela não acontecia, por razões não explicadas. E como o diretor da Milton Dias Moreira parecia não ceder, os pedidos de audiência passaram a ser encaminhados diretamente à Superintendência do Sistema Penitenciário (SUSIPE). Seu titular, o promotor Antônio Vicente da Costa Júnior, também não respondeu. Mas saltar um degrau na escala hierárquica do sistema fez com que o diretor da Milton Dias se dignasse a receber uma pequena comissão de presos políticos. Foram-lhe expostos os problemas e feitas as reivindicações. Ouviu-as com atenção. Disse, porém, não poder atendê-las, mas que entendia o problema e iria providenciar uma outra audiência, dessa vez com a presença do superintendente da SUSIPE.

Demorou muito para que isto acontecesse. Todos tinham suas desculpas. Mas aconteceu. Numa tarde, o encontro foi feito e as mesmas queixas, situadas ao diretor da Milton Dias Moreira, foram repetidas. Também o doutor Vicente afirmou entendê-las, mas, qual o primeiro, se disse impossibilitado de tomar medidas que pudessem satisfazer as reivindicações. Seus poderes eram limitados, dizia, por se tratar de presos de Auditoria Militar e não de Varas comuns. Com isto, ele próprio estabelecia a diferença e reforçava o argumento da real condição desses presos. Admitia, sem o querer, que os ex-marinheiros e ex-fuzileiros recolhidos às suas cadeias eram diferentes do comum, eram presos políticos. Comprometeu-se, por fim, a levar o caso à instância superior, a Secretaria de Segurança, cujo titular era Cotrim Neto.

Nesse meio tempo, abriu-se a possibilidade de admissão de mais um preso na Divisão Legal devido ao acúmulo de trabalho e à falta de funcionários para atender a demanda. Fazia algum tempo que o Geraldo Nobre vinha falando sobre isso com o senhor Durval. Havia muitas reclamações de demora no trâmite de recursos entre os presos comuns. Sugeria, utilizando-se de seu prestígio, que, em caso da viabilidade de ingresso de novo preso na Divisão, esse preso fosse escolhido entre os políticos. Assim, num final de expediente, que ali estendia-se até as sete horas da noite, o senhor Durval chamou-me à sua mesa, expôs o problema e pediu para que eu sugerisse um nome para que ele fizesse a solicitação. Já havia conversado com o diretor da Divisão Legal a respeito e este havia aceito seu argumento por reconhecer o limite de pessoal ante o volume de trabalho, que tendia a crescer sempre mais.

Não havia dúvidas de que o nome a ser indicado para a vaga seria o de Marco Antônio. O critério havia sido determinado com base em dois motivos. O primeiro, pela própria radicalização das autoridades navais e posta em prática pelos seus juízes. Alguns ex-marinheiros que haviam sido condenados a um ano de reclusão tiveram, ao recorrerem da sentença, suas penas aumentadas para cinco. A única acusação contra eles era a de terem participado da Rebelião dos Marinheiros, no Sindicato dos Metalúrgicos. Não possuíam cargos ou funções na diretoria da entidade. Imagine-se o que fariam com os diretores. Marco Antônio havia sido o vice-presidente da AMFNB e era exatamente contra aquela instância e seus adeptos que desembocava toda a ira da alta oficialidade da Marinha. O segundo motivo estava na opção de levar a luta revolucionária adiante por alguns daqueles companheiros. Marco Antônio, assim como Antônio Duarte e Antônio Prestes de Paula, todos com condenações altas, não tinha motivos para alimentar a menor ilusão de que sua pena poderia ser reduzida por vias legais. Isto, traduzido, equivalia a dizer que a única chance de liberdade seria rebentando os grilhões que lhe privavam os passos e o próprio destino que houvera traçado como opção de vida. A Divisão Legal ficava a poucos metros da rua. Era, portanto, ali o seu lugar. Nome aceito, assumiu a vaga de escriturário.

Uma outra prisão importante acabava de ser anunciada: Avelino Bioen Capitani (também membro da última diretoria da extinta AMFNB) havia sido preso, doente, com a queda do Grupo Caparaó, como ficaria sendo mais conhecido aquele destacamento guerrilheiro em formação e em fase de implantação. Após girar por unidades do Exército e Auditorias de Minas, Capitani terminou sendo conduzido à Penitenciária Lemos de Brito, onde pudemos recebê-lo em sua chegada. Marco Antônio, Antônio Prestes, os irmãos Duarte e eu compusemos um pequeno comitê de recepção.

A decisão de fuga já havia sido tomada, e Capitani foi posto a par do que existia como plano e logo incorporado ao núcleo empenhado na sua organização. Faltava praticamente tudo. Os contatos extramuros ainda eram incipientes.

Chegou, afinal, o momento para a concretização da esperada audiência com o secretário Cotrim Neto. Ele se mostrou aberto, receptivo. E também aparentemente disposto a encontrar uma solução para os problemas que lhe foram apresentados. Falou que sabia muito bem o que era uma prisão porque, durante a ditadura Vargas, ele próprio, então um jovem integralista, sofrera prisão. E foi além: disse reconhecer que o maior objetivo de quem está preso é fugir, principalmente os quem têm uma meta na vida. Mas alertou que tentativas de fuga só atrapalhariam e que suas medidas teriam que chegar aos poucos, porque não havia interesse do governo da Guanabara, Negrão de Lima, ao qual pertencia, de se chocar com as autoridades navais. Paciência, era o que pedia. Nada deveria vir de imediato nem num só ato. Em princípio, no entanto, as reivindicações estavam aceitas no essencial. Foi até onde ele assegurou que podia se comprometer.

Com efeito, ao cabo de algum tempo, "coisa" de mais um mês ou dois, aquele encontro começou a frutificar. Os presos da Milton Dias Moreira foram transferidos para a Lemos de Brito. Mais tarde, o mesmo aconteceria com os da Esmeraldino Bandeira, de Bangu. A medida, porém, não foi bem aceita pelo pessoal da Esmeraldino, que já havia feito seu ambiente ali e, em grande medida, o local era mais acessível a seus familiares. Houve, por tudo isso, um mal-estar no início, com alguns companheiros querendo pedir retorno à origem. Foi preciso muitas discussões para que eles se convencessem da importância de todos cumprirem suas penas numa só instituição. Por último, aceitaram a idéia, o que não deixou de ser uma vitória do conjunto.

A mudança de cárcere e aglutinação dos presos melhorou consideravelmente a condição geral de todos, a começar por serem vistos pelos outros como um coletivo coeso. A própria admissão de juntar todos numa penitenciária foi sentida pela massa carcerária de presos comuns como prova de força. O respeito redobrou. A partir daí veio a facilidade de diálogo e até a possibilidade de discussões políticas de modo mais ampliado. Pequenos atos hostis praticamente sumiram, e os ex-marinheiros tiveram uma penetração tão grande no seio daquela massa, que passaram até a ser uma referência dentro dela.

Para que a relação com os presos comuns se tornasse mais abrangente, os presos políticos constituíram o seu próprio time de futebol de salão — o Popular —, time que conseguiu se filiar à Federação interna. Futebol na cadeia e planos de fuga são coisas sérias, e o Popular ganhou tanto em prestígio que muitos apostavam nos pés de nossos "craques". Nossa equipe chegou a ganhar campeonato.

Pelo mesmo processo que levara Marco Antônio para a Divisão Legal passaria José Adeildo Ramos. Ele iria juntar-se a mim e a Marco Antônio. Seria mais um a ficar de fora do controle dos guardas durante o expediente. Sua pena não era das mais elevadas. Havia "tomado" cinco anos de reclusão e já houvera cumprido mais da metade, mas já tinha feito sua opção de fuga. Na Divisão Legal, além de ser mais um a contribuir nos contatos externos, seria também mais um a ter a rua a seu alcance.

No interior da penitenciária cresciam as atividades que podiam oferecer como resultado maior confiança e simpatia da massa carcerária. Nisso contribuiu imensamente o Serviço Social, onde trabalhavam Antônio Duarte, Capitani, Edson e André Borges. Os dois últimos eram presos comuns, mas com uma sólida consciência político-social. Desenvolveram, todos eles, um trabalho de atendimento no âmbito do parlatório que arrancou aplausos dos presos comuns, seus beneficiários. O parlatório era um espaço onde os casais se encontravam intimamente com regularidade. Os encontros duravam uma hora. O tempo entre um e outro desses encontros foi diminuído. Mas, a iniciativa mais relevante do Serviço Social ainda estava por vir.

Independentemente do que faziam os presos políticos com vista a seu projeto de fuga, havia real interesse em que fossem melhoradas as condições de vida para o geral dos encarcerados da Lemos de Brito. À frente do Serviço Social estava a Dra. Érica Roth, húngara de origem. Muito lúcida e cheia de projetos, quase sempre barrados ou dificultados pela direção da penitenciária, ela acreditava que, por meio de programas bem elaborados e conduzidos, seria possível devolver recuperados à sociedade muitos condenados. Principalmente os primários, e que, embora tendo cometido delitos, eles ainda não haviam se entregado completamente ao crime ou à contravenção, por algum motivo possivelmente de formação. E nisto contava com a colaboração dos presos políticos, cujo grau de suspeição de sua participação nos projetos e programas, por ela propostos à direção carcerária, fez com que esta criasse um cargo na direção da Lemos de Brito, especialmente para ser ocupado pelo agente Boneschi, arquiconhecido dos ex-marinheiros e fuzileiros. Nunca soubemos a que órgão repressor específico esse senhor pertencia. Conhecemo-lo atuando junto ao Cenimar durante o desenrolar das prisões e processos na Marinha. Mas sabíamos de sua passagem pela Aeronáutica e outros lugares, sempre em papel de destaque no ofício da espionagem. Seu parceiro constante no Cenimar era o não menos conhecido Solimar, um outro ser misterioso. Nessa fase, ambos exercitavam-se na tarefa de bater firme (física, moral, psicológica, política e ideologicamente) numa geração de moços em grande número recém-chegados à Marinha e pouco ou nada entendendo o por que de tanta violência contra si, quando, ao deixarem suas terras, lares e famílias, tudo o que desejavam era encontrar uma saída para melhorar de vida, para um futuro decente e menos cruel enfrentado por seus pais e parentes.

Antes de seguir em frente, um registro e, ao mesmo tempo, um reconhecimento.

A doutora Érica Roth participou em dois momentos distintos e marcantes da vida dos marinheiros. No primeiro, como socióloga, contratada para conduzir esse serviço na AMFNB; no segundo, na mesma função, na Lemos de Brito, agora para um universo bem mais amplo e complicado de problemas, entre os quais éramos apenas uma "gota n'água" pelo que representávamos em número. Em ambas as ocasiões, para os marujos, uma inestimável presença. Ela ia além dos contratos e dos horários preestabelecidos nesses contratos. Dedicação e tempo confundiam-se, penso eu hoje, com a satisfação de obter seu próprio sustento do ar humano que respirava lá. Era fonte de estímulo, antes de mais nada. Tanto no Movimento dos Marinheiros e Fuzileiros Navais como para os condenados pela participação nesse movimento, uma de suas preocupações era a informação ou formação intelectual, se assim preferimos definir. Já não lembro todos os títulos que sugeria, mas posso garantir que não eram poucos, iam do clássico ao popular. Não por acaso conheci Josué de Castro, com sua *Geografia da Fome*, do mesmo modo que *Vidas Secas* e *Memórias do Cárcere*, de Graciliano Ramos, *Casa Grande e Senzala*, de Gilberto Freire, e por aí segue. Isto para que fiquemos no âmbito dos autores nacionais. Houve muito mais, que envolvia áreas da história e da filosofia. Creio que importância maior não poderia existir como subsídio à autodefesa pelo conhecimento para *os condenados da terra* de que nos fala Franz Fanon, que não se limita a uma região geográfica deste nosso mundo velho nem só ao colonialismo tradicional, ao qual ele se refere com maior ênfase em sua obra.[1] O capitalismo é camaleônico. Suas cores se modificam de acordo com cada momento e necessidade. Mas retomemos o fio da meada.

O futebol de salão já permitia o contato entre cárceres diferentes, em especial quando em períodos de campeonatos. Os presos, nos intervalos, trocavam opiniões e experiências, ampliavam suas relações. Para intensificar mais essas relações, surgiria a idéia da criação do I Festival de Música e Poesia do Encarcerado do Estado da Guanabara. Tal idéia — para não quebrar a regra — foi considerada inicialmente suspeitíssima pelas direções dos estabelecimentos penais. "Coisa de comunistas", rotulavam. Mas o projeto ganhou força. Não houve como contê-lo. Sua receptividade alastrou-se. Ela não nascera do nada. Muitos presos escreviam, compunham, estudavam música, faziam esculturas, pintavam "além do sete" que haviam pintado antes de serem condenados e por isso condenados. Seus trabalhos não eram divulgados e, por isso, pouca gente os conhecia. Garrincha, o astro da bola e campeão das Copas de 1958 e 1962, era das poucas pessoas que costumavam adquirir quadros de autoria daqueles presos, principalmente da Lemos de Brito, onde, de vez em quando, era visto jogando suas peladas.

O número de inscritos para concorrer ao Festival foi surpreendente. Os pedidos chegavam ao Serviço Social de todas as cadeias. Logo começariam os ensaios. Os presos autores eram concentrados nas manhãs e tardes na Penitenciária Lemos de Brito, que possuía um bom auditório. Logo seria providenciado um júri formado por pessoas reconhecidas nos vários ramos da intelectualidade. A repercussão do evento foi imensa pelos meios de comunicação. O julgamento das finalíssimas revestiu-se no que se poderia chamar de uma verdadeira noite de gala! A poesia vencedora tinha o sugestivo título de *Regresso*, e seu autor, José André Borges, era um dos presos comuns estreitamente vinculados aos presos políticos. E era tão vinculado que já fazia parte do restrito grupo que deveria deixar a prisão em caso de consumar-se a fuga. Seu comportamento, ao receber o merecido prêmio em dinheiro, diz tudo: recebeu-o com uma das mãos e, com a outra, passou-o para o núcleo dirigente dos presos políticos. Isto é importante ressaltar porque uma das características do preso comum é o egoísmo, enraizado e desenvolvido pela própria prática de crimes e a necessidade de se defender dos inimigos.

---

1. Título original: *Les Damnés de la Terre*, Maspero éditeur, 1961, S.A.R.L. Tradução para a língua portuguesa: Editora Civilização Brasileira, 1979.

A realização do Festival — e principalmente o sucesso que obteve — repercutiu profundamente no meio da massa carcerária de todo o Sistema Penitenciário e também fora dele. Isto iria resultar em maior prestígio junto aos encarcerados e abrir externamente novos contatos para os presos políticos. Foi a ponte de ligação com um grupo pequeno, mas organizado, que se preparava para contatar e provavelmente incorporar-se à estrutura da Ação Libertadora Nacional (ALN). Esse grupo vinha de longa experiência sindical e sua origem estava nos transportes coletivos. Eram ex-funcionários da Light, que operavam os bondes quando estes existiam, transferidos para a Companhia de Transportes Coletivos (CTC) quando esse meio de transporte foi extinto. Entre seus integrantes tinha um ex-presidiário. "Seu Zé", como era tratado, acompanhou o Festival. Certo dia, ele fora encontrar o grupo, exultando de alegria e com um recorte de jornal na mão. Ele era amigo de André Borges, a quem fazia freqüentes visitas. Enfim, um amigo poeta e vencedor, do qual orgulhava-se. Insistiu, então, quanto à importância de que fosse providenciado um contato com os presos políticos da Lemos de Brito. Sabia de sua existência, pensamento e movimentos pelo próprio André, por quem obtivera informações de que esses presos se mantinham unidos na perspectiva de retorno à rua para dar continuidade a seus propósitos revolucionários. José Ferreira era o dirigente do coletivo. Numa reunião avaliou com seus companheiros a insistência de "Seu Zé" e houve unanimidade em que o encontro deveria efetivar-se. Para isto, foi destacado um dos militantes, o Francisco, que foi à Lemos de Brito para o primeiro contato com Marco Antônio, depois de uma visita prévia a André para acertar como se realizaria o encontro. Sendo do Serviço Social, André trabalhava na recepção da penitenciária, posto utilíssimo em necessidades assim. O palco do encontro foi a Divisão Legal. Os representantes de ambos os lados saíram confiantes. Estabeleceu-se, a partir daí, uma relação indissolúvel que iria fundir-se no Movimento de Ação Revolucionária (MAR). E pode-se afirmar, sem a menor sombra de dúvidas, ter sido esse o passo decisivo para que a fuga fosse realmente possível. Pois o Grupo Malet, como viríamos a identificá-lo devido ao bairro carioca onde ele havia se estruturado, já dispunha de alguma infra-estrutura rural. Seria justamente num local criado e mantido por ele que se daria o ponto de refúgio, após a bem-sucedida operação de resgate dos presos, quando se realizou, por fim, a fuga. O Grupo Malet mantinha-se na legalidade, mas participou diretamente da ação de libertação dos presos. Seu papel foi guarnecer pontos-chave no esquema de cobertura.

Uma outra incursão de grande significado conduzida pelos presos políticos, por meio do Serviço Social, dera-se no âmbito do ensino. Lutou-se muito, mas conseguiu-se que a direção da Penitenciária Lemos de Brito permitisse o funcionamento de um curso supletivo de primeiro grau no interior do cárcere.

Como sempre, o projeto seria visto com suspeitas. Mas essa suspeição encerrava uma contradição, do mesmo modo que no caso da realização do Festival. As autoridades relutavam, mas viam nisso seus interesses promocionais. Isto porque, por último, seriam elas a colher os frutos políticos dessas iniciativas. Era a forma, ademais, de escamotear seus descasos e incompetência junto à população no trato de uma realidade complexa como indubitavelmente é o universo carcerário.

Depois de muitos avanços e recuos, o projeto foi aceito. Obstáculos criados, como quem daria as aulas e como seriam feitos os exames, tiveram respostas simples. Os estagiários do próprio Serviço Social conseguiram professores de fora para lecionar as aulas das distintas disciplinas e uma banca examinadora seria constituída na época dos exames. O problema limitou-se ao funcionamento das aulas, devido à rotina. Pois o curso haveria de ser ministrado no período noturno, e isto significava que os alunos deveriam ficar de fora das celas após o horário em que, pela organização interna, já deveriam estar trancados. As dificuldades foram solucionadas, muitos presos foram inscritos no supletivo e hoje há alguns formados em Direito, Sociologia e outras especialidades em nível universitário, conquistas estas concluídas em liberdade, mas que tiveram seu começo ali, com todos os limites de uma prisão.

Iniciativas como essa encontravam fortes resistências e eram questionadas por parte dos próprios presos, aquela parte bem atrasada que terminava justificando concepções deformadas de muitos carcereiros, que não raras vezes atingiam níveis de bestialidade. Entre a maioria, porém, avanços, como o que permitiu o Festival e a instituição do supletivo, eram sempre aplaudidos. Com isto, os presos políticos ganhavam sempre mais respeito junto à massa de presos comuns, rompendo as tentativas de isolamento promovidas pela administração carcerária. Por vezes, quando reivindicávamos algum direito, os diretores reuniam todos no auditório para insinuar que queríamos privilégios, com o claro propósito de jogar uns contra os outros, a maioria contra a minoria. Nós éramos a minoria absoluta. Mesmo assim, eles, os diretores, tiveram que curtir rotundos fracassos nessas suas tentativas. Se tivéssemos que dar uma explicação sociológica para isso, apontaríamos, simplesmente, as origens de classe.

Era notável o papel estratégico que o Serviço Social desempenhava para os planos dos presos políticos, principalmente daqueles que tinham a fuga como objetivo. Estratégico, igualmente, era o exercido pela Divisão Legal. Desta última não se podia esperar ações impactantes, capazes de atingir de uma só vez grande faixa da população carcerária. Mas recursos como unificações de penas, pedidos de indulto, condicionais e até liberações de alvarás de soltura, muitas vezes segurados na Vara das Execuções para liberação mediante propina, iam sendo recebidos com entusiasmo pelos beneficiários. Era um trabalho mais do tipo "formiga" que, entretanto, ia aprofundando as raízes. Os presos políticos lotados ali elaboravam e expediam os recursos, e os estagiários de Direito encarregavam-se de acompanhá-los até seu trâmite final. Tudo, em geral, corria muito rápido, porque fugia ao protocolo das esperas, no estilo que se poderia rotular de marcação homem a homem. Até para se verem livres daqueles "chatos", os estagiários e os funcionários mais relapsos agilizavam a parte que lhes tocava na tramitação das solicitações jurídicas.

Não menos interessante era o convívio do dia-a-dia com os presos comuns. No princípio, as guloseimas recebidas de familiares eram recolhidas após as visitas por um de nós que, a cada manhã, descia do seu cubículo para o café com uma porção. Punha essa porção sobre a mesa, quem queria servia-se e passava para o seguinte. Não havia separação e, por isso, todos tinham à sua frente e à disposição doces e bolos. As mesas de granito eram compridas, indo de um lado ao outro do refeitório, e todas elas ficavam lotadas. No princípio os presos comuns não tocavam. O egoísmo arraigado os impedia de fazê-lo (recebendo, entendiam, tinham que dar alguma coisa em troca e dar era coisa de "otários"). Talvez por maior confiança e por mirarem-se no exemplo dos colegas políticos, aos poucos foram participando, servindo-se também. Alguns deles, não demorou muito, passaram a oferecer o que também recebiam. E assim, lenta e pacientemente, "o gelo ia sendo quebrado".

Nas manhãs dos sábados e domingos nos espalhávamos pelos pátios, em particular no que possuía uma quadra de esportes. Ao fundo deste tinha um aglomerado de bancos para visitas e era ali que muitas vezes promovíamos nossas reuniões em pequenos grupos. Nesses bancos, sempre pintados e bem cuidados, éramos apenas tolerados, porque pertenciam aos feudos dos "da pesada", aqueles que, numa discussão, três palavras bastavam para que a solução do problema fosse logo encontrada na base da faca e que, no entanto, aceitavam os marujos. Quando não havia reuniões, assistíamos ao futebol de salão, em que se enfrentavam os times que vinham de fora com os da casa. Nesses dias os jogos prolongavam-se por toda a manhã, com as equipes revezando-se.

As reuniões mais fechadas ou importantes eram realizadas num local controlado por André Borges e Edson. Ficava no sótão de um dos pavilhões. Somente eles possuíam a chave para acessá-lo. Ali dispunha-se de mesa, livros[2] e equipamentos que possibilitavam a confecção artesanal de cartões e outros objetos de criação em *silk-screen*. Principalmente cartões eram confeccionados para datas como o "Dia das Mães", com o fim de fazer finanças. Nossos contatos — partindo de familiares e estagiários de Assistência Social e Direito — os levavam para fora e os vendiam entre colegas de classe, amigos e conhecidos. Esse espaço era importante para nossas atividades políticas. Ali seria construído um balão para ser lançado cheio de panfletos. Uma obra de arte. Ele saiu de um dos pátios da Lemos de Brito, ganhou os céus e, por cúmulo de sorte nossa, o vento encarregou-se de levá-lo em direção à Central do Brasil, onde despejou sua preciosa carga. Milhares de panfletos espalharam-se pela área, que era de grande concentração popular, principalmente por conter terminais de linhas de trem suburbanos para a Zona Norte e de ônibus para a Zona Sul da cidade. No dia seguinte, estas eram as manchete nos jornais: "Fusca lança panfletos na Central do Brasil e foge em alta velocidade"! Era a nossa contribuição ao combate à ditadura militar, que lá fora desenvolvia-se. A luta armada já havia sido deflagrada, embora restrita à conquista de fundos por meio de assaltos a bancos.

---

2. Em seus dez anos de cárcere, durante a ditadura Vargas, Luís Carlos Prestes, o *Cavaleiro da Esperança*, acumulou uma robusta quantidade de livros marxistas. Ao deixar a prisão, ele doou todas aquelas obras à Biblioteca da Penitenciária Lemos de Brito, bastante procurada pelos presos comuns mais esclarecidos. Também nós íamos tirar nossas dúvidas e enriquecer nossos conhecimentos naquele acervo. Muitos desses livros eram desviados para esconderijos particulares por temores de que mudanças políticas internas terminassem por retirar parte deles das estantes. Os que mais consultávamos eram mantidos no sótão.

4
O mar se agitou!

A notícia da morte de Che Guevara nos apanhou num estágio bastante avançado de preparação para a fuga dos presos políticos da Penitenciária Lemos de Brito. Em particular no que se referia à ocupação dos pontos estratégicos para a sua execução e contatos extramuros. Tanto os estagiários da Divisão Legal como os do Serviço Social nos possibilitavam algum nível de relação com o Movimento Estudantil e por este com as organizações armadas. Ante às primeiras e alardeadas informações, nossa reação foi de descrédito. Não seria exagero considerar que a notícia tivesse sido forjada para desestimular a militância revolucionária de todo o mundo, num momento em que a luta armada ascendia pelos mais diferentes países. Nem seria esta a primeira vez que o inimigo apelaria para tal expediente. Exemplos não faltavam. Muitos revolucionários, cujos nomes repercutiam internacionalmente, haviam sido "mortos em combate", segundo notas oficiais distribuídas pelas forças armadas dos regimes opressores contra os quais lutavam ou via simples noticiários dos meios de comunicação a seu serviço, para mais adiante reaparecerem em ação. Mas nossa incredulidade não duraria por muito tempo. Muito cedo, aliás, tudo era confirmado, para nossa tristeza.[1] Um revolu-

---

1. Tempos depois, já na década de 1980, eu iria trabalhar numa revista que tinha em seu quadro de jornalistas o repórter-fotográfico Antônio Moura, autor das fotos que correram mundo e tiraram dúvidas quanto à identidade do guerrilheiro morto. Os primeiros a identificarem o corpo como sendo de Che foram seus pais, aos quais as fotos foram apresentadas em primeira mão logo

cionário tombava no campo de batalha e pela sua importância a Revolução latino-americana — e de todo o mundo — sofria um de seus mais terríveis golpes.

Talvez fosse aquele o momento para repensar a forma de luta, em que todos nos empenhávamos, e toda a teoria do foco guerrilheiro herdada da Revolução cubana. Uma herança distorcida, principalmente pela formulação elaborada por Régis Debray no seu *Revolução na Revolução*. Pois se a Revolução cubana teve seu braço armado a partir do foco guerrilheiro comandado por Fidel Castro, Che Guevara, Camilo Cinfuegos e tantos outros a partir da Sierra Maestra, ela teve como a verdadeira força motriz todo o movimento de massas que tinha como um dos máximos dirigentes Frank País, assassinado durante o processo revolucionário. Movimento de massas esse que desenvolvia-se na cidade e no campo. Nem o homem urbano nem o rural se manteve na mera expectativa de ganhar sua emancipação política e social de presente, oferecida por heróicos combatentes do povo, enquanto mantinha-se como espectador. É notável como ainda hoje a história daquela Revolução é contada não raro a partir de devaneios intelectuais dos mais irresponsáveis.

Essa autocrítica, mais que necessária e indispensável, não nos ocorria. Ao contrário, embalados pelo romantismo a morte de Che nos encheu de mais força para levar a luta adiante pelos mesmos caminhos. Éramos parte de seu projeto revolucionário mais geral e, portanto, um dos milhares de agrupamentos formados, ou em formação, e destinados a cumprir sua palavra de ordem de criar muitos Vietnãs[2] pelo mundo afora e, em especial, nos marcos de nosso horizonte, a América Latina.

Mesmo feridos, seguíamos em frente com nossa tarefa imediata de libertação dos companheiros presos, pois só assim poderíamos contribuir melhor para que as palavras de ordem de Che ecoassem mais profundamente, abrindo trilhas para um porvir de liberdade político-social para homens e mulheres

---

que publicadas. Por motivos diferentes, todos tinham interesse em esclarecer isso. Moura, à época, integrava o *staff* dos *Diários Associados*. Mostrou-me os negativos e contou em detalhes suas peripécias para realizar aquele trabalho e também o que pôde observar.

2. *Mensagem à Tricontinental* (1967), de Che Guevara, expedida a partir das selvas bolivianas. *O Marxismo na América Latina — uma antologia de 1909 aos dias atuais*, São Paulo, Editora Fundação Perseu Abramo, 1999, p. 285 a 288. Michael Löwy (Org.).

de todos os quadrantes da terra. Nisto acreditávamos e nisto nos atínhamos com o melhor de nós mesmos e de toda a geração a qual pertencíamos: a generosidade. Nada pedíamos em troca do sangue oferecido. E era por isto que em nenhum momento nos afetavam sinais de esmorecimento. Certos ou errados, palmilhávamos nossa estrada sem olhar para trás, acreditando que não seria a morte de um revolucionário que iria frear a Revolução e que a melhor maneira de homenageá-lo seria seguir seu exemplo, pouco importando o fim pessoal.

Em meio a tantos preparativos, um dado novo haveria de impor-se para engrossar o já robusto item *obstáculos* de nossa sonhada empreitada. André e Edson obtiveram a informação de que um plano paralelo de fuga estava em pleno desenvolvimento. Ao contrário do nosso, este era individual. Mas qualquer dos dois que se realizasse prejudicaria ou, no mínimo, adiaria o outro. O mais provável mesmo seria que o soterrasse em definitivo, porque medidas repressivas seriam tomadas pela administração da penitenciária, o que viria incidir na perda das posições estratégicas já conquistadas no caso de o nosso ser o preterido. Seguramente, outros planos existiam, como sempre existem nas cadeias, mas o concebido por Roberto Cietto estava muito próximo de consumar-se e com grandes chances de sucesso, como iríamos concluir ao tomarmos conhecimento de seus detalhes. A questão agora seria como juntar esforços para uma ação unificada. Estava assim colocada uma problemática de difícil solução, sobretudo porque planos de fuga não se discutem ou negociam nas prisões, tal o seu caráter sigiloso pelo que apresentava em riscos.

Cietto era um preso comum de aparência serena e muito astuto. Tinha sobre a cabeça muitos anos de reclusão para cumprir e chegara à conclusão que era hora de reconquistar a liberdade. Não dispunha de possibilidades legais para isso. Daí a decisão de fuga. Entre seus amigos de fé estavam André e Edson, e foi graças a essa amizade que nos chegou sua intenção. Também foi por essa amizade que abriu-se a possibilidade do assunto ser conversado. Aos poucos, foi levado pelos amigos a aproximar-se de nosso grupo. Ele simpatizava com o Marco Antônio e dessa simpatia nasceu a confiança, após muitas trocas de opiniões. Fora informado de que também tínhamos um plano de fuga. Partindo daí, foram medidas em conjunto as dificuldades para um dos lados em caso de uma ou outra efetuar-se isoladamente e a concordância final foi a mais inteligente: juntar as forças e conduzi-las no sentido do objetivo comum. Assim, Cietto somara-se ao nosso coletivo e abandonara sua meta solitária. Isto aumentava, consideravelmente, nossa responsabilidade: consumava-se a renúncia de uma possível conquista pessoal em troca de uma outra de natureza coletiva. E isto soava incomensurável, essencialmente por tratar-se daquele universo, onde o *eu* falava mais alto em tudo.

Se as idéias e decisões tomavam corpo no nosso *Quartel General*, instalado no sótão do Pavilhão 2 da Lemos de Brito, era no Serviço Social e na Divisão Legal que iriam materializar-se. A vantagem desta última residia no seu fácil acesso para quem vinha de fora. Por isso mesmo era ali que os contatos mais importantes se davam no decorrer das semanas. Esses contatos ocorriam também em dias festivos, quando a cadeia era aberta à visitação mais ampla e de controle menos rigoroso. Mas estes eram mais raros, porque igualmente raros eram os dias festivos, como Natal e Dia das Mães, por exemplo.

Em algumas ocasiões recebíamos visitas de representantes legais de organizações armadas para discutir posições e objetivos. Era o Marco Antônio a nos representar. Ele levava para o coletivo o teor dos informes recebidos, os pontos discutidos e conclusões. Nos últimos tempos o fundamental era a fuga e que tipo de apoio esta ou aquela organização poderia nos oferecer. Houve um momento em que os encontros se amiudaram com o Partido Comunista Brasileiro Revolucionário (PCBR).[3] Essa Organização dispôs-se a nos ajudar na retirada dos presos no ato de fuga, embora ela e todas as demais com as quais contatávamos discordassem da presença de presos comuns entre os fugitivos. Argumentavam ser um ponto negativo a ser explorado politicamente pelo inimigo. Mas este era um ponto de honra para nós. Não havia como negociar a exclusão de pessoas como o Cietto, pela sua capacidade de renúncia, nem André Borges, Edson ou Godoy, estes três completamente integrados em nossos planos pelo que demonstravam como consciência e prática cotidianas. Se André Borges fazia suas poesias e Edson compunha músicas política e socialmente participativas, Godoy revelara-se estudioso e profunda-

---

3. O Partido Comunista Revolucionário (PCBR) nasceu da cisão de um grupo de antigos militantes do tradicional Partido Comunista Brasileiro (PCB) reformista. Foi fundado durante a ditadura militar por Apolônio de Carvalho, Mário Alves e seguidores. Apolônio, um extraordinário combatente político-social, lutou como voluntário na Guerra Civil espanhola, defendendo a República. Derrotadas as *forças* revolucionárias, tornou-se *maquis* na França para combater a ocupação nazista àquele país durante a II Guerra Mundial. É autor da obra autobiográfica *Vale a Pena Sonhar*.

mente sensível aos problemas da sociedade de classes e suas mazelas. Engajava-se, por isso e por inteiro, em nosso projeto revolucionário, que era, em última análise, o projeto de Che.

Chegou dezembro de 1968. Como nos anos precedentes, o governo anunciou seu indulto de Natal. Esse indulto abrangia os presos primários, com condenação até três anos de reclusão e possuidores de bom comportamento. Entre nós, três companheiros preenchiam essas condições: José Duarte, Edvaldo Celestino e eu. O volume de trabalho havia crescido, e muito, nos dias que antecederam à decretação do indulto, porque o chefe da Seção Jurídica, o senhor Durval, antecipara-se nos preparativos para tornar os processos mais ágeis. As fichas dos presos aptos ao benefício já encontravam-se selecionadas e muitos dos ofícios prontos, à espera apenas de data e assinatura para serem encaminhados.

Não tardou muito para que nossos Alvarás de Soltura chegassem. Para agilizá-los, os estagiários caíram em campo. Fomos avisados num final de tarde e imediatamente postos em liberdade. Despedimo-nos dos que ficaram com a promessa de retornar para libertá-los. Muita pretensão, a nossa, que não dispúnhamos de condição alguma para tanto. Dois estagiários, Sílvio e Cruz, foram nos receber e conduzir de carro até nossas casas. Insistiam para que fôssemos para lugares desconhecidos, para evitar nova prisão, o que não seria de estranhar se acontecesse. Naqueles tempos tudo era possível. No entanto, achávamos que o risco não existia. Afinal, tínhamos cumprido nossas penas, sido libertados legalmente e nenhuma acusação nova estava em pauta. Logo, não havia o que temer. Ao menos aparentemente.

No dia seguinte fui ao centro da cidade para ver a rua. Percorri lugares que freqüentava antes da prisão. Tudo parecia novo aos meus olhos. Mas o fervilhar das pessoas que iam e vinham faziam-me estonteado. Houve um instante em que por muito pouco não entrei numa vitrina. Foi como se tivesse tido um desmaio enquanto andava. Retornei a mim com o rosto quase colado ao vidro da loja. Isto aconteceu bem na esquina da Rua do Ouvidor com Avenida Rio Branco, onde também se encontra a Rua Miguel Couto. Fiquei assustado com aquilo e decidi voltar para casa.

Sobreveio a rotina, comigo à procura de emprego. Inútil. A vida já andava dura nesse terreno para quem não tinha envolvimentos políticos como os meus. Tendo, as coisas só tendiam a piorar. Mas não era esta a preocupação maior. A questão estava em como cumprir o compromisso que houvéramos assumido com os companheiros presos.

De sua parte, José Duarte começou a ativar os contatos já iniciados quando ainda estávamos na penitenciária. Procurou representantes da ALN[4] e de outras organizações, como o PCBR, na tentativa de encontrar apoio para a libertação dos presos. As discussões pouco ou nada evoluíram. Todos objetavam a presença de presos comuns entre os nomeados para a fuga, além de considerarem o empreendimento em si bastante audacioso e até irresponsável, devido, a seu juízo, ao estágio em que se encontrava o processo de luta. Duarte, porém, era um abnegado e contava com alguns trunfos. O primeiro deles era o seu próprio passado militante, que incluía o MNR, de Brizola. Dali restavam-lhe alguns contatos e, destes, um fundamental: Flávio Tavares. Ambos cultivavam entre si muita confiança, respeito e solidariedade por tudo o que já haviam experimentado juntos.

Flávio Tavares é jornalista de prestígio. Antes e depois do golpe militar de 1964, assinava uma coluna política diária em página nobre da *Última Hora* do Rio de Janeiro, que tinha em seu fundador e diretor, Samuel Weiner, um símbolo, quase mito, a começar pelo seu "quebra-pau" com Carlos Lacerda, ex-amigo, com quem chegou a dividir residência. A influência de Flávio abria-lhe espaços quase que infinitos, pois, embora reconhecidamente um intelectual opositor de esquerda, transitava livremente pelas mais altas cúpulas do regime ditatorial. Procurado por José Duarte, não hesitou em prestar a sua colaboração e não ficou nisso: integrou-se de corpo e alma ao MAR, servindo como uma espécie de parlamentar e, ao mesmo tempo, como combatente. Por ele e com ele a organização pôde discutir diretamente com Marighella sobre a libertação dos presos políticos da Lemos de Brito, que o velho líder questionava e expunha razões políticas para omitir-se.

Mas se as direções, como Marighella, se omitiam por qualquer que fosse o argumento, o mesmo não ocorria com a militância. Da mesma ALN, dois companheiros se dispuseram a participar da Operação Lemos de Brito. Eram o Neguinho e o Helinho. Ambos ex-marinheiros. Neguinho — Geraldo Costa, agitador emérito. Helinho — Hélio Rêgo — desligado da Marinha antes do golpe para seguir projetos pessoais (havia ingressado na Faculdade de Astronomia), colaborava com a AMFNB, enquanto existiu, com aulas de matemática para os associados nos cursos que a entidade oferecia. Fiel à

---

4. A Ação Libertadora Nacional (ALN) veio de uma das muitas rupturas do "Partidão", como era rotulado o PCB, e tinha como fundadores Carlos Marighella e Joaquim Câmara Ferreira (o Velho ou Toledo).

origem, Helinho participava efetivamente das atividades políticas, seguindo a linha mais dura. Agora, ambos pertenciam à mesma organização e já haviam acumulado bom nível de experiência nas ações armadas. Graças à sua participação, como também a do Wilson Nascimento (Negão), também da ALN, e certamente de outros que nem conheci, o MAR[5] ingressou no palco das expropriações a bancos com o fim de angariar meios para realizar o que se chamou entre nós Operação Liberdade. Eu fiquei de fora, com uma outra tarefa: manter contato e aprofundar as relações com o *Grupo Malet*. Cabia-me também visitar regularmente os companheiros presos no seu local de trabalho, a Divisão Legal. Sempre levava material de higiene para habituar os guardas à minha entrada com pacotes. Isto cumpria um objetivo: quebrar o rigor das inspeções sobre os embrulhos para depois tentar passar armas.

Com a perspectiva de fuga da Lemos de Brito, o pessoal do *Grupo Malet* passara a dar prioridade máxima à sua área rural, tendo em vista situá-la em condições para receber os fugitivos. Foi marcada uma data para que fôssemos lá inspecioná-la. Na véspera do dia estabelecido para a ida despencou uma tempestade típica de início de ano no Rio. Tudo ficou inundado e sem transportes. Estava previsto que eu deveria chegar à casa de José Ferreira por volta das nove horas da noite para dormir e muito cedo partirmos. Fui chegar ao meu destino pelas cinco horas da manhã seguinte, dia da partida. Morando em Mesquita, foi-me difícil chegar a Malet, bairro próximo a Realengo, em ramal completamente diferente. Ferreira e seu pessoal já haviam se desmobilizado. Mesmo assim, partimos. Primeiro, o trem até Mangaratiba. Depois, uma travessia de lancha até Conceição do Jacareí, uma comunidade de pescadores. Nesse povoado residia um integrante do grupo, o Vadinho. Ele era policial militar e prestava serviço na Penitenciária Cândido Mendes, na Ilha Grande, uma cadeia conhecida pelo nível de truculência que lá era exercida. Muitas eram as tentativas de fuga dali. Pouquíssimas eram bem-sucedidas. O candidato à fuga tinha que romper densa floresta e cruzar o mar que a cercava, infestado de tubarões, segundo relatos (seguramente exagerados), para atingir o continente.

---

5. Movimento de Ação Revolucionária (MAR) foi a sigla encontrada pelo núcleo de presos políticos da Penitenciária Lemos de Brito e aliados externos para identificar-se. Não era intenção criar uma nova organização revolucionária. O objetivo era ingressar numa já existente, possivelmente na ALN. Mas as divergências e o isolamento a que fomos levados terminou por dar origem àquela nova sigla.

Paramos na casa de Vadinho e depois subimos o morro. Era só subida até que se atingisse a área para onde nos endereçávamos. Chão molhado, deslizávamos sobre o barro, por vezes caindo. Ao lado da falta de prática em caminhar em terreno assim, não dispúnhamos de calçados apropriados. Mas chegamos ao lugar desejado.

Uma cabana construída de troncos de palmeiras abertos ao meio e coberta por palhas figurava como ponto ideal para descanso. Em torno, um bananal. O casebre tinha um só cômodo e alguns catres feitos de caibros cobertos por folhas secas de bananeiras à guisa de colchões. O fogão de lenha, a um canto, era composto por três pedras. Revi ali cenários de pedaços de minha infância (em que a casa era de taipa, chão batido, coberta por palhas de babaçu e portas de esteira confeccionadas com as palmas da mesma palmeira, fartura no Maranhão). Fizemos uma vistoria pelos arredores. Caminhamos por algumas trilhas escorregadias por causa das chuvas e também pela natureza íngreme do terreno. A floresta era escura de tão densa, impedindo que se visse o céu de muitos pontos de seu interior. Estava ali um verdadeiro achado para a instalação de nosso ponto de retirada e até para algum tipo de treinamento. O vizinho mais próximo não ficava a menos de um quilômetro. Embora fosse um coronel reformado do Exército, dificilmente iria notar nossa presença, se tomada as devidas cautelas. Defeito: proximidades da costa em caso de permanência demorada.

Retornamos à cidade comigo convencido de termos em mãos um local seguro — enfatizando esse detalhe — para acomodar os companheiros prestes a serem libertados, ao menos até que passasse o período mais crítico de buscas promovidas pela reação inimiga. Tínhamos consciência de que seria feroz. Com isto, parte considerável de nossas dificuldades para realizar a operação estava solucionada. Cabia-me, a essa altura, fazer um relatório aos companheiros da cidade e, em especial, aos presos. Eles, sobretudo eles, não poderiam ficar à margem das decisões.

Meu relatório satisfez. Estava decidido: seria aquele o local adequado para acolher os companheiros após resgatados da Lemos de Brito. Tudo se resumia agora a providências no sentido da obtenção de mais recursos financeiros, melhora em nossa organização militar e aperfeiçoamento do plano de ação. Isto no que dependia do pessoal externo. No interno os presos cuidavam da unidade do grupo e chegaram a fazer ensaios para que não houvesse falhas no desenrolar da ação. Com a certeza de nossa capacidade em realizar a operação, já não havia motivo para tanta pressa. Esta cedia lugar à eficiência. Era com vidas humanas que estávamos lidando. E havia também o aspecto político a respeitar. O fracasso de uma operação como aquela, diferente de todas as executadas até então pelas diversas organizações, seria como oferecer banquete de carne a leões famintos, com um inimigo, por enquanto, meio perdido no combate aos assaltos a bancos, ações relâmpago de denúncia da repressão e propaganda armada do socialismo.

Mas um detalhe estava nos tirando a tranqüilidade: falava-se da possibilidade de transferência da Divisão Legal para a sede da SUSIPE, na Rua Senador Dantas, centro do Rio. Se isso acontecesse seria o desmoronamento de todo um projeto concebido e engendrado em longo investimento de tempo e paciência. Dificilmente os presos políticos acompanhariam essa transferência, porque a administração carcerária não iria querer arriscar-se e nem ocupar seus guardas no leva e traz de presos diariamente para a repartição, perdendo ademais completamente o controle sobre eles. Com certeza os presos políticos seriam substituídos por presos comuns se o número de funcionários continuasse nas mesmas condições de deficiência. Com isto surgiria a necessidade de maior urgência na execução da Operação Liberdade.

O MAR, embora continuasse numericamente bastante reduzido, já havia ampliado sua rede de apoio e fortalecido sua pequena estrutura partidária. José Duarte começava a fazer sucesso pela constante presença nas ações armadas. A mídia passou a chamá-lo de "japonês", apesar de sua aparência física estar mais para índio. Há nisso um episódio que mais tarde iria fazer com que os próprios repressores rissem de si mesmos. O grupo de combate que José Duarte comandava saiu para um assalto. Por qualquer razão, a agência bancária eleita e estudada, como recomenda o rigor, para ser atacada, não oferecia condições na "hora H". Alguma coisa havia mudado. O grupo partiu para outra. Só que a nova eleita ficava dentro da Vila Militar, em Deodoro, portanto, cercada por unidades do Exército, e sem qualquer levantamento prévio. Puro risco, beirando a irresponsabilidade. Agentes do serviço reservado da Polícia do Exército (PE) envolvidos em torturas a presos políticos (aquela unidade já havia se notabilizado pelo extenso currículo que exibia nessa prática), encontravam-se na agência para receber seu pagamento. Ficaram surpresos com a voz de comando "isto é um assalto!...". Foram os primeiros a ir para o banheiro. Suas declarações depois à imprensa foram de que os assaltantes retiraram os carregadores de suas armas, jogando-as após ao chão, e de que o planejamento da ação fora tão detalhado e preciso que até os sinais do semáforo haviam sido cronometrados, como puderam constatar! Não sabiam, mas a verdade é que, apesar da audácia do ataque, nada havia sido feito de modo mais improvisado do que aquele assalto. Esse excesso de autoconfiança bem que poderia ser visto como uma ameaça para o próprio grupo. E a justificativa dos agentes em relação a suas armas era para aliviar a desmoralização, pois um deles portava duas pistolas e não teve oportunidade de usar nenhuma. E armas eram uma das preciosidades para os revolucionários. Se descobertas, certamente seriam capturadas. Os agentes não foram notados como tais e, por isso, seriam deixados em paz.

A Operação Liberdade entrou na ordem do dia. Não dava para arriscar deixá-la para mais tarde. Havia dinheiro, o necessário em armas e homens dispostos a executá-la. O planejamento estava pronto no essencial, dependendo apenas dos arremates.

João Saldanha, o jornalista esportivo, crítico e técnico de futebol, quem realmente montou a seleção de 1970 que iria trazer para o Brasil o tricampeonato, comunista convicto e que não usava disfarces, costumava avaliar as situações políticas relacionando-as com táticas de sua especialidade. Dizia com freqüência que de nada adiantaria um ataque eficiente, criador de muitos tentos numa partida, se a defesa era fraca e se deixava vazar com facilidade pelo adversário. Sem entender da matéria, creio que tinha razão. Na questão militar isto é mais que evidente. A garantia de vitória num ataque bem-sucedido está na segurança da retirada. O ataque conta com o fator surpresa. Na retirada a surpresa deixou de existir, cedendo lugar à reação do atacado. E foi com esse espírito que nos reunimos numa noite, às vésperas da Operação Liberdade, na casa de "Adauto" (Júlio), na Ilha do Governador. Ele era militante do MAR e fazia parte do grupo de estagiários de Direito da Lemos de Brito. Estávamos José Duarte e eu. Não posso dizer que minhas tarefas eram excessivas. O mais pesado estava sobre os ombros do Duarte, que integrava o comando geral da organização e, por extensão, o específico da área urbana. Mas todas elas eram de extrema responsabilidade, pois se relacionavam diretamente com o sucesso ou fracasso da operação, e não podíamos fracassar.

A mim cabia criar condições para que as armas chegassem sem problemas ao interior da penitenciária; levantar e garantir, em sintonia com membros do Grupo Malet designados para isso, a rota que os companheiros libertados deveriam percorrer para atingir o local de segurança preestabelecido; definir o melhor curso do carro (ou carros) que transportaria o pessoal da porta da penitenciária até o ponto de transbordo para outros veículos; e guiá-los do desembarque ao refúgio definitivo, o que implicaria longa e difícil caminhada. O mais importante, porém, porque antecedia a tudo isso, era proceder a um levantamento completo da zona em que iria se dar a operação.

Em princípio, competia-me ir além de criar as condições para infiltrar as armas na prisão: executar pessoalmente a tarefa. Por isso mesmo é que todas as semanas levava pacotes para lá contendo material higiênico. E contava com o fato de ser conhecido pelos guardas devido ao tempo em que cumpri pena ali. Mas percebi que esse esquema continha elevada dose de risco. Pois revistar ou não os embrulhos dependia da guarda de plantão e do próprio humor dos que na hora estivessem na recepção. Falei disso com Marco Antônio. Com a cabeça ardendo ao ver os dias se passarem sem vislumbrar alternativa segura, eis que surge uma possibilidade. Quando ainda preso, chegou transferida para a Divisão Legal uma funcionária que aos poucos foi se enamorando de Geraldo Nobre. Algumas conversas com o Nobre, a primeira a partir de mim, que tinha maior aproximação com ele, e as demais continuadas por Marco Antônio, fizeram-no convencido a persuadir a namorada a entrar com as armas na bolsa. Sendo funcionária, não passava por revistas. E assim o problema foi resolvido.

Detalhista, percorri, durante dias e em horários diferentes, á área em torno ao chamado Complexo Penitenciário. Para melhor cumprir minha missão, hospedei-me por uma semana no apartamento de uma tia, que morava a uma quadra dali, na Rua Senhor de Matosinhos. Eu mesmo houvera morado nas vizinhanças, à Rua dos Coqueiros, bairro do Catumbi. Cada rua, cada viela ou beco, foi inspecionado minuciosamente. E foi com base nos elementos colhidos nesse trabalho que discutimos o nosso que fazer.

Duarte, experiente em ações armadas urbanas (e também rurais, pois fez treinamento para isso em Cuba), defendia inicialmente que o transbordo deveria efetuar-se o mais longe possível da penitenciária. Eu, ao contrário, considerava, particularmente pelos obstáculos de trânsito no horário da ação, a necessidade de abandonar o mais imediatamente possível o carro da primeira etapa da retirada. Sustentava, então, que o transbordo deveria dar-se a apenas poucas quadras do campo da ação. Temia que ficássemos presos nos rotineiros engarrafamentos, que de fato aconteceram. Em linhas gerais, Duarte não estava errado em seu raciocínio, mas eu conhecia melhor a área por ter vivido nela durante bom tempo e por freqüentá-la constantemente depois que mudei de bairro, para visitar tia e primos, o que me facilitou em muito o procedimento de levantamento. Por fim, foi o que prevaleceu. Aliás, a reunião foi tranqüilíssima, pois ninguém estava interessado em fazer valer o seu ponto de vista pessoal a qualquer custo, mas sim encontrar uma solução para um problema extremamente sério.

Tínhamos como obstáculos imediatos a superar as guaritas guarnecidas por policiais militares, a portaria ocupada por guardas penitenciários, um posto de identificação do Félix Pacheco que abrigava a companhia de policiais militares que se revezavam nas guaritas e um Distrito Policial, o 8º DP, na Senhor de Matosinhos. Havia também, em frente à Lemos de Brito, um bar continuamente freqüentado por policiais. Teríamos que infiltrá-lo para conter qualquer reação que porventura surgisse daquele ponto. Esta seria a tarefa a ser desempenhada pelos companheiros do Grupo Malet (Ferreira, Sílvio e Leo). A ação teria que ser desencadeada a partir de dentro. Para isto os companheiros presos já haviam recebido três revólveres calibre 38. E o sinal para a ação seria a sirene da própria cadeia. Todas as vezes que ocorriam tentativas de fuga ela era acionada. Mas também era ela a ser ativada para as coisas de rotina. Assim, o sinal para o início da operação se daria às cinco e meia da tarde, hora do café que encerrava o dia e após o que os presos seriam recolhidos aos seus cubículos. No mínimo se gerariam dúvidas nas forças repressivas quanto ao que se tratava, se rotina ou fuga, e isto já nos seria um fator favorável no que diz respeito ao tempo. Por fim, após tudo avaliado, determinou-se quando a ação seria realizada.

A data fixada para a operação foi 26 de maio de 1969. No início da madrugada desse dia perdemos um carro em acidente e já não havia tempo hábil para adquirir outro sem pôr em risco tudo o que até ali havia sido conquistado para executá-la. Considerou-se, então, que um bastava para conduzir os fugitivos por apenas algumas poucas quadras. Nos autoconvencemos de que ganhávamos em mobilidade com os companheiros num só veículo, evitando-se atropelos na hora da distribuição do pessoal. Um pouco daquela história da raposa com as uvas. Depois de muitas tentativas, conseguindo apenas tocar o nariz nos frutos, deu uma de indiferente: "não importa, são azedas". Porque, convenhamos, dez pessoas dentro de um Aero Willys, o dobro de capacidade do carro, e ainda por cima superagitadas pelo que viviam naquele instante por força da própria ação, era exagerar na dose. Entretanto, era o que tínhamos. Nessa hora o tempo era o fator mais importante, indiscutivelmente decisivo. Cada segundo valia ouro e, por isso, não poderia ser desperdiçado. A sorte — ou ousadia — estava lançada. Toda a organização foi mobilizada para o grande dia — o que não era difícil considerando-se o minúsculo de sua estrutura — e engrossada pelos companheiros da ALN — alguns já citados — que em solidariedade se juntaram a nós para que a operação se tornasse viável e obtivesse sucesso.

Começada a Operação Liberdade. Tal como havia sido planejada, os companheiros presos dominaram a portaria, puseram os guardas no banheiro e Marco Antônio e Capitani apareceram do lado de fora, respirando os primeiros ares de liberdade. A orientação era para que fosse evitado ao máximo o confronto. Tiros só em situação extrema. Mas aí apresentou-se o primeiro obstáculo. Parte do pessoal da cobertura chegou cedo ao local. Para não chamar a atenção, decidiu dar uma volta pelas imediações. Trânsito infernal, aqueles companheiros atrasaram-se, somente conseguindo retornar ao local com a ação já deflagrada. Acontece que cabia a alguns deles neutralizar qualquer reação de um sentinela permanentemente estacionado do outro lado da rua, de frente para a portaria da penitenciária — esquina da Rua Frei Caneca com a Rua Barão de Pirassununga —, armado com metralhadora. Marco Antônio não teve dúvidas. Ao perceber que esse sentinela ia reagir, deu alguns tiros em sua direção. O policial, desnorteado, em vez de puxar o gatilho de sua metralhadora, pressionou o retém do carregador (foi o que relatou no inquérito, instaurado por seus superiores, para descobrir culpados entre os seus pelo êxito da ação). O pente abastecido de balas foi ao chão, deixando a arma completamente sem munição, e ele também caiu, sem qualquer ferimento. Mas um outro guarda, este não PM e sim da penitenciária, apontou sua arma para Marco Antônio. Poderia tê-lo morto pelas costas, não fosse a pronta intervenção de Capitani, que abriu fogo. O guarda caiu morto. Antônio Prestes feriu outro no pé para não ter que matá-lo. Um senhor que nada tinha a ver com o caso, passante na rua, também seria ferido no fogo cruzado que se desencadeou. Nada grave. Antônio Duarte foi atingido de raspão num dedo. Apesar do entrevero, todos conseguiram alcançar o carro que os aguardava. A retirada do palco de operações foi feita num Aero Willys, dirigido por Edvaldo Celestino, um companheiro muito tranqüilo e habilíssimo ao volante. Pelos dois motivos, este era seu posto.

A algumas poucas quadras dali encontravam-se estacionadas, como planejáramos, em frente à Faculdade de Enfermagem Anna Néri, na Rua Afonso Cavalcanti, a uma quadra da Av. Presidente Vargas, uma Kombi e uma Rural Willys. Os fugitivos haviam sido informados antecipadamente de quem embarcaria neste ou naquele carro. Eu estava ali para recebê-los e ajudá-los nisso. Nessas horas a tensão é demasiada, as orientações se confundem, podendo provocar dispersões incontroláveis. E tinha que seguir com eles até o final da linha. Isto é, ao ponto de refúgio. Como usavam uniformes (calça cinza e camisa branca), providenciou-se para que em cada veículo estivesse um número de camisas de cores diferentes para que trocassem para maior despiste. Sentados, as calças não eram visíveis aos que passavam ao lado.

Feito o transbordo, com os companheiros já de camisas trocadas, a segunda etapa da retirada seguiu seu curso. Uma viatura policial, lotada de pessoas, parecia nos acompanhar. Houve inquietação momentânea entre os fugitivos. Essa viatura nos acompanhou da Av. Presidente Vargas, no coração da Guanabara, até o Meyer, bairro importante da Zona Norte da cidade. Tudo não passava de coincidência de rumo. As pessoas que ocupavam a viatura deviam ser funcionários aproveitando carona, pois aquela era a hora de muitos deixarem seus serviços e os transportes coletivos estavam sempre muito lotados. No Meyer a viatura tomou outra direção e nós seguimos a nossa até o ponto de desembarque, já muito longe, noutro município.

Enquanto seguíamos nossa rota de retirada ainda dentro das fronteiras da Guanabara — e o uso do termo *rota de retirada* é mais apropriado porque o que houve de fato foi uma operação militar de resgate de prisioneiros de um dos cárceres da ditadura e não uma fuga — uma célula da organização decidiu contribuir um pouco mais com a segurança do grupo (um dado importante: embora se opondo à ação, que considerava um ato mais do que "infantil" porque não passava de "loucura", Marighella prometeu suspender todas as ações da ALN programadas para aqueles dias e manteve a palavra, nisso constituindo sua contribuição). Essa célula havia participado diretamente da operação, mas em posição mais recuada, de segurança e varredura da zona de operação, que tinha a Rua Frei Caneca como centro principal por estar ali instalada a Lemos de Brito, e arredores.

Flávio Tavares, Ciro e Jarbas, membros integrantes dessa célula, foram a um telefone público. Flávio fala e escreve um espanhol perfeito e fluente, dando-se ao luxo de empregar termos íntimos e regionais desse idioma. Ligou diretamente para o gabinete do secretário de Segurança, cuja pasta era ocupada pelo general Luís de França Oliveira. Utilizando-se de um "portunhol" proposital, fez-se passar pelo embaixador do Uruguai no Brasil. Do outro lado da linha atendeu o coronel Encarnação, assessor direto do secretário Luís de França, que informou que o general se encontrava ausente. Flávio disse a ele que o assunto somente poderia ser tratado diretamente com o secretário, dada a urgência e gravidade do assunto que pretendia expor. O coronel crescia em curiosidade, argumentando que na ausência do general ele tinha poderes para solucionar qualquer problema. Mas Flávio queria que a panela cerebral do coronel fervesse, criando mais e mais expectativa, enquanto punha alguma lenha a mais na fogueira acesa. Insistia na delicadeza diplomática do problema que o cercava e, por isso, na importância de falar com o general. Quando percebeu que o clima tinha chegado ao seu auge de curiosidade, disse ao coronel, a essa altura dominado pela impaciência, que a embaixada, que permanecia no Rio, no Catete, estava sendo assediada por um grupo de indivíduos suspeitos, que espionavam o jardim. Encarnação exasperou-se e "matou", a seu ver, "a charada": "são bandidos, presos comuns, gente perigosa e da pior espécie. Dentro em pouco terei mobilizada aí o que há de melhor de nossa polícia". E cumpriu o prometido, mostrando que realmente tinha poderes. Não houve demora para que muitas viaturas chegassem ao local, com imensos contigentes de homens armados. A embaixada foi totalmente cercada por policiais civis e militares.

O diversionismo ou manobra diversionista, como é mais habitualmente identificada a ação de que se valeram os companheiros em mais essa contribuição à segurança de nossa retirada, e também usada e até com muita freqüência nas movimentações políticas em especial pelos bastidores parlamentares, serve tanto à estratégia como à tática militares. Polivalente que é, pode ser aplicada em "n" situações de dificuldade a serem superadas ou objetivos a serem alcançados. Se empregada em momento certo, com critérios e métodos adequados, devidamente planejados, é de uma eficiência inigualável. No caso, o objetivo era concentrar o melhor das forças que iriam nos perseguir num ponto, de preferência congestionado pela hora — final de tarde e centro da cidade —, e desviar sua atenção, para que saíssemos por outro, oposto. E assim nosso caminho esteve livre de qualquer barreira, bloqueio, posto de inspeção ou controle policial. Cobertos por mais esse gesto criativo e ousado de apoio, pudemos seguir em frente incólumes e sem incômodos.

Chegamos ao limite de onde poderíamos avançar de carro. Ali nos despedimos de Júlio César Brandão e Sérgio Cruz, que haviam dirigido os veículos de transbordo àquele ponto, a partir do qual iríamos dar início à nossa longa caminhada. Esses dois companheiros cursavam Direito e, por isso, faziam parte da equipe de estagiários da Divisão Legal. Eram militantes do MAR.

Aqui começaram nossas dificuldades. O caminho de mato que teríamos que percorrer até nosso ponto de chegada, Conceição do Jacareí, era cheio de ramificações e a caminhada de levantamento que houvéramos feito por ele, bem antes de decidida a data da operação, demonstrou não ter sido suficiente. Deveríamos ter feito isso dentro da noite, já que seria durante a noite que iríamos fazer aquele percurso.

Os fugitivos, exaustos pelo esforço físico para quem se encontrava muito tempo com os passos limitados por muros, embora praticando esportes, tinham suas forças esgotadas. Decidimos que eles acampassem enquanto eu e outro companheiro continuamos viagem. Era temerário que todo o grupo continuasse tentando descobrir a verdadeira trilha. Eles descansariam e pela manhã voltaríamos para continuar a caminhada. Isto não estava previsto, podendo mesmo resultar em desastre. Felizmente, estávamos fora do alcance da perseguição desencadeada na Guanabara.

Assim foi feito, mas tive que ficar na cabana porque meus pés se encontravam bastante machucados pelos tênis com número inferior ao que eu calçava. O fato é que eram de qualidade ordinária e haviam encolhido após serem encharcados numa dessas chuvas torrenciais que costumam desabar sobre a Cidade Maravilhosa em determinadas épocas do ano.

Pela manhã muito cedo, "Seu Zé", do Grupo Malet, agora feito nosso caseiro no sítio (ele fora, aliás, um dos construtores da cabana que iríamos habitar), partiu em companhia de outro militante da mesma agrupação ao encontro dos companheiros acampados. Ambos conheciam muito bem a região e já haviam percorrido inúmeras vezes aquele caminho. Antes "de dar" meio-dia eles chegaram de volta com o pessoal. Agora, todos livres e em segurança, nos derretíamos em felicidade. Era o sabor da vitória.

Durante o ato de fuga da Lemos de Brito, um companheiro cotado para sair havia ficado para trás. Foi o Edson. Nunca ficamos sabendo (ou apenas eu) o motivo de sua desistência. Mas soubemos que sofrera represálias pela sua relação conosco. Foi um dos que aproveitou o curso supletivo organizado pelo Serviço Social, do qual fazia parte, e hoje é advogado com militância profissional. E aqui cabe um destaque.

No auge da Operação Liberdade, no momento em que se deu o tiroteio, a massa de presos comuns, a essa altura já recolhida às suas celas, batia com canecas nas grades de ferro dos cubículos gritando, numa só voz, coisas assim: "O mar se agitou!...O mar não está pra peixe!...Bate firme, marujada!..." Não é de admirar se entre aquelas vozes estivesse a de Edson, quem sabe até regendo o coro. O certo é que aquela gritaria operava em nosso benefício, porque servia para aturdir os guardas, dividindo-os. Eles sabem que em ocasiões assim podem eclodir rebeliões incontroláveis.

Outro destaque: senti muito não ter podido incluir o nome de Geraldo Nobre entre os que deveriam ser libertados. É que tínhamos limitações e o assunto jamais seria sequer insinuado fora dos eleitos para a fuga. Muito mais tarde vim a saber que ele havia conquistado sua liberdade por término de pena e aderido à guerrilha urbana. Foi morto. As circunstâncias de sua morte é um mistério para mim.

Na manhã seguinte ao dia da chegada à área de segurança promovemos uma reunião. Era necessário dar um balanço geral da operação, discutir a situação atual, programar os próximos dias e definir papéis. Possivelmente este último fosse o item mais importante de nossa pauta. Houve consenso em que Marco Antônio assumisse como comandante do destacamento e Capitani como vice. Discutimos também nessa reunião a situação de Cietto. Ele houvera sido libertado com os demais companheiros, mas não havia compromisso em nos acompanhar. O acordo devera-se à fuga, única e exclusivamente, para que um plano não prejudicasse o outro. Ele já discutia, particularmente com André Borges e Edson, questões político-ideológicas, mostrava-se simpático ao socialismo, mas não houvera se declarado um socialista nem muito menos um combatente daquele ideal. Sua posição, no entanto, foi peremptória e até comovente. Para nossa surpresa declarou, com muita convicção, que não teria mais nada a fazer na vida a não ser nos acompanhar em nossa luta. Decididamente, havia abandonado o crime, tornara-se um revolucionário. Ganhávamos assim mais um combatente e com ele também um problema. Cietto havia se submetido tempos atrás a uma cirurgia de úlcera no estômago e, no momento, estava com alguns pontos abertos. Necessitava de uma nova operação e para tanto tínhamos que providenciar os meios. O primeiro passo seria enviá-lo para a cidade. Cerca de um mês e meio depois, o transferimos para o Rio. Os companheiros da cidade incumbiram-se de providenciar infra-estrutura e demais recursos para que ele pudesse operar e se pôr em condições de saúde adequadas.

Entre o final de maio e o mês de agosto fizemos muitas incursões pela zona. Tínhamos consciência de que ela não era apta para a ação guerrilheira, mas tornava-se indispensável conhecê-la bem, até por uma questão de autodefesa. As expedições de reconhecimento eram quase permanentes. Nosso objetivo era nos interiorizar o máximo possível no continente, situando-nos numa posição favorável ao contato com povoados, de onde poderíamos organizar e pôr em prática a propaganda armada e outras ações, dispondo de uma retaguarda capaz de assegurar a mobilidade e cobertura de nosso destacamento guerrilheiro.

Na área urbana o MAR desenvolvia-se, golpeando aqui e ali, enquanto seguia ampliando suas bases de apoio. Seus efetivos continuavam pequenos, mas revelavam-se aguerridos e com uma experiência acumulada que já lhe permitia mover-se com passos firmes. Mas ainda assim faltava-lhe muito para considerar-se uma organização sólida, indestrutível.

5

Cabana do Jacu, refúgio dos guerrilheiros

A manhã surgiu lenta nos céus daquele minúsculo pedaço de mundo incrustado na Serra do Mar. Era uma sexta-feira, meados de agosto de 1969. Os movimentos guerrilheiros pareciam prosperar por toda a América Latina e, no particular, do Brasil, sob várias siglas, também davam a mesma impressão. Nós éramos parte daquele cenário. Nosso excessivo entusiasmo fazia-nos crer que a guerra revolucionária já estava em pleno desenvolvimento, sem mais entraves capazes de fazê-la retroagir. Entusiasmo e crença que, ao despertarem tão poderoso ânimo rebelde, obscureciam para nós mesmos um dado fundamental da realidade política e social do país: o fato de que as massas exploradas e oprimidas, em nome das quais nos propúnhamos a lutar, quando muito aplaudiam os golpes da guerrilha sem neles se envolverem e, menos ainda, deles se tornarem os agentes principais, como acontece nas revoluções sociais de verdade.

No interior da *Cabana do Jacu*, nosso ponto de encontro e descanso após longas caminhadas de reconhecimento pelas montanhas, rios e florestas, o dia começara, como sempre, às cinco da matina. Com ele, as providências para o café e os primeiros tapas pelo corpo, numa persistente, mas inútil, resistência aos valentes esquadrões de insaciáveis borrachudos — abundância daquelas paragens — que, na sua luta pela sobrevivência e reprodução da espécie, sucediam-se em contínuos vôos rasantes em busca de nosso precioso sangue. Uma batalha a que houvéramos nos habituado.

Fora, o nevoeiro cobria a copa das árvores mais altas e penetrava como nuvens cinzas de tênue transparência pelo bananal, que nos rodeava, compondo uma paisagem sombria e que se tornava mais incômoda pelo frio que fazia. O terreno, molhado pela chuva fina que há duas semanas seguidas caía intermitente por toda a zona, apresentava, em sua face, um desenho de perspectiva indefinida. Óbvio, aqueles traços de cor de abóbora que contrastavam com o verde dos arvoredos que os margeavam e por entre os quais se perdiam em todas as direções, não eram mais que um vivo registro de nossas inquietas andanças e buscas. Eram sulcos deixados no chão por pés movidos pela convicção de que abriam mais que simples caminhos na selva, em cujo interior nos embrenhávamos e, resolutos, íamos vencendo a hostilidade da natureza.

Lenha úmida, o fogo demorava a ser aceso e o café, em conseqüência, custava a sair, apesar dos reclamos, por vezes altissonantes, de todos os estômagos ali reunidos. Mas saiu. Em torno ao fogão nos aquecíamos e conversávamos sobre os planos para o dia que mal começara a nascer.

A sentinela do último plantão noturno cumprira seu horário e viera unir-se a nós. Rosto risonho, embora maldormido, Adeildo deitou cuidadosamente seu M-1 sobre um dos catres.

— Oi! — cumprimentou-nos, concluindo — lá fora faz um frio danado!

Troçamos um pouco com sua aparência de "pinto molhado", tão encolhido estava em suas encardidas e rotas vestes, e por aí a conversa se prolongou entre risos e goles do saboroso e confortante café.

Porém — e há sempre um porém nos instantes agradáveis dos melhores sonhos — uma surpresa de sabor amargo estava por nos envolver. Uma visita inesperada aparecia rompendo a névoa por uma das trilhas que davam acesso à cabana. Era o Vadinho. Trazia uma feição carregada, que não lhe era comum. Deu-nos seu "olá" ao chegar e foi direto ao assunto que o fizera deixar a cama e subir a colina com o cantar dos galos. De fato, para atingir aquelas alturas quando o relógio ainda marcava seis da manhã, seria necessário que pusesse os pés na estrada pelo menos duas horas antes. Só este pormenor já era suficientemente forte para nos tirar a tranqüilidade. Inevitável então que, ao vê-lo se aproximando, nos interrogássemos sobre as possíveis razões de sua visita.

— O que estará acontecendo? Vadinho por aqui a estas horas não é coisa de animar — deixou escapar Adeildo, sem tirar as vistas do visitante que avançava ritmando os passos com largas braçadas no ar.

— Não deve ser nada de grave — interveio Godoy. — Acho que ele veio ver se a gente está precisando de alguma coisa lá de baixo. Ou...

— Ou então — interrompeu Antônio Duarte — traz notícias do pessoal da cidade. Receio que aqueles cabeças-duras tenham decidido jogar para a frente o dia do encontro conosco, o que significa nos deixar plantados aqui.

— Gente, não vamos tirar conclusões apressadas! — interferiu Marco Antônio, em tom crítico.

Marco tinha razão. De nada se sabia para avançar o raciocínio assim e a tal ponto. O que poderia impedir Vadinho, que tinha acesso à área, de nos visitar quando tivesse vontade ou lhe desse na telha? Ademais, ele era o nosso homem no povoado, encarregado de manter controle sobre os movimentos de pessoas novas na área. Conhecia todos os moradores locais, muitos desde a infância, o que tornava relativamente fácil a sua tarefa.

Ofegante, um tanto pelo esforço da caminhada e outro tanto pelo peso das dúvidas que o consumiam, Vadinho foi desembuchando seu informe e suas preocupações:

— Um grupo de ação caiu ontem em São Paulo ao tentar assaltar um banco. Sei não, mas tudo indica que é gente ligada a nós, pelo que Cecília me disse. Ela ouviu pelo rádio e tomou nota dos nomes dos presos. Foram dois. Houve um tiroteio dos infernos!

Cecília, uma jovem de origem camponesa, era sua companheira. Com ele casara e tinha agora dois filhos, um casal, com idades que somadas não ultrapassavam quatro anos. Era uma mulher ativa e interessada em compreender o mundo e as injustiças sociais, fenômeno e lógica da sociedade de classes, contra o que não escondia sua justa revolta. Podendo, não perdia os noticiários. Sobretudo depois que tomara conhecimento de nossa presença na região e propósitos. Aprendera a ler e a escrever, tendo mesmo a custo de muito esforço concluído o curso primário. Mas não se contentava com isso. Sua sede de conhecimento era grande e, para saciá-la, cultivava com ardor o hábito de leitura. Seus únicos pedidos, quando tinha a quem fazê-los, eram livros e que fossem explicados o conteúdo de nossa luta e o que seria a sociedade nova que propúnhamos. Nossas respostas a esse respeito, sem dúvida, não lhe satisfaziam, como dificilmente poderiam satisfazer as pessoas simples de sua classe, tão difíceis e esotéricos eram os discursos revolucionários que fazíamos. Ela não era uma militante revolucionária, portanto nada familiarizada com os termos clássicos, próprios às pessoas intelectualizadas. Poucas vezes a vimos. Nossas idas ao povoado eram esporádicas e quando isto acontecia era por pouco tempo.

De qualquer maneira, era com ela e filhos que Vadinho mais se preocupava agora. Pessimista, e não sem motivos, ele insistia em sua intuição de que os presos eram nossos e nas mais que prováveis conseqüências em caso disto confirmar-se, o que logo haveria de ocorrer por seu próprio intermédio. Queria saber o que fazer para proteger sua família. Uma reivindicação justíssima, embora um problema de difícil solução para nós naquelas circunstâncias, que por último não prevíramos.

Antes que tivéssemos tempo de dizer-lhe ou perguntar-lhe qualquer coisa, ele tirou do bolso da camisa um pequeno pedaço de folha de caderno escolar e nos deu para ler. Suas suspeitas se confirmavam, para nosso espanto. Por aquele pequeno pedaço de papel com letras de Cecília ficaríamos sabendo que acabávamos de sofrer nossas primeiras baixas. Nele constavam dois nomes: um legal, para que não alimentássemos qualquer dúvida, e outro ilegal, mas que identificávamos. Em mãos inimigas estavam, portanto, José Duarte, companheiro de luta desde os tempos da AMNFB, e André Borges, nosso poeta.

Diante dos fatos, frescos e pungentes, não havia o que teorizar, o que também não era o nosso forte. A hora exigia decisões práticas e rápidas. Tanto que Marco Antônio e Capitani, nossos comandante e vice, respectivamente, não se preocuparam minimamente em tentar precisar onde em realidade a queda ocorrera. Nem havia como. A informação que nos fora transmitida por Vadinho não "casava" com a que nosso comando obtivera em seu último e recente contato com os companheiros da direção urbana da organização. Era tudo o que sabíamos. O enigma fora deixado de lado. O que convinha era realizar uma reunião de emergência para decidir sobre as providências a tomar. E, para que pudéssemos realizá-la com todo o destacamento presente, o próprio Vadinho seria nomeado para assumir o posto principal de observação, de onde nos era possível cobrir uma extensa área à nossa retaguarda.

A reunião se desenvolvera sem excitações aparentes. À parte a angústia que nos castigava pela queda dos companheiros José Duarte e André Borges e a certeza do que irremediavelmente estariam padecendo nas mãos dos agentes da repressão, conseguimos de certo modo manter a serenidade. A análise da situação, pelos dados que tínhamos, nos indicava que não havia a menor possibilidade das forças contrárias ligarem a ação realizada na cidade com nossa presença na serra, a não ser por "aberturas". Por outro lado, a possibilidade de "aberturas" nos parecia remota. Não havendo indício material que tornasse visível essa ligação para os repressores, os companheiros presos só teriam que omiti-la durante os interrogatórios. Além do mais, acreditávamos na firmeza deles. Só que, ao não promovermos uma *imediata e total evacuação* da área, ainda que temporária, rompíamos uma das regras básicas para situações como aquela. E assim, se acertamos em confiar na firmeza dos companheiros, erramos redondamente em aceitar a idéia de que "não havia indício material que tornasse visível essa ligação para os repressores". Com efeito, a participação de José Duarte e André Borges numa mesma ação já era um dado significativo para a polícia, pois estabelecia um vínculo entre essa ação e a que libertou os presos da Penitenciária Lemos de Brito e, em conseqüência, redobrada violência contra os companheiros recém-caídos para que esse vínculo fosse confessado. Para completar o drama, os repressores conseguiram pôr as mãos, com as prisões, numas anotações que davam algumas pistas sobre a região em que nos encontrávamos. Por isso foram com tudo, com a fina flor dos fuzileiros navais — o Batalhão Humaitá — e páraquedistas do Exército, portanto com tropas profissionais, de elite, especializadas na luta antiguerrilheira. Mas isto não era o que imaginávamos e por esse erro de cálculo nossas providências não foram as mais rigorosas, como seria o correto.

Para Vadinho, substituído no posto de observação após encerrada a reunião, a orientação aprovada foi no sentido de que ele transportasse a mulher e filhos para Mangaratiba, onde tinham familiares. Eles deveriam permanecer por lá até que nos chegassem mais informações. Afinal de contas, tínhamos um encontro campo-cidade previsto para logo à noite ou, no mais tardar, para a madrugada de sábado. Certamente — estávamos convencidos disto — os representantes da organização na cidade nos levariam dados novos, oferecendo-nos um quadro completo da situação, pelo qual pudéssemos estabelecer quais os pontos vulneráveis que nossa estrutura apresentava em decorrência das quedas e quais os que permaneciam imunes às investidas repressivas. Dentro do que fosse concluído, poderíamos então sugerir um lugar seguro para alojar a família de Vadinho pelo tempo necessário. Quanto a ele mesmo, seria importante que acompanhasse mulher e filhos até o destino proposto como saída provisória, deixando-os somente depois de instalados e assistidos. E tudo sem correria porque seu nome não constava em nada que pudesse estabelecer laços conosco, nem no campo nem na cidade.

Esse apoio, e com ele a certeza para todos nós de que ficariam bem, além de ser uma demonstração de solidariedade para com o companheiro, era particularmente relevante para o equilíbrio emocional de Vadinho. E isto era fundamental para o conjunto, sob todos os aspectos. Ao lado disto, sua ida a Mangaratiba atendia a uma outra necessidade, transformada em missão: observar todos os movimentos suspeitos e ouvir, com a máxima atenção, todos os comentários que acaso surgissem a nosso respeito e, claro, sobre as forças repressivas. Se nessa observação e escuta captasse algo de anormal (como movimento de tropas ou de policiais), deveria retornar com a urgência possível para nos informar e se unir a nós, possivelmente em caráter definitivo, a depender da evolução dos acontecimentos. Se tudo estivesse normal, deveria estar de volta às cinco da tarde, preparado para ficar por algumas horas, apenas o tempo suficiente para nos ajudar em algumas tarefas ligadas ao contato com os companheiros da cidade.

Com essas instruções Vadinho partiu rumo a Conceição do Jacareí, de onde se deslocara para se encontrar conosco e nos pôr a par do ocorrido. O seguimos com os olhos até que sumiu na primeira curva do "S" da trilha por onde caminhava a passos largos, tal qual viera, sem ao menos olhar para trás. Tinha pressa.

Despachado Vadinho, restava-nos agora pôr em prática as resoluções que acabáramos de aprovar na reunião e para serem cumpridas por nós próprios. E a principal delas era nos dividir em dois grupos. Um, sob o comando de Capitani e composto por mais três outros companheiros (Benedito, Adeildo e Godoy), deveria deslocar-se imediatamente para uma zona distante da área da cabana entre cinco e seis horas de marcha puxada por uma rota bastante acidentada. Tanto a zona para onde iam eles como o terreno que teriam que percorrer já nos eram por demais familiares. O Segundo, sob o comando de Marco Antônio e composto por mais dois outros companheiros (Antônio Duarte e eu), deveria permanecer na área com a missão de aguardar os enviados da cidade para o contato, programado que fora duas ou três semanas atrás. Teríamos também que aguardar o regresso de "Tio Adão", nosso caseiro, enviado à cidade para encaminhar alguns pedidos adicionais sobre o que já havia sido feito aos responsáveis pelo setor logístico e ao mesmo tempo para que levasse nossa insistência para que o encontro em pauta fosse cumprido na data previamente estabelecida. Essa insistência tinha fundamento: nossos estoques de alimento já estavam quase a zero e necessitávamos de roupas e calçados.

Os companheiros do grupo que teria de avançar arrumavam em acelerado, com a ajuda de todos, suas mochilas. Tinham que partir o quanto antes. Em geral, as mochilas eram mantidas em condições de rápida retirada. Mas devido às circunstâncias se impunha maior rigor na seleção do que cada um deveria portar consigo. O que não fosse de extrema utilidade deveria ceder lugar para mais uma lata de leite condensado, barras de chocolate, carne em conserva ou mesmo farinha de mandioca. Não nos era possível prever o que viria e assim era preferível prevenir que remediar. Por isso mesmo correspondia revisar as armas e redistribuir a munição existente entre todos. Nosso "arsenal" era composto de quatro fuzis M-1, duas espingardas de cartucho (calibres 28 e 32), um rifle "papo amarelo" (Winchester 44) e revólveres 38. Pouco para nossas pretensões revolucionárias, mas já dava para não cair de mãos abanando, sem combater. Entendíamos nos ser suficiente por ora. Sobre isto tínhamos um confortante exemplo: os vietnamitas de Gia-Dinh, província da ex-Saigon (atual Ho-Chi-Minh), começaram sua luta bem mais pobres que nós, com uma única carabina que, por isso, chamavam de "Mãe", capturada de soldados ianques, os famosos "marines", conforme nos informava Wilfred Burchett no seu excelente livro-reportagem, *Vietnã — A Guerrilha Vista por Dentro*. Comparação arbitrária, se quisermos, mas perfeitamente cabível em nosso indomável romantismo de então.

É claro que os preparativos para a partida dos companheiros não incluíam apenas cuidados com mochilas e armamento. Mais importante até do que isto seriam, necessariamente, acertos para garantir o contato entre os dois grupos, qualquer que fosse o desenrolar dos fatos. Assim, enquanto petrechos e farnéis iam sendo balanceados e distribuídos, tratávamos de discutir esses acertos em seus mínimos detalhes, para que ficassem bem compreendidos e amarrados. Não podia haver falhas.

Pelos nossos planos, o grupo em retirada da área da *Cabana do Jacu* deveria aguardar por nós na zona de segurança que lhe fora designada. O teto de espera estava fixado para as 12 horas do dia seguinte, sábado. Se não comparecêssemos até esse horário por lá significaria que algo de grave pesara para nosso lado. Cabia-lhe, então, levantar acampamento e marchar em direção à estrada que passa na altura de Lídice, com o objetivo de interiorizar-se no continente, para maior proteção. Essa estrada, como toda aquela zona, já havia sido explorada por nós em diversas excursões. Para encontrá-la tivemos que realizar uma exaustiva marcha de nada menos que 11 dias. Dessa eu participei, com Capitani e Adeildo.

Naquela caminhada galgamos os cumes de duas elevadas montanhas que por suas formas e disposições apelidamos de "seios". Dali avistava-se, numa direção, a Restinga de Marambaia, belíssima; em outra, Lídice, um pequeno povoado; noutra, os estaleiros da Verolme, em Monsuaba, Angra dos Reis; e, mais amplamente, uma vasta faixa no sentido do interior do continente, cuja profundidade perdíamos de vista nos limites do horizonte. Com o auxílio de binóculos víramos camponeses jogando bocha e conversando no terreiro de uma das casas. Era manhã de um domingo cheio de sol. Desnecessário dizer o quanto fomos tentados a descer até lá, no intuito de fazer nosso proselitismo político, de vender o nosso peixe. Mas deixamos as tentações de lado por considerar ser ainda muito cedo para aquele tipo de ação. Seria suicídio. Não seria o lugar nem o momento para marcar a presença da guerrilha. Nosso destacamento ainda tinha muito que amadurecer. As caminhadas que fazíamos eram cobertas de extrema prudência e seu objetivo resumia-se exclusivamente ao reconhecimento do terreno. Iniciativa, portanto, de autodefesa, pois necessitávamos de rotas alternativas para eventuais retiradas em caso de ataque e perseguição. Mais que isto: nossa meta era abandonar a costa e penetrar o mais possível no interior do continente, de onde poderíamos, aí sim, dar início a nossas ações político-militares. Enfim, toda segurança é relativa e os incidentes ou acidentes próprios àquela atividade devem estar em todos os cálculos e previsões. Estávamos apenas em fase inicial de preparação, instante em que todos os cuidados são poucos e todos os riscos de fracasso estão presentes para a guerrilha. Um ponto de vista que no entanto revelava flagrante contradição em nossa concepção de luta. Ora, se nos batíamos ou pretendíamos bater pela emancipação dos explorados e oprimidos, por que então nos escondíamos também deles? É evidente que ao nos esquecermos que "a emancipação dos explorados é obra dos próprios exploradores", nos esquecíamos também que a única proteção segura para um núcleo de indivíduos da vanguarda revolucionária é estar em meio da massa como peixes n'água, o que supõe viver o seu dia-a-dia e estar de fato identificado com todos os seus anseios, tormentos e lutas. Entretanto, tínhamos uma outra visão. Vivíamos o foquismo.

Mas era dos acertos com o núcleo que partia que nos ocupávamos naquele instante. Nada a respeito do reencontro entre os dois grupos poderia ficar para depois. Quaisquer que fossem os possíveis obstáculos que se apresentassem teriam que ser previstos. Contudo, as dúvidas persistiam: como estabelecer novo contato caso surgissem dificuldades que impedissem o núcleo, que ficava estacionado na cabana, de cumprir o horário máximo fixado para isso? Não restavam muitas opções. A solução, se tais dificuldades se impusessem, como uma situação de cerco tático e dele sair, seria tentar recuperar a ligação por meio do setor logístico do movimento na Guanabara. Mas esta era outra questão delicada, por ausência de um esquema de enlace alternativo, de pessoal que nas emergências pudesse restabelecer a relação campo-cidade sem despertar suspeitas. Inimaginável que uma pessoa saída de manobras de rompimento de cerco numa área rural, podendo até ter enfrentado combate, esfarrapado e coberto de lama e sem falar das distâncias, meios de transporte, etc., fosse, ela mesma, cumprir essa missão de reatar contatos urbanos. Tudo isto revelava o grau de nosso isolamento na região. A menor dificuldade teria que encontrar respostas por fora dela, diretamente na cidade, que em tais situações têm suas fronteiras militarmente ocupadas pelo inimigo. Pode-se argumentar que aquela não era uma região para ser conflagrada, que nossa permanência nela era passageira. Verdade. Além do mais, não podemos negar que nossa presença ali era completamente postiça, já que integrávamos um núcleo composto por inteiro de elementos estranhos ao meio. E a raiz disto não podia ser outra: a prática de um modelo fundado na mais pura concepção foquista de guerra revolucionária que abraçávamos, por fim derrotada onde quer que tenha sido experimentada.

Por volta das dez horas, sob pesadas mochilas, cantis à cintura e armas a tiracolo, o grupo iniciava sua marcha. O acompanhamos, escoltando-o, até o início de uma colina que os companheiros teriam que cruzar. Eles seguiam em direção oposta à percorrida por Vadinho ao retornar a Conceição do Jacareí. Vimos quando sumiram, após breve aceno de adeus, entre arbustos, lotes de rangentes bambus e ramagem de enormes e frondosas árvores.

Nosso "QG" temporário ganhara o nome de *Cabana do Jacu* por obra de um desses episódios que só raras vezes acontecem e que, por mais banais que possam parecer para umas pessoas, para outras podem revestir-se de extraordinária importância. Tudo depende, objetiva e subjetivamente, das circunstâncias em que ocorrem, bem como seus motivos; em última instância, das condições ou estilo de vida de umas e outras. Abater um tigre pode ser apenas um ato frio da rotina aventureira do caçador profissional, para quem a importância maior do feito, senão a única, é a precisão do tiro que disparara e a expectativa do que isto poderá lhe render comercialmente. Para o aficionado dessa *transa*, porém, a coisa é outra. O que mais conta é a emoção da caçada e a exposição da presa como troféu, a partir do que construirá mil histórias, verdadeiras ou mentirosas, que servem à satisfação do seu próprio ego e, portanto, à sua realização existencial. Mas, ao menos nesse caso, não nos enquadrávamos em nenhuma dessas categorias humanas, nem nas suas motivações ou excentricidades. Não comercializávamos e nem nos divertíamos matando animais. Todavia, o jacu — ave do porte de uma galinha grande e que sabiamente pousa nos galhos superiores das árvores mais altas, dificilmente alcançáveis pelas espingardas comuns — estava ali, na cumeeira descoberta da cabana em construção, banhando-se ao sol de pleno meio-dia. Os companheiros que executavam a tarefa ("Seu Zé" e Vadinho) retornavam de mais uma caminhada pelas matas. E, tropeçando sob pesados troncos de palmeiras que após serem abertos ao meio na base do machado iriam servir de paredes à choupana, já não pensavam em outra coisa: parar o trabalho para providenciarem o que comer. Mas comer o quê, além da farinha e do café que restavam de uma semana de confinamento, no meio do mato, longe de tudo? A resposta a essa inquietante pergunta estava diante do nariz. O jacu encontraria assim a sua tragédia. Mas por essa oportuna contribuição que oferecera à Revolução com o próprio sacrifício, ainda que involuntário e por cândida imprudência, pouco importa, haveria de ser imortalizado, sem celebração solene é certo, numa edificação que bem poderia constituir-se num marco histórico.

Coisas assim, aparentemente sem importância, mas que faziam parte de nossa trajetória rebelde, eram inevitáveis de ser pensadas naquele momento. O vazio que se estabeleceu entre nós com a partida dos companheiros e a incerteza quanto ao que seriam as próximas horas excitava-nos a memória. Foi preciso algum tempo para que restabelecêssemos a conversa e troca de opiniões sobre como organizar a vida para aquele resto de dia tão especial. O silêncio, enquanto durou, tornava o ambiente da cabana depressivo, de cemitério. Tudo concorria para isso. A lentidão do dia, a chuva fina, ora caindo ora estiando, reduziam-nos a reflexões. Mas, sobre lembranças assim e sensações desgastantes, havia uma realidade muito concreta a ser enfrentada: tínhamos que definir como, em três, cumprir as tarefas de observação e vigilância da área; como recepcionar e realizar a reunião com os companheiros da cidade esperados; como, por fim, não quebrar a dinâmica das atividades de praxe. Tínhamos, ainda — e isto nos era fundamental —, que manter o moral elevado.

Com vistas à nossa segurança, definimos que de hora em hora nos revezaríamos nos três pontos considerados essenciais. Um ficaria no interior da cabana; outro num posto de observação que controlava um longo trecho do caminho em direção a Conceição do Jacareí (uma árvore pequena, em que subíamos sem o menor esforço, com folhagem abundante, de onde podíamos ver tudo sem sermos notados); e o terceiro manteria guarda nas margens da trilha que levava a Monsuaba. Por esse esquema, que incluía um ponto de reencontro na própria área para o caso de emergência, cujo sinal para buscá-lo seria dado por um disparo do observador que primeiro visse ou sentisse ameaça, nos mantínhamos ocupados e ao mesmo tempo com a possibilidade de a cada duas horas nos aquecer e enxugar as roupas, um a um, no interior da cabana, onde o fogo era sempre mantido aceso o dia inteiro.

Para passar a noite, fixamos um ponto numa das encostas vizinhas. Dali poderíamos perceber qualquer aproximação à cabana, a qual ficaria sob nossos olhos, e também galgar facilmente qualquer das trilhas de retirada se necessário. O importante seria, por precaução, que nenhum de nós dormisse na cabana e que nos mantivéssemos em estado de alerta permanente. Atentos para receber os contatos esperados e para não nos deixar apanhar de surpresa por uma incursão inimiga, para nós pouco provável, mas nunca totalmente descartável.

Nos ressentíamos da falta de um bom rádio. O que possuíamos havia sofrido um acidente e se encontrava naqueles dias na cidade para conserto. Possivelmente o receberíamos de volta com a vinda dos companheiros. Mas era agora que mais nos fazia falta. Se o tivéssemos em mãos, muito provavelmente os acontecimentos do final da tarde não contariam com nossa participação. Porque, embora a censura aos meios de comunicação de massa, imposta pelo AI-5, estivesse a pleno vapor, sempre alguma coisa vazava, em particular pelas emissoras de rádio. Dessa forma nos teria sido possível acompanhar os noticiários e por eles "filtrar" algo sobre os movimentos das forças de repressão.

Insistir na área nos era vital, apesar dos riscos. E não apenas pelas nossas necessidades de suprimentos. É que já havíamos decidido pela transferência dali. Aquele seria o último encontro campo-cidade na área da *Cabana do jacu*. A partir desse encontro se estabeleceriam novos pontos de contato e ela seria reservada para acolhimento e estágio de novos recrutamentos para a guerrilha. Uma espécie de campo de adaptação e treinamento básico para os ainda não iniciados no manuseio de armas e técnicas de sobrevivência na selva. A área não oferecia condições para treinos mais avançados, como práticas de tiro e táticas de combate. A *Cabana do Jacu* seria, por assim dizer, uma das portas de ingresso em nosso destacamento guerrilheiro ou em outros que se viessem formar.

Mas enquanto esperávamos efetivar-se a realização do contato, do outro lado da barricada os ventos sopravam contra nós. As prisões na Guanabara em função do frustrado assalto ao banco sucediam-se. Flávio Tavares, que participara da ação, fora capturado distante do local, num apartamento situado em prédio vizinho ao que efetivamente residia e que, sob sua coordenação, servia como alternativa às atividades do núcleo que integrava Jarbas, Ciro e não sei quantos mais. Tudo era muito estanque entre esses núcleos por necessidade de segurança. Pouco antes de sua chegada, lá seria preso Jarbas e apreendido farto arsenal, incluindo metralhadoras. Parte dessas armas seria destinada a nós, nas montanhas. Jarbas caíra no exato momento em que tentava "limpar" o apartamento, às pressas, ao inteirar-se do fracasso da operação e conseqüentes prisões. O mais surpreendente dessas quedas e apreensões foi a forma em que se deram.

O assalto à agência do Banco Nacional de São Paulo (São Paulo! — eis aí a razão do engano de Cecília), em Bonsucesso, com suas trágicas conseqüências para toda a organização, gerou uma verdadeira correria nas áreas da repressão e da imprensa. Estava preso o "japonês" que tanto houvera tirado o sono do sistema repressivo. José Duarte era filho de brasileiros natos do Rio Grande do Norte, sem qualquer descendência nipônica. Mas seria assim que ficaria conhecido nos meios repressivos e da mídia. A notícia de sua prisão após intenso tiroteio com as guarnições de umas tantas viaturas policiais repercutiu rápida e intensamente. "Desta vez vocês venceram!...", gritou ele após esgotar sua munição e jogar a metralhadora que portava contra os perseguidores como última reação possível. Dada a importância dos presos, do José Duarte em particular pelo interesse da repressão nele, a televisão, rádio, jornais e revistas mobilizaram-se massivamente para cobrir o episódio e mostrá-los à sua platéia. Depois de tanto sucesso de público, a personagem principal de inúmeros noticiários bem que poderia render-lhes mais alguns pontos no IBOPE.

Lá estava o Duarte de mãos algemadas, bastante machucado, sem camisa e com a calça caindo (tiraram-lhe o cinto) com sua imagem no ar em noticiários extraordinários. Esplêndida "zebra"! Pois entre os telespectadores de certa emissora de televisão estava uma senhora casada com um oficial da

Marinha, ao que se comentou do Cenimar, logo do Cenimar (Serviço de Informações da Marinha)! Ela residia um andar abaixo do apartamento habitado por Flávio Tavares e família e era amiga da mulher do Flávio. O apartamento deste era, portanto, freqüentado por ela e Duarte. Algumas vezes haviam até se topado no corredor ou subindo e descendo o elevador do prédio. Não podia haver engano. Era o próprio, pensava ela. Estava assim feita a ligação entre o assalto, José Duarte e Flávio Tavares. Horrorizada, não teve dúvidas: pegou o telefone e ligou para o marido.

Com a invasão do apartamento ocupado por Flávio Tavares e seu pessoal, a repressão conseguiu levantar o endereço de outro de nossos companheiros da estrutura urbana, José Ferreira, na Zona Norte do Rio. Partiu feroz para lá. Era o Grupo Malet (que incluía Leonardo, Francisco, Sílvio, Vadinho, "Tio Adão" e "Seu Zé") entrando na mira da demolição. E tão afoita foi que entrou em porta errada, por desacreditar na informação de Flávio, obtida sob pancada. A fúria era indescritível.

Tal engano seria irrelevante se, por desastrosa coincidência, no interior da casa tomada de assalto não estivessem reunidos alguns trabalhadores da Companhia de Transportes Coletivos (CTC), portanto colegas de empresa de Ferreira. Eles integravam uma célula do Partido Comunista do Brasil (PC do B),[1] do qual tínhamos divergências quanto aos métodos de enfrentar a ditadura militar e, mais que isto, quanto à estratégia para chegar ao socialismo. Todos presos, pois com eles encontraram documentos partidários, em torno dos quais discutiam. Mas ali mesmo os repressores se certificariam quanto ao endereço que buscavam nessa arrancada: portão ao lado!

A devassa na casa de Ferreira, responsável pelo setor logístico da organização, foi considerável. Prenderam sua mulher, o filho — um garoto de apenas uns nove anos de idade —, a irmã e "Tio Adão", este último esperado por nós na serra. Com a metralhadora apontada ameaçadoramente para a cabeça do menino, queriam que a mãe, Marlene, e a tia, Iracema, esbofeteadas e humilhadas sob mil formas, denunciassem o paradeiro de Ferreira que, só por muito pouco, não cairia também naquela investida. Marlene, Iracema e "Tio Adão" foram conduzidos para o Pelotão de Investigações Criminais (PIC),

---

1. O Partido Comunista do Brasil (PC do B) nasceu em 1962 como conseqüência da polêmica entre as tendências pró-chinesa e soviética, então em processo pelo mundo e que terminaria por cindir o Partido Comunista Brasileiro (PCB). Ambos reivindicam a data de 1922 como sendo a de sua fundação.

um destacado centro de torturas do Exército instalado no quartel da rua Barão de Mesquita, na Tijuca. O menino, Mazinho, foi entregue aos cuidados de uma vizinha. Flávio foi levado de volta ao PIC para mais torturas. De "Tio Adão" exigiam informações do que fazia ali, sua ligação com a organização, por onde andariam os companheiros libertados da Penitenciária Lemos de Brito, outros endereços de possíveis militantes, contatos e simpatizantes. Não obtiveram sucesso nesse interrogatório, mas tinham em mãos um verdadeiro achado: nossa central de abastecimento, o setor logístico de tantas esperanças para nós que nos encontrávamos nas montanhas. Igualmente drástico, impediam — ou ao menos dificultavam — a realização do encontro tão ansiosamente esperado.

Os desfalques em nossas fileiras não ficariam aí. As baixas humanas prosseguiam com a voracidade de fogo em palha seca. No mesmo bairro em que o Ferreira morava também seria preso Francisco. Os demais membros daquela célula, incluindo o Ferreira e "Seu Zé", ficariam anulados devido à sua condição de perseguidos, uma vez identificados e estabelecido o seu envolvimento conosco. Estava assim virtualmente desarticulado o nosso principal ponto de apoio, enquanto lá em cima cresciam nossas necessidades materiais e agravava-se a já acentuada incomunicabilidade com a cidade. O xeque-mate estava armado. Para findar a partida bastava apenas um lance. E, pior para nós, a vez de jogar pertencia ao inimigo.

Amigos e familiares próximos e distantes sofreriam com tudo aquilo. Foram à minha antiga casa e prenderam Leda, que já havia passado por maus bocados com a fuga da Lemos de Brito. Dessa vez a porta foi rebentada com portal e tudo, sofás e cadeiras tiveram os assentos cortados e ela conduzida à Polícia do Exército (PE) da Barão de Mesquita, onde, sem vínculo algum com minhas atividades, foi submetida a interrogatórios regados a choques elétricos, insultos e outras humilhações. Nisto aqueles guardiões da democracia ocidental cristã eram ciosos e imbatíveis.

Por estes dados já é fácil fazer uma idéia de nossas dificuldades, de nossos apertos. Porém, o pior mesmo ainda estava por acontecer. Decididamente aquela sexta-feira não era o nosso dia de sorte. Seu ar sombrio, uma verdadeira carranca, talvez quisesse nos dizer isso. Mas, não sabendo ler a cara dos dias, continuamos, irredutíveis, no nosso propósito de esperar a hora do encontro que, a despeito de toda essa perseverança, jamais se realizaria.

6
Perseguição e violência brutal

Aproximava-se a hora do retorno de Vadinho à *Cabana do Jacu* marcado para as cinco da tarde. Escurecia com certa rapidez. Marco Antônio pôs-se de pé na porta de saída da cabana, observando por baixo das bananeiras. Conversávamos sobre as quedas na cidade enquanto eu preparava a janta. Haveria de ser alguma coisa prática, para ser comida no breu da noite sob um chuvisco que não passava, e um tanto abundante porque os companheiros que viriam da cidade deveriam chegar com muita fome. Por isso me decidi por uma farofa com carne seca, cebola e ovos. Mesmo que quisesse fazer algo diferente não teria muitas opções. Vadinho cumpriu rigorosamente o horário combinado. Ao vê-lo, Antônio Duarte deixou a ronda que fazia e veio ao nosso encontro. Igual a Marco Antônio e eu, também ele estava ansioso por novas informações. O recém-chegado parecia menos preocupado do que quando viera pela manhã. Disse-nos ter seguido as instruções do coletivo, que sua mulher e filhos estavam bem-acomodados em Mangaratiba e que nada de anormal acontecera durante todo o dia por lá e Conceição do Jacareí. Isso nos fez mais leves, com a certeza de que nosso encontro iria efetuar-se sem maiores problemas que os normais àquele tipo de contato: distância, deslocamento, local, horário e indispensáveis cuidados. Efetivamente, estávamos cansados. Muito mais pela tensão do que pelo esforço de manter a área sob controle. Todo e qualquer passante, por mais distante que fosse, trazia-nos apreensão. As trilhas que passavam por perto da cabana não eram habitualmente transitadas, mas vez por outra alguém ia por ali até as terras do coronel. Outras pessoas dirigiam-se à casa de um pequeno proprietário de nome Castilho. Ele cultivava bananas e tinha alguns poucos trabalhadores rurais a prestar-lhe serviços temporários. Falava-se ser um homem simpático aos militares e seu regime. Mas não chegamos a ter contato com ele. O certo é que nunca nos criara problemas. Nossa bem cuidada discrição impediu que durante todo o tempo que vivemos na área acontecessem encontros indesejáveis. Somente uma vez nos deparamos com um pequeno grupo de pessoas demarcando terras para o coronel, que pretendia abrir uma pequena estrada para o tráfego de produtos e animais. Nossa desculpa foi a de que estudávamos botânica e colhíamos algumas espécies para realizar pesquisas. Só não saberíamos explicar era o porquê do ouriço abatido a tiro que conduzíamos. Mas isto não pareceu chamar a atenção e após troca de saudações seguimos nosso caminho enquanto o grupo deu seqüência a seu trabalho.

Após concluir seu relato, Vadinho voltou-se para Antônio Duarte e convidou-lhe para que fossem juntos verificar uma espera de paca. Ele já vinha cevando o animal há algum tempo e acreditava ter chegado o momento para abatê-lo. Paca é um bicho por demais arisco. A simples desconfiança da presença humana o assusta e é suficiente para que jamais retorne ao local da ceva. Vadinho pegou sua espingarda, inspecionou-a, conferiu a munição e partiram os dois. Conversavam. Ouvimos suas vozes até que sumiram por uma trilha que cortava o bananal, permitindo chegar à mata.

Seguimos, eu e Marco Antônio, conjeturando sobre como seriam as próximas horas. A idéia era a de que, realizado o contato, levantaríamos acampamento em seguida, qualquer que fosse a hora. Dependendo do que recebêssemos, alguma coisa deveria ficar em depósitos escavados nas encostas, porque estando agora em apenas três, certamente não teríamos condições de transportar tudo o que chegasse. Vadinho teria que retornar ao povoado, mantendo sua legalidade. Posteriormente, alguns dos nossos voltariam para deslocar para a frente os estoques recebidos. Naquele encontro não esperávamos só alimentos. Aguardávamos também armas, munições e também medicamentos de emergência para o caso de acidentes e mesmo ferimentos causados por pequenos choques não programados mas sempre possíveis de acontecer. Ainda não se tinha em mente dar início à propaganda armada, mas os últimos acontecimentos talvez nos impusessem situações de confronto. O certo é que os fatos estavam se precipitando, sem que pudéssemos avaliá-los por falta de maiores informações.

Divagávamos sobre todas as eventualidades quando Marco, sempre atento à área à nossa volta, deu um salto de costas para o interior da cabana e gritou:

— Ih, Viegas, os fuzileiros!...

E não perdeu tempo. Correu para a parede da frente onde se encontravam duas armas M-1 penduradas. Quase não entendi o que disse, tomado pela surpresa, mas seu gesto não deixava dúvidas. Abandonei panela, carne e faca e o segui. De armas empunhadas e engatilhadas, saímos da cabana. A ordem de "fogo nos comunistas!" nos deu a direção para onde atirar. Na saída da cabana havia uma pequena clareira, o que nos deixava expostos ao fogo inimigo. Mas nossa resposta imediata fez com que também os soldados buscassem melhor proteção. Seguiu-se o tiroteio. O volume de fogo era tamanho que não conseguíamos ouvir nossos próprios tiros. Eles estavam armados com fuzis FAL e M-16. Pudemos vê-los movimentando-se por entre as bananeiras. Tudo muito rápido e nossa resistência era para forçar seu recuo. Estavam muito próximos e nossa posição era vulnerável, com pouca vegetação em torno para nos proteger. Tentavam a todo custo estabelecer um cerco sobre a cabana. Mas o terreno e a prudência dificultavam sua tarefa. Era perfeitamente justificável que, ignorando quantos éramos e que armas possuíamos, temessem cruzar pontos descobertos. Procuramos tirar proveito disso. Tudo sem palavras.

Dias antes havíamos feito uma limpeza no bananal, deixando os pés das fruteiras livres de arbustos, o que permitia melhor visibilidade para nós. Isto do lado da encosta por onde desciam. Para trás da cabana havíamos aberto um grande espaço na mata com o propósito de plantar mais bananeiras para deixar a cabana totalmente envolta e protegida por elas quando crescessem. Naquela direção até o limite da floresta, apesar do céu aberto pelo desmate, não havia fácil acesso devido à irregularidade do terreno. A topografia nos favorecia, a partir da posição que ocupávamos.

Em dado momento ouvi um barulho seco de queda. Era o Marco Antônio. Estando ele mais próximo de uma das trilhas de retirada, tratei de dar-lhe cobertura para que pudesse atingi-la. Para cobrir a sua retaguarda, mantinha-me de costas para ele, voltado para a direção de onde vinham os tiros dos fuzileiros. Ao senti-lo caído fui tomado por um certo pânico. Não podia vê-lo, como também não podia deixá-lo entregue às feras. Por algumas vezes tentei aproximar-me do local do presumível tombo na tentativa de ajudá-lo caso estivesse ferido, mas não consegui alcançá-lo. Chovia balas. Na verdade ele havia se jogado e por ali conseguira escapar. Pensei resgatar a mochila que havia ficado para trás, no interior da cabana. Também não consegui. Foi quando senti tudo escurecer. A sensação foi de desmaio. Logo me recuperei, mas caía ao tentar deslocar-me. Corria e caía, sem entender o motivo. Tinha que abandonar o pequeno degrau do terreno onde me entricheirava. Joguei-me de costas e caí num barranco, saindo do visual dos fuzileiros. Meu objetivo agora era romper o contato em definitivo para dar início à retirada e tentar chegar ao ponto de reencontro com os companheiros que haviam partido pela manhã. Saí pela parte desmatada, buscando proteção nas irregularidades do terreno. Os fuzileiros ocuparam por fim a cabana, iniciando sua perseguição contra mim. Atiravam e eu, ora rastejando, ora correndo e caindo, ia me afastando em zigue-zague, tentando contê-los e ao mesmo tempo protegendo-me. Esta manobra repetiu-se até que o contato por fim rompeu-se. O tempo entre o início do ataque e a ruptura do contato deve ter durado cerca de dez minutos, no máximo, embora parecesse horas.

Antônio Duarte e Vadinho, ouvindo o tiroteio, partiram de onde estavam. Vadinho retornou ao povoado e Duarte conseguiu juntar-se ao grupo no ponto de encontro preestabelecido.

No limite do roçado com a floresta, saltei um barranco de uns três metros de altura, caindo num pequeno plano rodeado por grandes pedras. Ainda no ar ouvi um estampido e com ele uma grande dor na coxa e tornozelo direitos. Acreditei ter sido ferido naquele momento. Mas, ao tocar o solo, verifiquei que o sangue já estava coagulado. Os fios de sangue fresco que ainda corriam deviam-se ao esforço de meus movimentos. O disparo que ouvi pode ter sido fruto de minha imaginação ou saído de minha própria arma ao saltar. Não sei dizer. A perna não obedecia, dando-me a impressão de que a bala — ou balas — que recebera me havia decepado algum tendão. Inspecionei os locais doloridos e me certifiquei de que nada houve no tornozelo. O tiro que me atingiu, único, foi na coxa, a uns quatro dedos acima do joelho, e a falta de firmeza na perna devia-se ao impacto. Mas estava imobilizado. Esperei que a noite terminasse de descer para tentar contornar a colina e avançar em direção aos companheiros. Impossível qualquer passo. Tentava andar e caía. Decidi aguardar a madrugada. Também aí a tentativa fracassou. Percebi que não poderia cumprir o horário prefixado para chegar ao grupo avançado sob o comando de Capitani. Restava-me cuidar da sobrevivência sozinho, nas piores condições.

Com a mochila perdida, sem um objeto cortante, fiquei sem o mínimo indispensável de recursos para qualquer coisa. Mesmo assim ensaiei retirar a bala com o prendedor de caneca esterilizado com isqueiro. O projétil se encontrava encravado próxima à virilha, entre a pele e o músculo. Não obtive êxito. Mas, ao tocá-lo, deslizou pelo canal de penetração, liberando-me um pouco os passos, embora a perna permanecesse como que solta, sem obedecer aos meus impulsos. Por pouco a bala não atingiu em cheio a artéria femural, o que seria o meu fim. Tocou-a de raspão, o que viria custar-me uma trombose 23 anos depois, para surpresa dos médicos que me assistiram. Segundo eles, não costuma ir além de seis meses para que surja esse tipo de efeito em situações assim.

Foi noite longa, sem o menor cochilo. O dia raiou como se nunca houvesse chovido naqueles dias na região. Sol brilhante, céu azul, tudo facilitando varreduras por helicópteros. E foi o que aconteceu. Desde muito cedo, dois aparelhos circulavam a área, por vezes parando no ar e descendo sobre algum ponto suspeito para os observadores que portavam. A mim cabia apenas observar. Com muita dificuldade consegui deslocar-me até um espinheiro de ramas bastante fechadas. Debaixo era limpo e havia espaço amplo. De repente ouvi folhas secas soarem e pensei tratar-se de cobra. A área era abundante em jararacas. Nada disso: uma bela paca (quem sabe, a cevada por Vadinho!) ali na minha frente, eu com muita fome e sem oferecer-lhe o menor perigo, completamente inofensivo. Como a saber disso, o animal tão arisco espreguiçou-se como um gato doméstico num confortável sofá e foi-se embora completamente indiferente à minha presença.

Um dos helicópteros parou sobre minha posição. Desceu tanto que por algum momento acreditei ter me localizado. Falava-se muito da tecnologia, que havia aparelhos capazes de captar a temperatura humana em meio à selva. Com o deslocamento de ar de suas hélices, a densa rama do espinheiro abriu-se e pude ver sua fuselagem limpa, completamente nua, ao alcance de minha mira. Era possível alvejá-lo até com estilingue e inclusive derrubá-lo com razoável facilidade, se dispusesse de arma adequada para isso. Mas, naquelas circunstâncias, nunca poderia fazê-lo. Pois se tentasse e ele caísse, certamente seria na minha cabeça! Eu não tinha a menor condição física para algum movimento mais apressado. Além de não poder contar com a perna direita, sentia-me bastante enfraquecido pela perda de sangue. Mas insisti em movimentar-me no meu refúgio, usando o M-1 como muleta. Isto foi bom porque no final da manhã já podia caminhar pequenos trechos, embora sempre com a arma como apoio. A precipitação do terreno não me permitia grandes andanças. Por isso mesmo já nem aventava mais a hipótese de recontatar os companheiros. Esta esperança havia sido descartada na noite anterior. Senti saudades do grupo e devo dizer que foi a dor de saudades mais dolorida que já senti na vida. A convivência, essa coisa de necessidade gregária da espécie humana, sobretudo em situações de isolamento, afinidades, enfim, matéria para psicólogos. Só muito mais tarde vim a saber que eles haviam estendido ao máximo o período de espera, arriscando-se, mas acreditando que eu chegaria. Engano. Não me foi possível.

A sede, agravada pela perda de sangue, perturbava-me. A região era rica em água, mas sabia que os rios e fontes d'água no geral são perigosas. São pontos adequados para a montagem de emboscadas por qualquer dos lados em choque. Achei um tipo de coquinho que me fornecia líquido, amenizando a sede. Tomar água à vontade, mesmo, só à noite e com a indispensável cautela, teria que cercar-me de cuidados.

Também a fome me atacava. Mas para esta encontrei uma solução relativamente fácil. Deparei-me com várias bananeiras com frutas amadurecidas ou amadurecendo. Achei também morangos silvestres e, o mais surpreendente, a meu juízo, um pé de tangerinas carregado de frutos completamente amarelos. Tão afoito e famélico fui a eles que somente me dei conta tratar-se de limões vermelhos após estar pela metade do quarto!

Mas a questão central era como escapar daquela situação. Depois de muito raciocinar e já um tanto melhor do ferimento, procurei colocar-me no lugar dos perseguidores: o que fariam os fugitivos? Evitariam o cerco tático o quanto antes e rumariam para o mais longe possível da área de confronto. Seria o lógico, mas ir longe me era quase impossível devido ao meu estado físico precário. Sendo essa a regra, por que não contrariá-la, permanecendo ali mesmo, transformando aquele ponto em "minha zona de segurança"? Foi o que fiz. Funcionou. Por algumas vezes, escondido à margem de trilhas, vi passarem pequenas unidades. Podia ter, assim, meus perseguidores sobre controle. Os soldados andavam displicentemente, suponho que com a certeza de que por ali não havia mais ninguém depois de tantas varreduras. Também os helicópteros rarearam. E quando sobrevoavam eu não me preocupava mais: seguia com minha lenta andança sem o temor de ser localizado. Vagava, porque não tinha até aí lugar algum preciso para alcançar. Somente evitava o céu aberto. Movimentava-me por baixo das árvores. Algo me intrigava: o porquê de a folhagem das árvores, algumas destas completamente peladas, até ontem de um verde viçoso, de repente começar a amarelar e cair. Não posso garantir, mas ficou a suspeita de lançamento de produtos químicos na área, o que não seria novidade se realmente tivesse acontecido. Essa agressão à natureza, se aconteceu, não seria necessária pelo que representávamos como perigo. Mas guerra é isso: despudor completo. De nossa parte, posso dizer, respeitamos até os palmiteiros, abundantes por ali, apesar da tentação de transformá-los em refeições.

Na noite de véspera do dia que estabeleci para retirar-me definitivamente da região, lavei a calça para tirar as marcas do sangue misturado com barro, valendo-me de uma pedra que fazia às vezes de sabão. Se pusesse a calça de pé ela assim ficaria, tão endurecida estava por aquela mistura. Não podia conferir o resultado devido à escuridão. Aproveitei para lavar-me também. Eram meus preparativos para não chegar a qualquer que fosse o lugar com mal aspecto. Somente não tinha com que fazer a barba.

Estava certo de que as tropas do governo haviam interiorizado mais suas bases de apoio. Crendo nisto decidi sair em Monsuaba, de onde providenciaria para chegar à Guanabara, onde possivelmente refaria meus contatos e até retornaria para somar-me à coluna. Era o sonho. Deixei para chegar bem tarde ao povoado, inclusive para dar tempo para que a roupa secasse. Ainda mancava. Mas, andando devagar, esse mancar poderia ser disfarçado. Notei que a voz se encontrava baixa por falta de falar com alguém. Passei a tarde exercitando-a, falando comigo mesmo e com o parceiro, o M-1, em tom natural.

Tal como havia planejado, segui em frente logo que a noite caiu mais densamente. Era por volta das sete horas da noite quando pus os pés na estrada. Na trilha, melhor dizendo. Tudo muito escuro, caí algumas vezes sem maiores conseqüências. Enquanto caminhava, procurava depender sempre menos da "muleta". Os passos teriam que aparentar firmeza e nem eu poderia conduzir o M-1 como passaporte. Não seria uma entrada triunfal em Monsuaba, mas uma tentativa de fuga. Foi assim que tratei de dispensar minhas armas. As envolvi em folhas de bananeiras caídas, mesmo sabendo da inutilidade do gesto, e as enterrei em cova rasa, aproveitando um oco na base de uma imensa pedra. O pouco que cavei foi com um pedaço de galho caído que consegui quebrar para facilitar o trabalho. O chão estava bastante molhado, permitindo-me a conclusão da "obra" sem maiores sacrifícios.

Do alto de uma grande colina pude ver as luzes de Monsuaba. Eram luzes mortiças. Aparentemente tudo era calma. Não dava para notar se havia movimento nas ruas. A distância era grande. À medida que ia me aproximando é que notava sinais de vida. Cães ladravam. Pareciam ser eles os únicos habitantes locais. Sentia muito cansaço. Arquejava pelo esforço que fizera para galgar o pico do monte. Parei um pouco e sentei numa pedra. Detive-me ali por uma meia hora. No fundo, hesitava em prosseguir. Hesitava, mas a opção já estava feita e a sorte lançada. Monsuaba estava ali embaixo, a uns dois quilômetros, no máximo. Já não era mais possível permanecer naquele isolamento, por mais seguro que fosse.

Entrei na cidadezinha pelas 11 horas da noite. Tudo, à exceção de um bar, encontrava-se fechado. Olhei ao longo de uma rua que ia dar na praia e foi aí que percebi que o Vadinho tinha motivos para apresentar Mangaratiba e Conceição do Jacareí como lugares tranqüilos em seu relatório: as tropas estavam concentradas em Monsuaba e a praia era coberta por barracas de campanha. Algumas pessoas em trajes civis conversavam à porta desse bar. Estava claro que me haviam visto: observavam-me como a um espécime raro. E àquela altura deveria ser. Não me fiz de rogado e entrei. Após um "boa noite" para o homem do balcão, pedi um sanduíche de queijo e um refrigerante. Todos continuavam me olhando e alguns se aproximaram, mal disfarçando a que vinham, tão evidente era a postura policial. Ouvi o som de aparelhos de fonia, com vozes de comando. Faziam referências a Capitani, sem códigos, em linguagem clara. Não havia dúvidas de que ali estava instalado o comando das operações.

O homem que me atendeu quis saber como havia chegado lá. Expliquei-lhe que era jornalista, que estava acompanhando as manobras e que, já estando com material suficiente para minha matéria, pedi orientação ao capitão que comandava a companhia para que chegasse a um lugar de onde pudesse deslocar-me para a Guanabara. Ele sugerira Monsuaba.

— Você está frito! — disse-me ele. E continuou — Há um bloqueio na entrada da cidade e está proibida a presença de estranhos na área, inclusive da imprensa. Você tem documentos?

— Tenho — respondi. Tirei do bolso uma carteira de sócio da ABI (vencida) e mostrei-lhe.

— Tuas chances de evitar dores de cabeça são mínimas, mas tens uma. Pela manhã muito cedo tenho que passar pelo bloqueio para buscar pão pra toda essa gente. Vou de caminhonete. Se quiseres podes me acompanhar. Não costumam me revistar.

Tudo isto poderia ser ato de uma comédia. Mas arrisquei.

— Ótimo! Mas não há uma pensão por aqui? Preciso tomar um banho e comer alguma coisa.

— Não, não há. Podes ir para minha casa. Minha mulher foi para a maternidade e eu estou só. Indo será melhor, porque posso te acordar. Tenho alguma coisa feita para enganar o estômago. Só um pedido: quando sair tua reportagem cita o nosso bar como o local que hospedou o comando da tropa.

Não só aceitei o convite como agradeci pela hospitalidade. Agradeci também por esta última informação, pois com ela estaria concluindo minha "reportagem".

Ele pediu licença aos presentes, entregou a chave do bar para um outro homem que parecia ser seu ajudante ou sócio, tomamos um carro e a umas cinco quadras mais adiante estávamos em sua casa. A primeira coisa que fiz foi tomar um banho de ducha, o que há muito tempo não fazia. Preparava-me para fazer a barba por sua própria sugestão.

— "É preciso não chamar a atenção", aconselhou-me.

Ouço o som de uma pancada violenta na porta da cozinha, onde estávamos. Ela voou longe e quando me dei conta já estava sem cinto, sem calçados, com os braços dobrados nas costas e seguro por alguns soldados. Estava preso. Diante de mim estava um oficial.

— O jogo acabou para você, Viegas! — disse-me em voz pausada.

Não houve pancadaria nem insultos. Posso dizer que naquele momento fui tratado com algum respeito, apenas como um combatente inimigo derrotado. O trabalho sujo ficaria para o Cenimar e similares, mais tarde.

Fui levado de volta ao bar. Puseram-me num alpendre, algemado a uma maca. Notava-se uma certa agitação na tropa. Muitos soldados desfilaram para ver-me. Entre toda aquela gente curiosa, descobri duas caras conhecidas: eram dois sargentos que haviam feito seu curso de especialização na mesma turma que a minha em Natal, Rio Grande do Norte, em 1959. Olhavam-me com espanto, como a quererem dizer-me alguma coisa; desculpar-se, talvez, por estarmos em campos opostos depois de tanto tempo sem nos vermos. Muitas vezes, durante o curso, sentamos à mesma mesa para uma cerveja nos dias de folga. Mas agora estavam, como de resto toda a tropa, proibidos de falar comigo. Esta é uma prática adotada pelos militares em situações de combate: os soldados não podem trocar palavras com o inimigo preso.

Logo chegaram os interrogadores. Eram agentes do Cenimar. Queriam saber por onde andavam os demais companheiros. Fingiam não acreditar que eu falava a verdade: simplesmente não sabia e toda a lógica da guerrilha indicava para isso. E dessa lógica eles sabiam tanto quanto eu.

O delegado de polícia de Monsuaba chegou para me ver. Eu era exibido como um troféu conquanto me sentisse apenas o butim.

O interrogatório prosseguiu durante toda a manhã. No início da tarde levaram-me a uma barraca onde funcionava o hospital de campanha. Extraíram-me a bala da coxa e, pouco tempo depois, conduziram-me a um helicóptero. Os oficiais queriam que lhes indicasse as rotas da guerrilha. Neste sentido, não havia motivos para grandes preocupações: os companheiros já tinham larga margem de tempo de vantagem sobre seus perseguidores. Essa vantagem seria ampliada, porque o ponto de partida para os militares foi a *Cabana do Jacu*. O resto do dia seria consumido por ali mesmo, à procura de depósitos. Só foram encontradas latas vazias. Acampamos na área quando anoiteceu. Os soldados mostravam-se nervosos, disparando muitas vezes contra vagalumes. Era evidente o temor de ataques relâmpagos.

Ao amanhecer, demos início à caminhada para um ponto que não ia além de uns cinco quilômetros de distância da cabana. Minhas dificuldades para andar se agravaram. Foi então que surgiu a idéia entre os oficiais para que fosse conseguido um burro. O burro apareceu, puseram-me nele, mas não tinha como se deslocar naquele terreno repleto de precipícios. Seus movimentos apenas tornaram minhas dores no local da extração da bala mais penosas. Saltei de suas costas, a despeito de qualquer que fosse a represália. Os fuzileiros se aproveitaram disso para exercitar lições de seus manuais. Um verdadeiro fracasso. Entre outras coisas, tentaram transportar o animal por cabos passados de árvore a árvore, de um lado a outro de um despenhadeiro de alguns bons metros de profundidade. Manobra difícil, para não dizer impossível. O burro, coitado, esperneava a valer e assim mais algumas horas foram perdidas para os militares nessa sua frustrada operação.

Num dos acampamentos baixou um helicóptero. Nele vinha um contra-almirante e, com ele, toda uma comitiva de oficiais. Entre todos, um velho conhecido: vestindo roupa de campanha com a inscrição Comte. Branco ao peito — o Comandante Branco era um veterano oficial do Corpo de Fuzileiros Navais. Sob essa capa lá estava o Boneschi, aquele mesmo agente que conheci atuando no Cenimar fazendo dupla com Solimar (nomes que não sei se verdadeiros ou fictícios). Marcharam em minha direção. Queriam me ver. Depois de ser informado sobre meu comportamento, o contra-almirante sentenciou:

— Eles também têm suas místicas. Parece que já vi essa cara antes! — disse o contra-almirante.

Não entendi o sentido de suas palavras. Mas não precisava. Sabia também que o conhecia. Lembrei-me: era um dos membros da comitiva do ministro da Marinha no Hotel Querência, em Florianópolis, no meu curto período de *Diário Catarinense* tempos atrás e já comentado. Forçando a memória um pouco mais, tudo aclarou-se: numa troca de apresentações durante o coquetel após a coletiva, convidou-me a fazer uma visita à unidade de fronteira que comandava em Uruguaiana. Quando isto aconteceu, ele nem imaginava que eu havia sido marinheiro, uma vítima a mais do que ele representava. Seu convite era para o jornalista que acabava de entrevistar seu chefe máximo na corporação e não ao condenado pela Justiça Militar, que aos poucos ia sendo empurrado para a clandestinidade e para aquela forma de resistência à ditadura, e que agora, em condições adversas, proporcionava a ambos o reencontro. Mantive-me em silêncio enquanto o grupo inspecionava seus comandados.

De volta à base de Monsuaba, começaram as providências para meu deslocamento para a Guanabara. Foram agentes do Cenimar a encarregarem-se disso e, entre eles, Boneschi. No caminho os repressores discutiam se deveriam levar-me para o 1º Distrito Naval ou para o serviço reservado da Polícia do Exército (PE), da rua Barão de Mesquita. Prevaleceu a primeira opção. Eles conversavam pouco entre si e esse pouco era feito de modo a que eu não os entendesse. E tinham um cuidado. A cada momento voltavam-se para mim, algemado no banco de trás, e aconselhavam: "Não faça besteira!".

Não dava para "fazer besteiras", como tentar uma fuga. Além de algemado com as mãos às costas, minha mobilidade era mínima e eles, obviamente, estavam armados. Portavam, inclusive, armas de longo alcance, como os fuzis FAL e M-16.

Na Guanabara, onde chegamos pelas sete horas da noite, conduziram-me para o Hospital Central da Marinha (HCM), na Ilha das Cobras. O médico de plantão examinou-me sem fazer perguntas ou dizer qualquer coisa. Aplicou-me uma injeção. Em minutos estava no Presídio Naval.

No presídio, que ficava sob o hospital, levaram-me para uma sala que pareceu tratar-se da exclusiva do diretor. Lá estavam o almirante Júlio de Sá Bierrembach e um seu assessor, comandante Pellegrini. O almirante presidia o inquérito instaurado na área militar sobre a operação na Lemos de Brito. Ambos fizeram perguntas a respeito, mas sem grandes pressões. Na verdade, o assunto estava tão claro que tudo o que respondesse apenas seria repetições de respostas obtidas em outros interrogatórios. Fui liberado e conduzido a uma cela.

A cela que me fora destinada era uma masmorra. Passava-se por uma com grades, ocupada naquele momento por Sérgio Lúcio. Não havia nela nem luz nem água. Tinha-se que permanecer sentado ou deitado por falta de espaço. A comida era servida por baixo da porta e a pressão na cabeça era infernal. Era como se o mundo fosse explodir. Eram duas as celas desse tipo, a sete e a oito. Segundo soube, foram construídas para castigo de presos que cometiam faltas graves na prisão. Soube também, mais tarde, que o preso punido com solitária não poderia passar ali mais que dez dias. Fiquei 18, e mesmo os soldados e sargentos que lá prestavam serviços se diziam surpresos com a demora do meu confinamento. E muitos mostraram-se mais surpresos ainda por eu não ter os tímpanos estourados ao deixar aquele lugar. Foi como se me houvessem sepultado vivo. Sentia uma necessidade de açúcar impressionante, quase levando-me à loucura. Logo eu, que nunca fui chegado a doces. A vontade doía-me, mas nada pedi.

Somente após 18 dias tiraram-me para fazer a barba e tomar banho. Não dispunha de roupa para mudar. Foi o Sérgio a passar-me uma calça e uma camisa limpas. A roupa que vestia estava imunda e fedia. Senti-me outro após o banho, mas fui levado de volta à cela. Depois do almoço, porém, tiraram-me novamente de lá, puseram-me num carro fechado. Segundo diziam, eu deveria ir ao Cenimar para responder a umas perguntas. Mas percebi que o carro passara pelo prédio do antigo Ministério da Marinha, onde era sediado o Cenimar, sem parar, ganhando a rua. Pensei em rapto e era mais ou menos isso o que estava acontecendo. Não havia motivos para isso, já que não existia legalidade ou respeito a qualquer lei que não fosse a dos quartéis. Entretanto, apresentaram ao Presídio Naval um papel requisitando-me para uma repartição quando seria levado para outra força militar. Terminei na PE da Rua Barão de Mesquita, um já famoso centro de torturas do Exército.

É possível que pelo meu aspecto magro e pálido tenham considerado desperdício o emprego do melhor de suas forças físicas contra mim, como era o habitual por ali. Puseram-me no meio de um amplo salão com uma sentinela ao lado. Os sargentos do serviço reservado se divertiam batendo-me com cabos de vassouras e rodos na cabeça e nuca. Foi toda uma tarde assim. Pancadas e provocações. Mas ainda não era a quebradeira o que pretendiam com esse tipo "ameno" de recepção. Apenas criavam o "clima" para posteriores interrogatórios.

Em dado momento trouxeram à minha presença uma pessoa para me reconhecer. Era o Cietto. Ele sim, irreconhecível. Uma das faces estava deformada de pancada. Posto à minha frente, com um dos olhos fechado pelo inchaço, esboçou com a cabeça um aceno afirmativo. Parecia inconsciente e respondeu apenas para cumprir uma formalidade. Eu estava mais do que identificado desde o momento da prisão. Logo, só por capricho burocrático ou sadismo poderiam pressionar alguém, principalmente naquele estado, para dizer que eu era eu.

Alguns instantes depois levaram-nos para o corredor das celas destinadas a incomunicáveis. Cietto e eu ficamos em celas separadas. Cerca de uma hora após nos trancarem, a sentinela chamou-me e, em voz baixa, disse-me que Cietto estava pedindo um palito de fósforo. Estranhei o pedido e por isso sugeri que o soldado se informasse se o companheiro não estava querendo cigarro também. Não me haviam proibido de portar cigarros e fósforos ao ingressar naquele cárcere. Voltou com a resposta: ele só quer um palito de fósforo. Atendi. E fiquei mergulhado em meus pensamentos, preparando-me para um provável festival de choques elétricos, paus-de-arara e outras modalidades de tortura.

Uma hora mais tarde iniciara-se um verdadeiro atropelo no corredor. Em seu corre-corre, os repressores peitavam-se e soltavam palavrões, *flashes* de máquinas fotográficas começaram a espocar e os sons de um ataúde de ferro do Instituto Médico Legal (IML) jogado ao solo ecoavam. Vozes bradavam: "o filho da puta suicidou-se". Referiam-se a Cietto. Roberto Cietto estava morto. Mandaram que eu ficasse de cara para a parede ao fundo da cela. Não queriam que visse o que se passava no corredor e toda aquela gritaria, assim entendi, era para me fazer acreditar que a morte de Cietto deveu-se a suicídio e não a assassinato.

Aquela morte me abateu profundamente. Ao lado do que representava de amargo pela perda de um companheiro, ela significava, ao mesmo tempo, um cartão de visitas. Restava o lamento. Nada poderia ser feito que pudesse trazer de volta a vida de Cietto. E quanto a mim restava a incógnita sobre o que me seria reservado para as próximas horas. Os sintomas não tardaram. Pouco tempo após tocar o silêncio e as luzes das celas serem apagadas — o controle era feito pela sentinela a partir do corredor — e eu mal fechara os olhos, um estrondo foi ouvido como se houvessem jogado uma bomba dentro do cubículo que ocupava. Espantado e já sentado no colchão estendido ao solo, vejo a figura sinistra do major José Mayer Fontenelle, feroz defensor do regime. Ele havia dado um coice na parte inferior das grades da cela, que era fechada por uma placa de ferro. Nariz adunco, óculos de armação grossa e preta, por trás um par de olhos arregalados, eram suas marcas de identificação imediata. Olhava-me com o rosto colado às grades. Ordenou ao soldado de plantão que acendesse a luz e que a deixasse assim até a madrugada, quando, segundo suas palavras, eu deveria ser retirado dali e conduzido nu ao pátio. Isto era o desencadear de sua guerra de nervos, de sua guerra psicológica. E funcionou, porque naquela noite não dormi um só segundo, esperando pelo pior — que afinal e felizmente não aconteceu.

No dia seguinte, pelas nove da manhã, fui tirado da cela e conduzido para um pátio amplo, onde os soldados exercitavam ordem unida e praticavam alguns esportes. Era o banho de sol. Lá estavam o José André Borges, Jarbas, José Duarte e outros integrantes do MAR que não conhecia. Todos bastante machucados. André tinha os dentes escorados por cimento. De tanto levar socos na boca os dentes haviam virado para dentro. Jarbas estava com faixas no tórax. Tivera algumas costelas quebradas. José Duarte, entre outras barbaridades que sofreu, foi lançado ao ar de um helicóptero, com uma das pernas amarradas, para dizer onde poderia estar, na região de Angra dos Reis, o acampamento da coluna guerrilheira. O banho de sol durou uma hora.

Aqueles companheiros encontravam-se recolhidos em alojamentos na parte de cima do prédio. Já não estavam mais incomunicáveis entre si.

Quando retornei do banho de sol notei que tinha novo vizinho. Na cela (de nº 5) ocupada por tão pouco tempo por Cietto, à minha esquerda (eu, na 4), estava agora Flávio Tavares, companheiro de organização. À direita estava o Jorge Miranda Jordão, também jornalista. Se não me engano, à época ligado ao *Jornal do Brasil*. Jordão não era um militante de qualquer organização da esquerda armada. As críticas que fazia ao regime eram pacíficas e pelos instrumentos legais que o ofício permitia-lhe. Sua prisão devera-se a suas antigas relações com Flávio. Colegas de profissão, eram também amigos. Logo o Flávio seria retirado daquela cela sem prévio aviso e com destino ignorado, pelo menos por mim.

Certo dia, muito cedo, fui chamado por um dos homens, sargento, da equipe do major Fontenelle. Chamava-se Thimóteo e ganhara fama entre os presos políticos por sua violência. Exigiu que me aproximasse da grade da cela. Tinha um exemplar do *Diário de Notícias* nas mãos. Apontou para a manchete e mandou que eu a lesse em voz alta. A manchete dizia: "Governo Brasileiro Decreta Pena de Morte". Mas não permitiu que eu lesse o texto da matéria. A manchete traduzia a resposta do governo militar ao seqüestro do embaixador americano Charles Burke Elbrick, realizado pelas Organizações Ação Libertadora Nacional (ALN) e Movimento Revolucionário 8 de outubro (MR-8). Eu nem sabia do *seqüestro*. Mas essa era mais uma forma de pressão contra mim, que ainda não havia sido interrogado naquela unidade militar. E só assim pude saber o porquê do súbito sumiço de Flávio Tavares: ele fora um dos presos libertados e banidos do país em troca do embaixador Charles Elbrick. Para substituí-lo no cativeiro foi para a mesma cela Paulo Francis. Já estava me acostumando a ter como vizinhos sempre figuras ilustres. Por coincidência, jornalistas.

Os dias se passaram e apenas uma vez fui chamado para interrogatório. Surpreendentemente, não passei pelas torturas que os demais companheiros sofreram. Pareci desinteressante para eles. Seu interesse, ficou claro, centrava-se nos assaltos a bancos e seus executores. Para estes o tratamento era a extrema violência. E o elenco de modalidades para isto ia ao infinito, tão criativos eram os torturadores na sua especialidade.

Não estar sendo atingido fisicamente pela tortura não queria dizer estar imune ao sofrimento que ela infligia a quem estivesse a seu alcance. Tanto que marcas profundas ficaram como se feitas com ferro em brasa na alma dos que passaram pelos antros onde era praticada, sendo ou não submetidos pessoalmente a elas, e que tiveram a sorte de sobreviver. Todos sofríamos quando um companheiro ou qualquer outra pessoa era chamada para ser interrogada. Isto porque não eram só presos políticos a passarem pelo suplício inqualificável da tortura exercida nos porões da ditadura. Muitos, jovens e velhos, homens e mulheres, eram levados para lá sob a acusação de porte de maconha ou da prática de pequenos furtos. Era como se fossem cobaias utilizadas para ensaios do que iria ser aplicado nos inimigos principais — os acusados de subversão contra o regime, qualquer que fosse o grau de militância ou simples participação em algum ato não permitido. Era simplesmente aterrador para todos quando se ouvia a ordem de "desce" ou "prepare-se para descer" para alguém. Este quadro se tornava mais dilacerante ainda quando o nomeado descia as escadas e lá de baixo ouvia-se o som do rádio aumentar ao ponto de arrebentar os tímpanos de quem estivesse nas proximidades. Ou quando ouvia-se os sons de barras de ferro para a montagem de paus-de-arara.[1] Os gritos completavam o cenário. E quando tudo silenciava e carros arrancavam em alta velocidade, cantando pneus, era sinal de que alguma coisa fora "aberta". Torcia-se, então, para que a provável pista fosse falsa. Qualquer que fosse o caso, enfim, impunha-se o tormento. Muitas vezes via-se presos apanhando pelos corredores. Os torturadores batiam na altura dos pulmões com palmatórias. Parecia diversão para os algozes, pois enquanto os presos gritavam de dor eles gargalhavam. E, nesse seu paroxismo, pouco ligavam para a existência ou não de platéia. Tudo lhes parecia muito normal.

Uma prática muito comum naqueles tempos entre os policiais era girar o preso que mais queriam pelas delegacias com o fim de tirá-lo do alcance dos advogados. Com a entrada dos militares em cena, essa prática foi aperfeiçoada. Eles tiravam o preso dos Distritos e o levavam para unidades militares como as PEs (da Barão de Mesquita e da Vila Militar). Ali, culpado ou não das acusações que lhe eram feitas, o barbarizavam à vontade e os advogados não tinham acesso a ele. A presença desse preso era negada e nenhuma averiguação poderia ser feita. Se o preso morresse devido às barbáries que lhe eram impostas, seria dado como desaparecido e o assunto cairia no esquecimento. Não havia satisfações a dar a ninguém. E assim o poder ia se realizando sobre todas as vozes e consciências.

Minha permanência na PE da Barão de Mesquita não foi das mais demoradas. Numa noite, o almirante Júlio Bierrembach e seu assessor compareceram lá. Queriam fazer mais algumas perguntas a mim e a José Duarte. O clima não era de hostilidade. Foi ele a nos dizer que iríamos ser transferidos para a Ilha das Flores. Dias depois, deixaríamos a PE.

---

1. Pau-de-arara é um instrumento utilizado como um dos modos mais cruéis de tortura. Consiste — dizem que tal modalidade não foi abolida — numa barra de ferro suspensa pelas extremidades em um par de cavaletes. O torturado é posto nele por cima com as pernas dobradas, braços por baixo da barra e punhos amarrados ou algemados diante dos joelhos. Nu e de cabeça para baixo, ele é molhado e choques elétricos são-lhe aplicados principalmente nas partes mais sensíveis do corpo: lábios, gengivas, ânus, genitais, língua, ouvidos, etc. Acessórios como cassetetes eram introduzidos no ânus e garganta da vítima. Também velas, que, acesas, queimavam as partes atingidas pela cera quente derretida. A palmatória não fica de fora: é aplicada nas nádegas, planta dos pés e costelas. O alvo preferido é sempre os pulmões. Para o caso de desmaios, havia sempre um médico disponível para reanimar o supliciado e dar continuidade à sessão de tortura. (Hipócrates não imaginou que muitos de seus discípulos um dia cumprissem tal papel, para os quais o juramento que fazem em seu nome, ao receberem o diploma de formatura, não passavam de hipocrisia). Contra nós, a esse tempo, o terrorismo de Estado revelava criatividade infinita. Os torturadores ameaçavam empregar broca de dentista em dentes sãos, sem anestésico!

A Ilha das Flores situa-se ao fundo da Baía de Guanabara. Os presos com destino a ela eram conduzidos em lanchões de desembarque, daqueles que se vê em filmes de guerra conduzindo tropas para incursões em praias, de onde partem para a penetração e ocupação de territórios inimigos. A ilha era inegavelmente aprazível para quem podia desfrutá-la, o que contrastava com o papel que lhe era destinado. Utilizaram-na outrora para receber imigrantes estrangeiros que vinham tentar nova vida no Brasil. Também asilados políticos acolhidos pelo governo brasileiro em tempos idos tiveram na Ilha das Flores o seu período de adaptação ao país enquanto aguardavam trâmites burocráticos de documentação, conquista de trabalho e lugar para fixar residência. Agora sua finalidade era outra: receber prisioneiros, os que não comungavam com a política vigente, exigida pela fração hegemônica do capital e garantida pela ditadura militar. E, ao cumprir esse papel, reencontrava-se na verdade com uma das facetas de seu passado, pois não seria essa a primeira vez que iria servir de cárcere político ao longo de sua ocupação oficial. Mas essa é outra história.

7
Presídio da Ilha das Flores

O prédio que servia de sede ao presídio da Ilha das Flores ficava numa pequena elevação. Tinha a forma retangular e era margeado em ambos os lados por corredores que seguiam todo o seu comprimento. Para chegar às celas, tinha-se que subir uma escada de poucos degraus e passar por um portão de controle fechado com grades. Sentinelas armadas revezavam-se de duas em duas horas na entrada. O mesmo acontecia no outro extremo dos corredores. Ao lado do portão de chegada se encontrava a sala da guarda, com alguns beliches, onde os soldados de serviço aguardavam seus horários de plantão, tendo a seu dispor fuzis FAL e metralhadoras portáteis. As alas masculina e feminina eram separadas por uma parede que cortava o prédio ao meio, no sentido longitudinal. Dispunham-se, portanto, fundo com fundo, o que permitia comunicação através de canecos de alumínio com a boca colada à divisória. Essa comunicação era efetuada quando algum fato novo acontecia ou fazia-se necessário um aviso geral.

A cela que José Duarte e eu ocupamos era a única vazia. À exceção de uma, as demais eram conservadas fechadas durante todo o tempo, a não ser durante o banho de sol e banho, único momento em que os presos podiam ter um pouco de convivência coletiva ampliada (as celas eram coletivas, mas isoladas entre si). A que se mantinha permanentemente aberta era a ocupada pelo "Bom Burguês", como ficaria conhecido Jorge Valle[1] pela repressão e

---

1. Jorge Medeiros Valle era gerente da Agência Leblon do Banco do Brasil na Guanabara quando as organizações revolucionárias deram início às ações armadas. Profundo conhecedor dos

mídia por distribuir dinheiro entre as diversas organizações revolucionárias. Para ir ao banheiro era preciso estender as mãos por uma fenda aberta na porta e bater palmas. Um guarda acompanhava quem fazia o chamado até o retorno.

Chegamos ali num final de tarde, quase noite. Recolheram-me os óculos e durante muito tempo fiquei sem eles. De nada adiantaram minhas queixas de dor de cabeça diária aos carcereiros. A tortura física já não era praticada quando desembarcamos lá. Muitas denúncias haviam sido feitas quanto à sua aplicação ali e o comandante de mais aquele campo de concentração, de nome Clemente, um oficial do Corpo de Fuzileiros Navais, enfrentava dificuldades com sua própria família e vizinhos por causa disso. Muitas manifestações de repúdio chagaram a ocorrer em sua porta, encabeçadas por familiares, amigos de presos políticos e por pessoas em geral que lutavam pelos Direitos Humanos. Quando essas manifestações tiveram início ele revidava com represálias sobre os presos. Mas percebeu que essas represálias não arrefeciam o ânimo das denúncias em que seu nome encabeçava a lista de torturadores. Aos poucos foi cedendo, até que as torturas abertas cessaram.

Mas se já não havia mais a tortura aberta, até porque os presos que ali davam entrada já vinham "prontos" do Cenimar e de outros centros de tortura, elas persistiam sob forma velada. O confisco dos meus óculos era prova disso, como também a manutenção dos presos na dependência da boa vontade do guarda de plantão para atender seu pedido de ir ao banheiro para cumprir uma necessidade fisiológica. Não menos torturante era a proibição da entrada de jornais no presídio. E com as saídas dos corredores guarnecidas por homens armados e com todo o corpo de guarda permanentemente presente, além de tratar-se de uma ilha-sede exclusiva de um batalhão de tropa especial, nenhum risco de fuga ou coisa de igual gravidade para seu comando poderia existir se todas as celas ficassem abertas, com os presos podendo comunicar-se entre si. É certo que o banho de sol era diário, momento em

---

macetes bancários, ele conseguiu levantar muito dinheiro por meio de operações fraudulentas e também legais no seu meio, em particular na agência que tinha sob sua responsabilidade. O destino desse dinheiro era fortalecer a infra-estrutura das organizações, permitindo-lhes operar com maior eficiência. Adepto da concepção foquista da luta revolucionária, como a maioria de nós, via a solução para todos os problemas da Revolução pelo aspecto técnico-militar. Ele era integrante do Movimento Revolucionário Oito de Outubro (MR-8). Com a organização original destruída pela repressão, a sigla viria a ser assumida pelo grupo Dissidência (DI), cisão do PCB na área estudantil na Guanabara.

que podia-se movimentar os músculos. Mas esse banho de sol era de apenas uma hora, muito pouco para a quantidade de horas de recolhimento num cubículo que nem dispunha de uma única torneira. Pode até parecer algo menor dar-se importância àquele utensílio num quadro de tão elevadas perspectivas, apesar da condição de prisão. Entretanto, era nessa condição imediata, de prisão, que sua ausência tomava vulto. O calor do Rio de Janeiro dispensa comentários e com ele a necessidade de ingerir água com freqüência. Nem se fale de molhar o rosto ou outras partes do corpo numa temperatura de muitos graus centígrados, agravada pelo encerramento de várias pessoas num mesmo ambiente em caráter permanente. Para quem, felizmente, não viveu isso, tal reivindicação pode passar a idéia de luxo. Mas não era. As celas escaldavam.

Outra forma de tentar quebrar o moral dos presos era atingindo as famílias. Os familiares visitantes eram submetidos a uma rigorosa revista antes que o preso fosse chamado em sua cela para descer. Os encontros eram feitos num compartimento amplo do térreo do prédio. Visitantes e visitados eram separados por uma tela que cortava o salão em toda a sua extensão. O sentido disto era impedir que houvesse contato físico entre as pessoas. Assim, qualquer manifestação de afeto deveria limitar-se a palavras e olhares.

Tudo isto se agravava com os meios de locomoção para atingir a Ilha das Flores. As pessoas tinham que atravessar a Baía de Guanabara nas barcas da velha Cantareira para chegar a Niterói e dali tomar alguns ônibus para alcançar a ilha-prisão. Considere-se que, para chegar às barcas, já haviam ficado para trás outras conduções, dependendo do ponto de partida de cada um. E muitas famílias residiam nos bairros da Zona Norte do Rio, o que tornava a viagem mais longa e dificultosa. Cada dia de visita significava um dia sem outra coisa a ser feita. Somem-se a isto as dificuldades de quem tinha emprego em horário comercial. A maioria.

Não se poderia esperar amenidades do lado inimigo, isto é mais que claro. Mas um mínimo de racionalidade poderia simplificar as coisas. A verdade é que fazia parte da guerra psicológica da Marinha dificultar o quanto possível o contato entre familiares e presos.

Esta situação chegou ao ponto de tornar-se insuportável. Muitas foram as tentativas de diálogo, pelo qual se pudesse chegar a algum acordo. Mas o comandante Clemente e seus oficiais mantiveram-se insensíveis. Embora nos acusassem de radicalismo, mostravam-se tanto ou mais radicais. Provavelmente mais, porque sentiam-se vitoriosos. Tal postura, aliás, reproduz-se com freqüência. Basta notar que durante o processo de aberturas, anos depois, pôs-se em evidência o chavão "revanchismo", dito e repetido a náuseas, principalmente pelos militares ao se referirem às reivindicações ou críticas dos opositores. Terá havido mais revanchistas que os próprios? Não precisa qualquer esforço, por exemplo, para constar que a anistia não chegou aos ex-marinheiros que participaram da rebelião no Sindicato dos Metalúrgicos e que serviria como um dos argumentos para convulsionar o país com o golpe de Estado de 1964. Haja farisaísmo!

Sem outra alternativa, os presos políticos da Ilha das Flores tiveram que ir à greve de fome. Não reivindicávamos a liberdade, que não deixava de ser um direito já que muitas das prisões eram irregulares ou sem culpa formada. Reivindicávamos, isto sim, respeito à nossa dignidade, incluindo aqui a de nossas famílias. E digo famílias porque as visitações limitavam-se a elas, não sendo permitidas a amigos. Essa greve durou dias. Demorou para que o comandante Clemente se dignasse a receber uma comissão de presos. Quando recebeu foi para dizer não às reivindicações. E as pressões não foram pequenas. De saída, suspenderam toda e qualquer visita e todos os dias, na hora das refeições, passava um cabo com uma prancheta anotando os nomes, um a um, dos presos que se recusavam a receber comida. Não aceitavam respostas coletivas. Tentavam a intimidação e o cansaço. Não obtiveram êxito nem numa coisa nem noutra. As denúncias repercutiram pela imprensa e eles ficaram sem condições de manter aquela situação indefinidamente. Resolveram nos ouvir.

Seria exagero dizer que obtivemos uma grande vitória com aquela greve. Mas também seria subestimá-la não considerando o pouco obtido numa situação tão adversa. Não conseguimos que as celas fossem mantidas abertas durante todo o dia, como queríamos. Em compensação, ao contrário de antes, elas seriam abertas nas horas em que as refeições eram servidas, sendo fechadas após o recolhimento das bandejas e todos terem ido ao banheiro. E mais: o esquema de visitações passaria por mudanças: presos e familiares já não ficariam por trás de telas. Encontravam-se, agora, livremente, podendo tocar-se. E o banho de sol, até então limitado a uma hora, fora alargado para duas. Além disso, a arrogância dos carcereiros ficaria arranhada.

Sempre que surgiam dúvidas nos repressores sobre um ou outro detalhe nos inquéritos, que nunca se encerravam, os órgãos que os conduziam solicitavam nossa presença para esclarecimentos. Íamos sob escolta armada para o continente. O destino quase sempre era o Cenimar. Daquela vez, porém, levaram-me para o velho e histórico DOPS (Departamento de Ordem Política e Social), cria de Getúlio Vargas, na Rua da Relação. Queriam que reconhecesse os guardas penitenciários que estavam de serviço no dia em que supostamente eu teria entrado com as armas que foram empunhadas pelos fugitivos da Penitenciária Lemos de Brito. Eu havia assumido isso no ato de minha prisão porque fazia parte de nosso planejamento. Não os reconheci — e nem podia, porque lá não estive naquele dia e nem fui eu a entrar com as armas, como já foi expresso. Os policiais que me interrogaram, por sua vez, não demonstraram muito empenho nisso. A verdadeira história já lhes era familiar. Na prática, cumpriam o roteiro de sua burocracia e nada mais. Os guardas foram enfileirados à minha frente. Sentia-se medo neles. Mas como entraram saíram: sem provas de sua cumplicidade, que de resto não existiu.

De volta do DOPS, no Cais da Bandeira, que fica dentro dos muros da sede do 1º Distrito Naval, puseram-me no lanchão guarnecido por fuzileiros armados com metralhadoras Thompson e fuzis FAL, como recomendava a rotina. Estranhei que já se passasse mais de meia hora e a embarcação não saísse. A guarnição já começava a mostrar sinais de impaciência quando apareceu um sargento com ordens para que ficássemos ali por mais alguns minutos. Um outro preso deveria ser conduzido para a Ilha das Flores, informava. Fiquei curioso em saber de quem se tratava, mas procurei me conter.

Depois de cerca de uma hora de espera, apareceu numa esquina do prédio do antigo Ministério da Marinha um homem, jovem, cercado de militares. Andava lentamente, como a arrastar os pés. Para o embarque, os soldados o seguravam pelos braços, procurando ajudá-lo. Os presos viajavam no fundo da embarcação e a altura do convés para o porão era considerável, de acesso difícil, principalmente para quem estava com os movimentos limitados. Era seu caso. Ele estava pálido e magro, cabelos caindo sobre os olhos, dando a impressão de que havia enfrentado maus bocados nos interrogatórios. E vindo de onde vinha — do Cenimar — não havia do que duvidar. Mas, pelo menos desta vez, não era o que estava se passando. Era seu estado de saúde. Estava ferido. Havia recebido um tiro ao tentar empreender fuga durante o ato de prisão semanas atrás.

No lanchão, puseram-me num canto e ele em outro. Disfarçando, com um olho nos sentinelas que apontavam suas armas para nós, e outro em nós mesmos, procuramos nos comunicar. Disse-me num sussurro ser Fernando Gabeira e passou-me um número de telefone para avisar para fora, se pudesse, onde se encontrava ou para aonde o estavam levando.

Era prática adotada entre nós: quem fosse ao continente teria que ficar atento às novidades e ao chegar ao presídio falar alto pelo corredor sobre o que visse ou ouvisse. A informação corria rápido pelas celas. Mantida a regra, em poucos minutos todo o presídio sabia da presença de Fernando Gabeira. Não era um consolo, evidentemente, saber disso. Mas era a certeza de que se encontrava vivo e não desaparecido. Pois sabíamos de sua prisão e alguma coisa sobre as circunstâncias de como ela se dera. Tendo ele participado do seqüestro do embaixador americano, não deixava de ser temerário que estivesse nas mãos da repressão. Sem dúvida, aquela ação mexeu fundo nos brios da ditadura e isto era suficiente para que severas represálias fossem aplicadas contra qualquer militante que tivesse participado dela.

Quando chegamos à Ilha das Flores já escurecia. Podia ser umas sete horas da noite. Como todas as celas da ala masculina se encontravam habitadas e os repressores não quisessem que tivesse contato com outros presos, ele seria recolhido à ala feminina. Antes, fora levado ao banheiro da ala masculina, o que permitiu-lhe ser visto por presos de todas as celas, que o saudaram. Passado algum tempo, creio que umas duas horas mais tarde de seu confinamento, fomos informados pelo nosso sistema de comunicação via parede e caneco que o Gabeira estava passando mal. Fora atacado por uma forte hemorragia. Urinava sangue. Explodia sangue que ficou gravado nas paredes da cela como um registro de sua passagem por ali. Espalhamos a notícia por todo o presídio e exigimos que fosse providenciado um médico. Também que ele fosse, logo que assistido de emergência, transferido para o Hospital Central da Marinha (HCM). Foi grande a algazarra e batidas com canecos nas paredes e portas em sua defesa. A atitude do comando da Ilha das Flores, como seria de se esperar, foi inicialmente de resistência ao que reclamávamos. Pretendia examiná-lo ali e deixar por isso mesmo. Nossa pressão, porém, não pôde ser contida: na manhã seguinte, bem cedo, Gabeira seria transferido para o hospital, conforme exigíramos.

Gabeira não retornaria mais ao presídio da Ilha das Flores. Do Hospital da Marinha seria transferido para o Exército. E, depois de girar também pela Ilha Grande, terminou sendo libertado em troca do embaixador alemão Holleben, seqüestrado no Rio por revolucionários. Foram 40 os prisioneiros libertados por esse seqüestro. Da Ilha das Flores integrava a lista um: Carlos Minc. Todos seguiram para a Argélia.

Quase sempre havia uma novidade quando algum de nós retornava do continente. Raríssimas vezes, porém, as notícias eram boas. A esquerda revolucionária, no geral, sofria reveses. Cresciam as perdas humanas e materiais e a fragmentação tendia a generalizar-se. As organizações não conseguiam evoluir no sentido da unificação partidária, o que seria querer muito, tantas e tão profundas eram as divergências entre si. Por todas as dificuldades oriundas daí, era muito difícil de se consumar uma sólida política de alianças. As frentes resumiam-se a ações específicas, dissolvendo-se após atingidos objetivos para os quais haviam sido formadas. Enquanto isto, a militância expunha-se mais e mais pela vulnerabilidade crescente das estruturas. De sua parte, a repressão organizava-se melhor e ganhava em experiência na sua guerra de contra-insurgência.

Diógenes Arruda Câmara, velho militante de esquerda e um dos fundadores do PC do B, seria levado da Ilha das Flores certo dia para responder a mais uma das muitas sessões de perguntas que comumente lhe esperavam no Cenimar. Seu retorno era aguardado, como em todos os casos, com ansiedade. Ao sentirmos os movimentos da guarda e vozes denunciando a sua volta, de todas as celas ouviu-se correrias em direção à porta para saber das notícias que trazia. Foi uma bomba.

— Mataram Marco Antônio, mataram Marco Antônio! — era a manchete que nos oferecia.

Todos ficamos abalados. Mas o impacto maior recairia sobre mim e José Duarte. Este pôs a cabeça entre as mãos espalmadas e sentou-se na beira do colchão. Entreolhamo-nos sem dizer palavra.

Marco Antônio era um desses companheiros de fé inabalável na Revolução. Desde os tempos de Associação dos Marinheiros mostrara-se um perseverante, desprendido, com muita firmeza em suas convicções, lealdade à causa que abraçava e aos companheiros. Como vice-presidente da AMFNB, como já foi registrado, era realmente quem dirigia a entidade. Claro que não só, mas representando toda uma tendência caracterizada por forte combatividade e que, fora do Movimento dos Marinheiros, muitos setores políticos consideravam excessivamente radical.

Marco Antônio caíra, como tantos outros combatentes revolucionários, como conseqüência da incapacidade da esquerda em compreender que, ao invés de consolidar-se e obter vitórias, colecionava derrotas. A hecatombe era evidente àquela altura.

Depois da destruição da infra-estrutura e unidades de ação do MAR na cidade, o destacamento guerrilheiro rural ficou completamente isolado e sob ferrenha perseguição e fogo inimigos. Foram inúmeros os cercos rompidos por Marco Antônio, Capitani, Godoy, Antônio Duarte, José Adeildo e Bené (este último também enfermeiro da coluna). De volta à cidade, sem apoio algum, tiveram que valer-se até de esquemas familiares para sobreviverem enquanto retomavam contatos com setores da esquerda armada. Já com o desfalque de Godoy, que viera a cair antes de abandonar a montanha, esse restrito grupo terminou isolado dentro da estrutura do PCBR. Houve um instante em que Marco Antônio sentiu-se em perigo na casa que ocupava. Estava em Nova Iguaçu. Pediu para ser transferido dali. Levaram-no para Copacabana. Ao tocar a chave na porta do apartamento que iria ocupar num edifício da rua Anhangá, as luzes se apagaram e o tiroteio começou. Do sexto andar ao térreo seria seu último combate. Muito ferido, sangrando em demasia e já sem forças para qualquer reação, recebera um tiro de misericórdia na testa ao atingir o térreo do edifício. A repressão comemorou ali mesmo com tiros para o ar e gargalhadas. Havia eliminado um autêntico revolucionário.

Ele não estava só. O PCBR havia destacado uma militante para acompanhá-lo ao que seria seu novo refúgio. Ângela Camargo Seixas, a militante, encenava o papel de namorada para dar maior discrição àquela operação de risco, já que teria de dar cobertura a uma das pessoas mais procuradas pela repressão naquele momento. Ao descobrir-se emboscado, Marco gritou insistentemente para que ela fosse embora. Ela tentou, mas foi ferida e presa. O prédio estava tomado por agentes militares e civis. Julgada por um Tribunal Militar, passou dois anos na cadeia. Uma vez solta, buscou o exílio e aí começou em sua vida o que se poderia chamar de ironia.

Ângela conheceu, nesse seu exílio, um jovem norte-americano. Tornaram-se amigos e dessa amizade nasceu um romance. Um dia o rapaz abriu-se para ela e confessou ser um agente da CIA. Dizia-se arrependido após avaliar e concluir a quem e a que interesses sócio-econômicos e políticos estava servindo. Contou que fora recrutado quando cursava uma Universidade em seu país, que houvera operado em alguns países latino-americanos, mas que sua atuação mais importante havia sido no Uruguai. Nome: Philip Agee. Após essa confissão, escreveu um livro — *Dentro da "Companhia". Diário da CIA* — denunciando os métodos de infiltração e provocação da CIA e desertou daquele centro de espionagem internacional e exportador de técnicas de tortura. A partir daí sua vida transformou-se num inferno. O casal — Agee e Ângela — teve que enfrentar, entre outras represálias por pressão da CIA sobre governos, expulsões de alguns países, a começar pela Inglaterra.

Arruda regressara à Ilha das Flores com aquela informação — morte de Marco Antônio e nenhum detalhe sobre ela — pelas sete horas da noite. Ali encerrava-se o dia para nós, sob um profundo pesar. A impotência reduzia-nos ao nada. Ondas de ódio vinham e refluíam sem que em absoluto pudéssemos dar respostas ao que dali podia-se entrever. Via-se, por exemplo, a evolução da pororoca reacionária sobre as perspectivas revolucionárias, sem que houvesse resposta correspondente de nossa parte, imobilizados. Aliás, a concepção de mobilidade entendida pela esquerda armada limitava-se à capacidade física de deslocamento militar num dado terreno. Perdeu-se de vista seu significado no campo das idéias e por estas de como realizar-se na política. Com isto, avanços e recuos não passavam de conceitos difusos, sobremodo inconsistentes no âmbito do fazer político.

Em muitas outras ocasiões sofremos o amargor de perdas com notícias que chegavam do continente. Noutras, nos víamos naufragados em aflições ao sabermos de caçadas diretas a este ou aquele companheiro, o que poderia redundar em catástrofe. Numa dessas estava o Capitani. Tudo começara com um assalto a banco. A ação propriamente dita ocorrera normalmente, com o carro principal procedendo à sua retirada da área sem problemas. As coisas se complicariam, porém, para a cobertura. Uma viatura policial desconfiou e deu perseguição a esta. Houve tiroteio. Capitani saíra ferido com um tiro num dos pulsos. Mesmo assim conseguiu sustentar fogo e dessa maneira pôde conter seus perseguidores. Um policial, sargento, morreu. Rompeu contato com eles e buscou proteção em um morro. O episódio desenvolvera-se no Rio. A busca contra ele foi das mais violentas. Acompanhamos tudo, sofrendo minuto a minuto, porque um dos companheiros de outra cela tinha escondido um pequeno rádio de pilhas. Ele acompanhava o noticiário e suas edições extras e passava o conteúdo dos boletins para todo o presídio.

Como desdobramento dessa mesma ação, entrara Antônio Prestes de Paula na mira dos repressores, escapando também por muito pouco. Prestes participara da mesma operação que resultou na perseguição a Capitani. Encontrava-se no carro principal como parte do grupo que entrou no banco. Já estava em casa quando percebeu o movimento de tropas no térreo do prédio onde morava. Era o pelotão de choque da Polícia do Exército (PE) da Rua Barão de Mesquita. Prédio às escuras, desencadeou-se um intenso combate quando o apartamento que habitava foi identificado. O soldado Elias tombaria morto no confronto. Esse soldado participava do que chamavam "time da pesada" da equipe do major Fontenelle.

Em ambas as situações em que as nuvens se turvaram para Capitani e Prestes, a origem foi a mesma. O motorista do carro em que se encontrava Capitani entrou em pânico e decidiu a qualquer preço se entregar à repressão. Era uma atitude louca, fruto de desespero incontrolável. Capitani tentou persuadi-lo a seguir em frente, mas ele já estava derrotado. O medo dominava-o, o que só revelava o seu despreparo para a função que lhe fora atribuída. Seu nome: Paranhos, militante do PCBR. Falava-se que se tratava de exímio motorista, daí ter sido designado para aquela função. Mas a questão não podia ser reduzida à sua aptidão ao volante de um carro, e sim, em primeiro lugar, a partir de uma avaliação que começasse pelo nível de amadurecimento que houvera alcançado em sua opção de militância. Esse cuidado não era o forte das organizações. Não raro terminava-se esmagando pessoas, dando-lhes tarefas acima de sua real capacidade de realizá-las, tomando-se como base uma vaga declaração de amor revolucionário.

O coletivo de presos da Ilha das Flores era composto por militantes de praticamente todas as organizações existentes, incluindo o PCB. O convívio era dos melhores e a prática da solidariedade indiscutível. Sempre que aparecia um problema com um companheiro e o comando da Ilha todos se uniam, independentemente do matiz ideológico de quem estivesse no centro do entrevero. José Duarte e eu já não nos encontrávamos na mesma cela. Haviam nos separado, o que nos dava a possibilidade de conversar com pessoas de concepções diferentes. Por último, fui mantido numa cela com João Massena e outros velhos militantes do PCB (Elson Costa e Luís Maranhão, todos mais tarde assassinados no melhor estilo da ditadura militar — de maneira fria, brutal e covardemente). Não havia conflitos, apesar da grande diferença de idéias. Massena passava horas contando suas experiências na União Soviética, onde estivera por diversas vezes, umas fazendo cursos, outras simplesmente fugindo da ditadura e outras ainda para tratamento de saúde. Assim íamos consumindo os dias, intercalados pelo banho de sol e visitações. Por sinal, sempre que as visitas iam embora e retornávamos às celas, fazíamos uma reunião. Primeiro, dávamos um balanço nas informações que cada um obtinha e depois tentávamos tirar algumas conclusões. Nesses momentos irritava-me com os companheiros do PCB. Eles faziam suas análises a partir da posição deste ou daquele general inserido diretamente no poder ou o que este ou aquele de reconhecida influência na cúpula dirigente manifestava. Nenhuma vírgula referia-se sobre as tão decantadas massas exploradas. O proletariado ficava à margem. As ilações nasciam da observação de que o general fulano é da ESG (Escola Superior de Guerra), portanto pensa assim... Ou o general beltrano vai para o EMFA (Estado Maior das Forças Armadas) e pertence à linha dura, logo a conjuntura se encaminhará para... E, nesses exercícios de futurologia, iam alimentando suas próprias ilusões enquanto a ditadura nos conservava na dura realidade de seus cárceres.

Um dia fomos avisados, eu e José Duarte, logo após o banho de sol, que nos preparássemos para abandonar a Ilha das Flores. Deveríamos ser transferidos após o almoço. E foi o que aconteceu. Pelas três da tarde nos embarcaram num dos famosos lanchões e do cais do 1º Distrito Naval nos conduziram a uma unidade do Exército na Vila Militar, em Deodoro. Ali se concentrava parte importante das unidades do Exército. O oficial de dia nos recebeu, examinou a documentação, mandou que nos revistassem e também que nos recolhessem a um xadrez. A cela era limpa, possuía banheiro interno e tinha até roupa de cama. Não havia sido construída para presos políticos, mas para praças faltosos. Havia outros xadrezes vizinhos ao que ocupamos, mas se encontravam vazios. Uma sentinela incumbia-se da vigilância.

Puseram-nos ali e nos esqueceram. A comida era servida por baixo da grade que servia de porta. Digo condições normais porque, desde que a cruzamos, somente voltara a se abrir duas únicas vezes. Numa, levaram-nos para um grande pátio e, encostados a uma parede, nos fotografaram. Nenhuma palavra. Noutra, para sermos transferidos para outra unidade. Foram 13 dias ali. Durante esse tempo, além da sessão de fotos, houve apenas uma novidade: de calção e chinelos, livre, caminhando ao lado do oficial de dia, ali estava Lungharetti, ex-militante que fora à televisão para falar de seu arrependimento de ter participado de uma organização revolucionária. Conta-se que fora muito torturado ao ser preso e para que aceitasse fazer tais declarações na TV. O certo é que ali estava ele, visivelmente bem de saúde, espiando-nos por entre as grades. Não demorou-se. A função de sua ida até à nossa cela não ficamos sabendo. Olhou-nos sem manifestar qualquer emoção e saiu conversando com o oficial. Não o vimos mais e nem tivemos notícias posteriores quanto ao seu destino.

Não sabíamos o motivo de nossa transferência ao deixarmos a Ilha das Flores, embora desconfiássemos. Numa noite, altas horas, José Duarte teve nossas suspeitas confirmadas: ouviu o noticiário pelo rádio da sentinela. O embaixador da Suíça, Enrico Bucher, havia sido seqüestrado pela Vanguarda Popular Revolucionária (VPR), comandada por Carlos Lamarca. Os revolucionários pediam 70 presos em troca. José Duarte agitou-se. Acordou-me para dar a notícia. A guarda daquele dia era um tanto liberal e naquela noite a sentinela tinha a companhia de colegas. Os soldados conversavam e chegaram a oferecer café. Duarte tentou saber de mais alguma coisa sobre o seqüestro, mas não poderia demonstrar muito interesse. De nada adiantou, porque não era este o assunto que atraía os praças. Eles estavam mais interessados em discutir sobre os times de suas preferências. Esse pouco, porém, foi suficiente para nos deixar acordados até o amanhecer.

Estavam entendidas agora a transferência da Ilha das Flores e as fotos, que não devem ter servido para nada. O fotógrafo improvisado havia nos colado numa parede branca que se tornava mais branca ainda pela luz direta que recebia do sol. Conhecedor do assunto, notei que ele apontava a máquina e disparava sem qualquer compensação para restringir a influência do fundo sobre a imagem principal. Devemos ter saído com nossas caras tão negras quanto uma pedra de carvão.

Nova transferência nos aguardava. Num final de tarde mandaram-nos arrumar e a porta se abriu. Tudo o que possuíamos cabia numa valise. Portaram-nos para o Batalhão de Motomecanização, também em Deodoro. Essa passagem foi curiosa. Ao chegarmos à cela nos deparamos com um ambiente extremamente limpo, com roupas de cama alvas, papel higiênico em abundância, jornais do dia, revistas da semana e rádios. E era um verdadeiro alojamento, de tanto espaço. Estava vazia, mas era claro que já se encontrava habitada. Ficamos curiosos em saber por quem, mas as nossas especulações não faziam nenhum sentido. Aliás, sequer sabíamos por onde começá-las. Restava-nos aguardar.

Ao cabo de algum tempo aproximou-se um grupo de pessoas: era o grupo de O Pasquim, preso há dias. Ziraldo à frente. Eles vinham do jantar, que era servido, como todas as outras refeições, junto com os oficiais. Conversamos e rimos muito. Ziraldo detalhou-nos sobre o seqüestro, as dificuldades de negociação e, sobretudo, lamentou que o tivessem pedido. Era a informação que tinha. Comentava: "Estou com minha casa prontinha na Ilha do Governador, aguardando apenas a saída daqui para inaugurá-la. Se os meninos me incluírem em sua lista não poderei recusar para não desmoralizar a ação. Mas não sairei muito feliz da vida" (ele se encontrava convencido de que seria pedido por ser um nome a dar peso ao aspecto político do seqüestro). E foi ele a mandar-me fazer a barba e até a emprestar seu aparelho, "para que não saias de mal aspecto". De fato, eu deveria estar horrível. A barba estava por fazer porque minha gilete encontrava-se imprestável de tanto usá-la.

De repente bateram na porta do alojamento-prisão. Chamaram por mim e Duarte. Era o comandante do Batalhão. Queria nos conhecer. Melhor, queria olhar para a nossa cara. Cheio de ódio, disse-nos estar vindo de tão longe, de sua casa, em Copacabana, após um dia de trabalho no quartel. Perorou à vontade, provocou-nos o quanto pôde para encerrar seu discurso dizendo que aquele lugar não era para nós. Teríamos que ser imediatamente transferidos para onde quer que fosse. Iria telefonar naquele instante para não sei onde (citou um órgão que não recordo) e que falaria com o presidente se preciso, contanto que lá não permanecêssemos. E que nem dormíssemos aquela noite ali. Concluiu afirmando que se não viessem nos buscar ele iria nos soltar em meia hora. O homem ia se transtornando à medida que referia-se à nossa estada em seu quartel. Deu-nos as costas e saiu pisando duro. De nossa parte, torcíamos para que não obtivesse sucesso na sua tentativa de nos transferir. Quem sabe assim ganharíamos a liberdade mais rapidamente.

Mas ele mostrou que tinha prestígio. Realmente, não levou meia hora para que lá chegasse uma viatura com uma escolta. Era o pessoal da PE da Vila Militar. Lá servia o então tenente Nilton Cerqueira, hoje general. O mesmo que comandou a caça e execução de Carlos Lamarca no interior da Bahia. A escolta chegou, mandou que saíssemos para o pátio da prisão, nos revistou e ordenou que embarcássemos na viatura. Da porta de entrada, atrás das grades, Ziraldo e seus companheiros assistiam àquela cena demonstrando um misto de susto e preocupação conosco. Não deveria ser um quadro agradável de ser presenciado. Mas não houve agressões e nem teria motivos para isso.

A caminho da PE um dos sargentos fazia seu terrorismo contra José Duarte:

— Sabes quem está de serviço hoje? — perguntava e respondia. — É o Andrade. Ele vai te fazer uma bela recepção!...

Andrade tinha sido um dos repressores postos no banheiro quando o comando de Duarte assaltou a agência do banco da Vila Militar.

Não mentia. Andrade estava mesmo de serviço. E o sargento insistia, agora já na frente do Andrade:

— Taí, Andrade, chegou tua vez! Duarte afirma que se tivesse que repetir o assalto voltaria a te botar no banheiro!

Dizia que durante muito tempo o Andrade não sentava devido a um beliscão que Duarte houvera aplicado no seu traseiro. Ficara um calo incurável. Que Andrade passava na frente da cela em que tinha ficado Duarte na época esfregando a bunda na parede com medo de ser atacado. Enfim, que Duarte seguiu atormentando a vida do Andrade até por pensamentos e sonhos. Andrade, insistia, estava procurando um psicanalista que o livrasse do fantasma de Duarte.

Puseram-nos numa cela. Uma meia hora depois chamaram o Duarte. Tivemos medo de que toda aquela "brincadeira" resultasse numa sessão de torturas contra o companheiro. Não aconteceu. O chamado foi para que conversassem, inclusive sobre a ação contra o banco. Todos divertiam-se entendendo que "nada havia de pessoal".

A vida seguiu conosco enfrentando um calor infernal. Se o Rio já é normalmente quente, entre os meses de dezembro e março é de torrar. Na Zona Norte, onde estávamos, muito mais ainda. Foi banhados em suor que na noite de Natal (Natal de 1970) os repressores decidiram nos tirar da cela e nos levar para a ceia que haviam organizado para o pessoal de serviço. Não recusamos até por uma questão de sobrevivência. No geral, a comida era muito ruim. Naquela noite poderíamos comer alguma coisa diferente e tomar um pouco de ar. Chegamos a conversar se seria válido sentar à mesa com nossos algozes. Vimos que nada tinha de tão grave assim. Comemos pernil, farofa, arroz e frutas típicas do Natal.

Passados Natal e Ano Novo, começaram a chegar presos vindos de lugares diversos. Era a solução do seqüestro que começava a encontrar um caminho, após tantos percalços nas negociações.[2] Seria ali o local de concentração dos que teriam que partir para o Chile por exigência da VPR. Os repressores mostravam-se inconformados em ter que libertar tantos presos, mas não mostravam esse seu inconformismo com apelos à pancadaria, como por vezes esperávamos que isto pudesse acontecer. Mas tinham seus desabafos. Diziam que não poderia ser a VPR a autora do seqüestro. A VPR, entendiam, não aceitaria tamanha demora do governo na solução do problema. Deveria ser um grupo novo "de inexperientes", utilizando o nome da VPR

---

2. Em seu livro *Os Carbonários*, Alfredo Sirkis relata em detalhes e com muita propriedade, por ter participado, o seqüestro do embaixador Enrico Bucher, da Suíça, e as dificuldades nas negociações geradas pelo governo da ditadura militar, que recusava-se a ceder alguns nomes pedidos pela VPR. Era clara a intenção daquele governo em levar os revolucionários à impaciência, terminando por executar o embaixador. Desse modo pretendia encerrar com "chave de ouro" o período de seqüestros de diplomatas pelas organizações de esquerda, pouco se importando com a vida do seqüestrado.

para impor respeito à sua ação e que agora, defrontando-se com a resistência do governo, não sabia o que fazer. Sem querer, externavam assim a posição da ditadura: provocar irritação nos revolucionários para que estes perdessem o controle sobre a situação, partindo para uma solução desesperada. Acostumados à reação dura da VPR, manifestada em várias ocasiões, não entendiam como esta organização poderia permitir substituição de nomes na primeira lista de prisioneiros reivindicados e seguisse cedendo, dando a entender que o importante era a libertação de 70 presos e não responder com retaliações ao governo. Isto queria dizer que a questão naquele ponto era negociar e não deixar-se levar por provocações que pudessem conduzir a um desfecho desastroso. Seria este um sinal de que, ao contrário do fim que imaginava a repressão ter dado à VPR, ela crescia em amadurecimento político? A postura da VPR no episódio do seqüestro do embaixador Enrico Bucher parecia apontar nessa direção, embora isto estivesse longe de ser uma realidade. A VPR, como todas as organizações armadas, definhava. Resistiam, mas aos poucos iam sendo debilitadas. De qualquer modo, o desgaste político da ação era evidente.

Aquele número crescente de presos reunidos e os constantes chamados para fotos ou tomada de impressões digitais já não permitia que as celas ficassem fechadas. O entra e sai e o trânsito pelos corredores foram se tornando cada vez mais intensos à medida que novos presos iam chegando de outras cadeias. No dia do deslocamento de todos para o Galeão, 13 de janeiro de 1971, onde se daria a concentração final, não parecíamos mais presos, tal era o clima de euforia. Mas nunca se viu tirar tantas fotos e tomar tantas impressões digitais. Parece que cada órgão repressor convergia para ali com o fim de atualizar seu próprio arquivo. No caso das fotos, não eram apenas de frente e perfil. Algumas eram tiradas com o preso nu, de costas, com os braços afastados do corpo, mãos espalmadas e cabeça voltada para trás, com o queixo sobre o ombro direito. Difícil interpretar o significado disto, mas era assim. Ridículo, mas era assim.

Fomos, enfim, sob forte escolta e com batedores, conduzidos em ônibus militares para o Galeão. Todos algemados de dois em dois. Assim fomos mantidos até à chegada ao nosso destino. Antes do embarque no avião da Varig que nos transportaria seria feita uma última foto, esta do cunjunto. Para cabermos no visor das câmaras fotográficas, os fotógrafos tinham que recuar quase a perder de vista. O vôo para Santiago teve início à meia-noite. Os repressores já não pareciam mais inconformados em ver libertados tantos presos. Agora planejavam o que fazer em Santiago e o que comprar para ter como lembrança com os dólares que haviam embolsado como ajuda de custo pela viagem. O governo da ditadura não iria deixar de ser generoso com seus servidores mais fiéis numa oportunidade dessas.

Avião nos céus rumo à nossa liberdade, não era possível pregar os olhos, apesar do cansaço. A solução era conversar com o parceiro ao lado para que a tensão acumulada naqueles dias fosse arrefecida e as horas passassem. Seguíamos para o desconhecido, mas restava a esperança de que o sonho que nos levara tão longe continuaria inalterado.

8
Em Santiago, busca de alternativas

Ainda era madrugada quando cruzamos os Andes e vimos as primeiras luzes de Santiago. A cidade, adormecida, mostrava-se cômoda no seu aconchego aos pés da cordilheira. Poucos eram os faróis que se moviam lá embaixo, rompendo as ruas pouco iluminadas. Pouco iluminadas, mas o suficiente claras para nos dar a certeza de que nos encontrávamos aqui mesmo, na terra, e não em outro mundo. Exagero? Nem tanto. Vindo de onde vínhamos, e num virar de quadro tão brusco, qualquer sinal de vida, tal como a conhecemos, ultrapassava a compreensão racional para cair numa espécie de espanto puro e simples. Nem beliscões pelo corpo eram garantia de que não estávamos sonhando. Aquela coisa religiosa, infinitamente discutível, de inferno e paraíso.

Por fim, o aeroporto de Pudahuel.

Avião aterrissado, escada encostada à porta, as algemas começaram a ser abertas. Seguindo a sua lista e critérios, os repressores iam chamando, um a um, para a liberdade. Na saída, o tradicional gesto de punho cerrado ao alto com a mão direita e o "V" da vitória com a esquerda. Funcionários representando o Ministério das Relações Exteriores (Cancillería) do governo da Unidade Popular recebiam os recém-chegados com um aperto de mão e palavras de boas-vindas. Distante, via-se um aglomerado de pessoas acenando. Eram exilados brasileiros e representações de partidos e organizações de esquerda chilenos e de outras nacionalidades portando a sua solidariedade.

A burocracia era tão morosa quanto a nossa. Não vai nisto acusação, crítica ou coisa que o valha. Na época não existiam computadores, pelo menos operando em escala social, como hoje. Entender isso é importante. Ademais, o Chile era uma sociedade modesta, onde pedia-se, por exemplo, uma caixa de fósforos e não uma caixa de fósforos desta ou daquela marca. A chamada sociedade de consumo ainda não a havia contagiado.

Cumpridas as exigências legais, fomos transportados para o Hogar Pedro Aguirre Cerda, um casarão de um andar, em meio a um grande jardim que o governo utilizava para atender a necessidades de seu serviço de imigração e atividades congêneres. O lugar era agradável e localizava-se a algumas boas quadras, melhor dizer longe, da Alameda (Av. Libertador Bernardo O'Higgins), uma das principais artérias que cruzam o coração da capital chilena.

Ao darmos entrada ali, entre sonolentos e ao mesmo tempo excitados, ouvíamos o vozerio das pessoas que nos acompanharam durante o trajeto do aeroporto à nossa nova e temporária morada.

— Viegas! — alguém gritou de um portão de acesso ao prédio e que era mantido fechado. Não havia permissão para visitações àquela hora, quando mal chegáramos e nem café houvéramos tomado.

Era o Júlio Bueno Brandão, excelente pessoa, que participou da operação de libertação dos presos da Lemos de Brito, conduzindo-os na sua Rural Willys da segunda etapa da retirada ao ponto inicial da caminhada a pé. Quando as quedas começaram e seu nome apareceu como vinculado à nossa organização, ele fugiu para o Uruguai e dali saiu para Santiago, onde pediu asilo. Era o caminho natural dos que procuravam proteger-se do vendaval repressivo daqueles tempos. Ali aglutinavam-se uruguaios, argentinos, bolivianos, brasileiros, enfim, perseguidos políticos de quase todo o continente latino-americano, então pródigo em golpes de Estado e implantação de regimes de ultradireita.

No Hogar havia todo um grupo de senhoras chilenas a nos dar apoio, arrumando alojamentos e preparando comidas. Era trabalho voluntário. Entre elas, uma brasileira, Hélia. Não devia ser fácil cuidar de toda aquela gente. Elas, heróicas, conseguiam. Uma trabalheira que iria durar meses.

Logo que os portões se abriram à visitação, lá estava o Júlio, procurando-me. Chegou acompanhado de sua namorada, Rita de Cássia (Ritinha), uma moça brasileira muito jovem e simpática. Estavam montando apartamento e queriam que eu fosse morar com eles. Cerca de pouco mais de um mês depois estávamos na praça Ñunõa, num prédio de apenas um andar. Embaixo, um bar; em cima, aquele ambiente simples, mas cheio de calor humano, bem à feição do jovem casal. Júlio era caprichoso e muito hábil em tarefas manuais. Todo o mobiliário de casa foi obra de seu talento, que eu desconhecia. Para chegar ao nosso endereço, passava-se em frente ao Estádio Nacional, instalado na longa Pedro de Valdívia. Aquela tradicional arena instituída para confrontos esportivos, por vezes aberta para a realização de eventos artísticos e políticos, mais tarde iria tornar-se conhecida internacionalmente como um dos mais brutais campos de concentração, centro de torturas e execuções de contestadores do regime imposto por Pinochet e partidários. Lá haveria de ser assassinado Victor Jara, um dos mais aplaudidos músicos populares do Chile — compositor e cantor — e que se apresentava na Peña de los Parras, que tinha como origem e referência a fenomenal Violeta Parra. Violeta, claro, dispensa apresentações.

Desde os primeiros dias de nossa chegada a Santiago, a preocupação de quase todos era recontatar suas organizações. Poucos eram os que não tinham vinculações partidárias. Nossa situação era um tanto particular porque, com a destruição do MAR, ficamos soltos, na condição de independentes no conjunto da esquerda.

Não demorou muito para que José Ferreira, que coordenara nossa logística urbana no Rio, nos procurasse. Ele e sua família (a mulher Marlene, o filho Mazinho e a irmã Iracema) estavam de casa montada e, nesse momento, o principal era encontrar saída para a sobrevivência numa realidade nova e com todas as dificuldades que isso representava, a começar pela idade, não domínio do idioma e tantas outras incompatibilidades com as exigências do mercado de trabalho. Ferreira vinha de toda uma vida nos transportes coletivos. Marlene e Iracema de experiências fabris. Não lhes seria fácil, portanto, conseguir um vínculo empregatício numa sociedade atormentada por seus próprios problemas, agora agravados pela pressão constante exercida pela reação direitista à ascensão ao governo de Salvador Allende e sua Unidade Popular.

No centro disto, as eternas ilusões e com estas as infalíveis decepções. É que muitos entendiam o Chile como socialista por ter um socialista no governo. A tradicional confusão entre governo e poder. Aliás, esta é uma questão interessante. Amigos meus, entre eles PhDs em história, questionam-me por essa diferença que faço entre governo e poder (e não só eu, evidentemente). Alegam que quem tem o governo tem o poder. Não explicam o por que dos golpes de Estado vitoriosos, muito fartos, por sinal, entre nós latino-americanos, em especial nas décadas de 60 e 70. Se quem tem o governo tem poderes totais, por que, então, acontecem golpes de Estado vitoriosos? Qual, afinal, o conceito de poder no âmbito político?

Não obstante as perspectivas transformadoras da maioria, tendo como parâmetro o socialismo, a sociedade chilena continuava capitalista e com a desvantagem de ser um país pobre, dependente, sem condições de absorver no mercado a totalidade de sua própria força de trabalho e numa fase de transformações capitalistas em que as burguesias latino-americanas optavam pela radicalização, levando os respectivos países para regimes políticos ultradireitistas, geridos por ditaduras militares. No específico das ilusões socialistas sob um Estado definida e estruturalmente capitalista, a coisa se repete com razoável freqüência e pôde ser notada posteriormente na França de Mitterrand. A França, um país estável, culto e incomparavelmente mais rico que o Chile, não conseguiu abrir brechas para o socialismo em bem mais de dez anos de governo do Partido Socialista (PSF). Nada mudou no essencial nas estruturas do sistema tradicional encontrado, como as relações sociais de produção, a relação de classes, em síntese. E se algum benefício de vida no geral e mais esperanças para o conjunto dos trabalhadores houveram com a presença socialista no governo, só os franceses podem dizer. Mas uma coisa é certa: o capitalismo não perdeu. Ao contrário, beneficiou-se com os socialistas gerenciando seus interesses. Ganho político. Mostrou que na sua democracia todos têm vez, desde que não rompam as regras do jogo e nem se atrevam a ameaçar o seu poder. Nítido exemplo da diferença entre governo e poder. A burguesia chilena, inculta e tacanha, como de resto suas coirmãs latino-americanas, temeu que, com o governo socialista de Allende, não perderia somente os anéis, mas também os dedos, quando, em verdade, não perderia nem uma coisa nem outra. Ao invés de perdas, só tinha a ganhar em solidez do seu sistema de dominação de classe. Ignorando isto, desesperou-se e fez o que fez.

Esta visão não é compartilhada por parte significativa dos cientistas políticos. Principalmente por aqueles que, com a queda do muro de Berlim, passaram a acreditar que riscando do uso palavras como proletariado se acabaria a classe dos proletários; que chamam delicadamente trabalhadores de baixíssimos salários de pobres e até classificam favelados de classe média; e que, ao analisarem a derrubada do muro de Berlim, não se perguntam o que e quem estão sob os escombros. A verdade é que há sabores para todos os paladares. Muitos intelectuais de esquerda abdicaram dos mais elementares fundamentos científicos para justificar derrotas político-ideológicas acenando com conceitos superficialíssimos — além de ridículos — do tipo "socialismo real". Dá para conceber um socialismo (ou qualquer outro sistema) irreal? Um sistema existe ou não existe e quem determina isso é o modo de produção vigorante e respectivas relações sociais a ele inerentes. No caso da União Soviética, apesar das bravas intenções revolucionárias, a realidade não permitiu que fosse além de um capitalismo de estado. O socialismo ali nem foi "real" nem "irreal", porque simplesmente não foi alcançado. As classes sociais se mantiveram, com as relações sociais entre si no mesmo estilo do que acontece em qualquer país capitalista, a despeito de qualquer fantasia: hierárquica e autoritária. E até com muitos agravantes, como privilégios para integrantes do Partido em relação à grande massa trabalhadora, que continuou excluída. O que seria a ditadura do proletariado como bandeira política no processo revolucionário transformou-se em ditadura do estado contra o proletariado. Ganhou a pequena burguesia intelectual dirigente. No mundo capitalista privado, o empresário que não souber conduzir bem seus negócios tem como destino a falência; no capitalismo estatal, em que os meios de produção não pertencem a indivíduos, o poder fica com quem sabe mover-se com habilidade política, com a vantagem de não correr riscos de perda de meios de produção e desfrutar dos mesmos privilégios dos similares privados. Tanto que quando um dirigente cai do trono o conceito é de que "caiu em desgraça política". Ignorar isso é o mesmo que querer tapar o sol com peneira. E esse foi o mundo que caiu com o desmoronamento do muro de Berlim e o que se escondia por trás dele.

Evoluir na análise disto, porém, não é a proposta destas reflexões. Por enquanto o que importa é constatar que em meio à procela a família Ferreira ia se mantendo de pé e com fôlego suficiente para, inclusive, seguir praticando a solidariedade.

O reencontro entre os remanescentes do MAR nos pareceu o momento propício para uma avaliação coletiva do que foi aquela experiência para nós. Tratamos de marcar uma reunião específica para isso. Numa noite nos reunimos na casa do Ferreira. Cada um fez seu relatório sobre o que tinha vivido no seu setor de atuação. A isto seguiu-se um breve debate. Presentes estávamos, José Duarte, Wilson Nascimento, Júlio Brandão, eu, nosso anfitrião e o que restou de seu pessoal, Sílvio e Leonardo.

O resultado não foi o que esperávamos. Não por culpa ou má vontade isolada de um ou outro de nós. A questão é que não tínhamos amadurecido o suficiente nossa compreensão sobre a vida efêmera do MAR, razões de sua existência e papel que desempenhara no torvelinho daqueles anos. Preponderou a emoção. E creio que nem poderia ser diferente. Tudo nos era muito recente e era de derrota que discutíamos e não de vitória. Muitas foram as resistências às críticas que por vezes vinham à tona. E era inevitável que aparecessem, tantos foram os erros coletivos e individuais no curso de nossa militância. Não se tratava de cair, um pouco adiante no tempo em que as coisas aconteceram — muito ainda haveria de acontecer — na tentação de cobranças de supostas dívidas morais ou apriorismos ideológicos. Era-nos importante — entendíamos assim — tentar naquela oportunidade, que suspeitávamos ímpar, como de fato foi, um balanço de um contexto de infinita audácia em pretender mudar o mundo e de avaliar o grau do voluntarismo que assumimos nesse pretender mudar o mundo. Por não chegarmos à conclusão alguma, encerramos a discussão, preservando o que de melhor restou e que perdura até hoje entre os que sobreviveram e ao menos se comunicam: respeito e companheirismo. E uma unanimidade: não faria nenhum sentido nem sequer a simples idéia de reconstrução do MAR. Por isso mesmo cada um saiu dali em busca de outras alternativas, de seu próprio caminho. Alguns tenderam para a ALN, na crença de que aquela seria a única organização com possibilidades de reverter o quadro de derrotas e promover o avanço do processo revolucionário. Pessoalmente, mantinha minhas dúvidas. Achava que a ALN exagerava na ênfase ao antiimperialismo, o que tende a exacerbar o sentimento nacionalista, numa sociedade em que o confronto se dava claramente entre o capital e o trabalho. Além disso, sempre tive dificuldades insanáveis com tudo o que tenha viés nacionalista, fonte de patriotadas e preconceitos, com destaque para o racismo. Foi nele que o nazi-fascismo encontrou o seu principal alimento para tentar submeter o mundo à idéia de superioridade da raça ariana sobre as demais. As necessidades humanas essenciais nada têm de diferente das dos semelhantes de qualquer que seja o quadrante do planeta, mesmo considerando as diversidades naturais e culturais de cada povo e seus interesses nacionais específicos. Em algumas circunstâncias históricas, exaltar o sentimento nacionalista justifica-se. Nos casos, por exemplo, de invasões e ocupações colonialistas de territórios alheios e até de incursões propriamente imperialistas, esses sentimentos impõem-se, tornando-se geradores de lutas de libertação nacional legítimas, porque a questão fundamental centra-se no fator colonizador *versus* colonizado, nação escravizando nação ou nações (na verdade, o poder dominante de uma nação avassalando outra ou outras nações). E aí estão Moçambique, Angola e outros países africanos na sua luta contra Portugal, para que se tenha em conta uma referência mais próxima para efeito de reflexão sobre o tema. Portugal, aliás, não esteve sozinho nisso por aquelas plagas. Outros colonizadores utilizaram seus exércitos mercenários para ocupar territórios de outros povos, exercer o seu domínio sobre eles e promover por fim o saque. Ingleses, franceses, belgas e tantos mais. O domínio indonésio sobe o Timor Leste é exemplar e bem mais recente como derrota do ultrapassado colonialismo. Mas o que quero dizer é que, tirar o nacionalismo de contextos políticos, elevando-o à instância ideológica, pode gerar desgraças em vez de promover avanços.

Na realidade brasileira, o confronto estava há muito, como está, entre capital e trabalho, algo bem mais amplo e atual como fenômeno deste nosso mundo contemporâneo. As soluções podem perfeitamente ser diferentes das que se propunha na época. Os tempos mudam. Mas vivíamos uma sociedade capitalista que já havia alcançado grandes avanços, inserida portanto no qualificativo *especificamente capitalista* do sistema (no que a exploração da mais-valia relativa se processa num contexto de elevada composição orgânica do capital), em que o preponderante é a exploração da força de trabalho mantida pela opressão de classe, à sua vez exercida pelo Estado como principal instrumento de dominação contra explorados e oprimidos. Nisto, bandeiras de cores nacionais e línguas diferentes confundem-se nos mesmos interesses.

Tal compreensão, ainda que fragmentada e por isso pouco ou nada consistente, já me ocorria há algum tempo. Faltavam-me, entretanto, instrumentais teóricos que me permitissem sistematizá-la. Por isso, entre o discurso e a prática militantes abria-se um fosso contraditório, em que, defendendo o socialismo, o internacionalismo proletário e outros fundamentos básicos do marxismo, fazia coro, ao mesmo tempo, com as palavras de ordem antiimperialistas (tese estalinista para o fortalecimento, segundo seus ideólogos, do primeiro Estado socialista — a URSS — e que se chocava com o trotskismo, que defendia a revolução permanente como única forma de sustentar esse mesmo Estado), enquanto o capital avançava o seu processo de integração internacional — hoje conhecido sinteticamente como *globalização* — fazendo com que os exploradores tanto podiam ser norte-americanos como holandeses, franceses ou de qualquer outra nacionalidade, entre os quais tinham presença capitalistas brasileiros natos que haviam garantido seu lugar ao sol nesse novo olimpo de "modernidade". E não como indivíduos isolados, mas como estrato social, a essa altura dominante no conjunto do capital no Brasil. O golpe de 1964, seja dito de passagem, não passou da consumação da vitória desse segmento sobre os setores minoritários do capital que insistiam em defender um desenvolvimento nacional autônomo, sustentado pela corrente de Jango, Brizola e adeptos, extemporâneo se tomamos como referência o período regido por Getúlio Vargas e o processo que a ele se seguiu e terminou por impor-se. Uma refrega, por conseguinte, intrinsecamente interburguesa. Para enfrentar essa nova força, monopolista e internacional em franca ascensão, foi que o governo Jango, representando os interesses da chamada "burguesia nacional" e com apoio do reformismo de esquerda, tentou compensar sua debilidade econômica com mobilizações políticas, atraindo para isso o proletariado e trabalhadores em geral com bandeiras do tipo Reformas de Base, Reforma Agrária, Remessa de Lucros, etc., acenos que nunca saíram do papel. Com o golpe, os senhores da nova ordem almejavam impor a unidade no seio da burguesia como um todo, alijando de dentro dela quem lhe fizesse oposição, por mais pacífica que fosse — expurgos, cassações de mandatos parlamentares, fechamento dos partidos e prisões — e, claro, desarticulando o movimento de massas dos trabalhadores, a começar pelas organizações sindicais e partidos políticos próprios ou que representassem um mínimo de seus interesses de classe.

Ainda por essa contradição, inclinava-me a ver apenas a ditadura militar. Era como se, vencida a ditadura aberta, extinguiríamos a ditadura de classe, camuflada nas democracias tradicionais, ingressando no socialismo como passagem para uma sociedade sem classes. O futuro se encarregou de lembrar — porque aquela experiência não foi a única em nossa história política — que a pequena burguesia intelectual e setores liberais do capital também lutaram contra o regime militar. Dos primeiros, muitos de seus membros até chegaram a pegar em armas. No essencial, ambos os segmentos queriam apenas reconquistar o terreno perdido dentro do velho sistema com face reformada. Deu no que deu: neoliberalismo. E assim, contestando as tendências nacionalistas de parte de nossa esquerda, terminava por ficar na mesma. O MAR, que tinha como origem o MNR, não passou de um grupo a fazer parte de uma constelação de pequenas organizações que gravitavam em torno da ALN. Ou seja, da nascente à desembocadura, as águas que corriam tinham como sabor predominante o nacionalismo, embora o socialismo como meta constasse de todos os programas (o que não deixava de ser algo no mínimo discutível, porque socialismo, para o marxismo — e todas as lideranças se diziam marxistas — não existe como *sistema*, e sim como *etapa de transição* entre capitalismo e comunismo, com duração imprevisível, é certo, mas nunca como um fim em si mesmo, a não ser para a social-democracia que Lênin classificava como traidora da revolução proletária).

Procurei aproximar-me do MR-8, acreditando em nossa afinidade ideológica. Durante meses tentamos uma prática conjunta. Nessa fase surgiu manifestação de interesse de Glauber Rocha em transformar em filme a operação de libertação dos presos políticos da Lemos de Brito. O assunto adormeceu pela cúpula daquela organização sem explicações, antes mesmo de qualquer discussão com os participantes diretos da ação. Talvez tenha sido melhor assim, a medir pelo que nos ofereceu Bruno Barreto com o seu *O que é isso companheiro?*, baseado no livro homônimo de Fernando Gabeira, e cuja verdade dos fatos sofreu abalos em passagens importantes. Interpretações são sempre discutíveis, mas fatos são sempre fatos. Vê-los e expô-los como são deveriam ser cuidados a transcenderem meras barreiras de posicionamentos ideológicos. Em qualquer que seja o caso. Se o assunto é história, então, nem cabe comentar. O que foi discutido ou apresentado ali não foi fruto de ficção, em que tudo é admissível. Logo, afastar-se dos fatos, obscurecê-los ou distorcê-los, é surrupiar consciente ou inconscientemente elementos de formação do conhecimento e, desse modo, por essa forma nem muito sutil de censura, sabotar algo de indiscutível significado para gerações futuras. Nenhuma restrição a Glauber, de quem a obra e a memória reverencio. As dúvidas ficam por conta das fontes que iriam servir de base ao seu trabalho.

Avelino Bioen Capitani, sabendo que em Santiago encontrava-se parte de velhos camaradas de luta com perspectiva de seguir em frente, partiu para lá. Depois de romper cercos de tropas especiais — Marinha e Exército — nas montanhas da região de Angra dos Reis e travar alguns combates e novamente romper cercos na área urbana do Rio, terminou em Havana para tomar fôlego. Na sua preparação para chegar ao Chile, parou na Itália, Milão. Ali encontraria o apoio de que necessitava para cruzar o Atlântico de volta ao continente latino-americano, palco de nossas esperanças revolucionárias.

Nos revermos foi uma alegria só, uma festa. Conversamos muito e começamos, aos poucos, a traçar planos que pudessem nos oferecer como resultado condições seguras de retorno ao Brasil. Por coincidência, ele também vinha discutindo com o pessoal do MR-8.

Mas minha saúde claudicava. Não me encontrava bem desde a prisão. Uma vez mais estavam lá os nossos sempre presentes José Ferreira, Marlene e Iracema, apoiando-me.

Júlio e Ritinha, com quem residia, tinham seus afazeres, obrigações escolares e de trabalho. Passavam os dias inteiros fora, não podendo apoiar-me mais do que já apoiavam. E havia um problema insuperável: a mãe de Júlio me odiava por acreditar que teria sido eu a "desencaminhar" o seu filho, atraindo-o para a subversão. Culpava-me até por ele não ter concluído o curso de Direito. Assim, todas as vezes que ela, que morava no Rio, ia visitá-lo em Santiago, o que fazia com regular freqüência, eu tinha que sair de casa. Mas ir para onde? Era o Ferreira a buscar solução. Nessas ocasiões ficava em seu apartamento, de pouco espaço para ele próprio e família e sempre com alguns "circunstantes" a mais para dividir teto e pão. Entre seus contatos chilenos tinha uma senhora que possuía uma casinha simples, tipo do que nós brasileiros, em especial nordestinos, conhecemos de "meia-água", do outro lado do rio Mapocho, em bairro proletário. Preço baixo, ele alugou. Sala, quarto e cozinha pequeníssimos e um banheiro minúsculo. Ainda assim, era tudo o que queríamos. A casinha era isolada por muros altos no fundo de um terreno. Um caramanchão de videiras, sob o qual pusemos uma mesa, servia de sala de jantar quando nos reuníamos e o frio permitia. Naqueles limites nada poderia ser melhor. E tão aconchegante era aos nossos olhos e necessidades que demos um nome nobre ao casebre: era o nosso *château*, como ficaria conhecido. Eu e Capitani passamos a ser os residentes fixos do *château*. Ali divagávamos sobre temas diversos, estudávamos e recebíamos os companheiros mais próximos para momentos de descontração, como um almoço ou jantar que nós mesmos preparávamos.

Por uma série de divergências nossos vínculos com o MR-8 não se firmaram. Ainda não seria sob aquela sigla que iríamos — eu e Capitani — tentar tornar viáveis nossas opções.

Estávamos pelo início de junho (1971). Intrigava-me, entre outras coisas, o fato de Carlos Lamarca, que houvera rompido com a VPR e ingressado no MR-8 em abril, ser mantido no Brasil apesar de muito doente e ferreamente perseguido pelos órgãos repressivos. Não seria o caso de julgar a dimensão da estrutura da organização e suas possibilidades de resistir às incursões inimigas, até porque estas eram questões que ignorávamos por motivos de segurança. Mas as sucessivas quedas não davam margem para otimismos. Entretanto, o distanciamento não se daria por essa dúvida quanto à permanência de Lamarca no Brasil. Viria pela constatação da prática hierárquica e autoritária na relação dos quadros de direção com os militantes de base da organização no Chile. E nem se culpe o MR-8 por essa postura, pois não era exclusividade sua. A esquerda armada, nas suas incontáveis facções, sofria do ranço estalinista que vinha do berço e formação e que, sob esse aspecto, a igualava aos Partidos Comunistas tradicionais, reprodutores, em última análise, das velhas relações sociais existentes nas sociedades capitalistas, sejam de caráter privado ou estatal, como foi o caso da falida União Soviética, sempre apresentada ao mundo como inovadora e socialista.[1] Mesmo sem muita clareza ainda sobre isso, mas já com críticas a essas relações, considerei-as naquele momento insuportáveis. Afastei-me. Capitani se manteve por mais algum tempo, mas também desistiu.

Nesse ponto nos apareceu Onofre Pinto. Para quem não o conheceu, vai a apresentação: Onofre era ex-sargento do Exército, um dos fundadores da Vanguarda Popular Revolucionária (VPR), participou de ações armadas, esteve preso e, por último, banido do país entre os 15 libertados em troca do embaixador dos Estados Unidos, Charles Burke Elbrik, em ação realizada com êxito pelo MR-8 e ALN. Levado para o México, em pouco tempo estaria no Chile, depois de passar por Havana, Paris e Milão. Ele era uma pessoa muito ativa politicamente e de alguma habilidade para manter o prestígio que havia conquistado como militante no seu grupo e mesmo no conjunto da esquerda armada. Nada tinha de teórico marxista, mas sua dedicação à prática revolucionária era inquestionável. Por esse reconhecimento mantinha-se nas funções máximas de direção de sua organização, funções que a partir de certo momento passou a centralizar em suas mãos. Nessa posição é que viria discutir conosco, que a essa altura já conformávamos um pequeno núcleo, porém sem pretensões de nos constituir como mais uma organização.

O quadro que Onofre nos apresentou não pareceu distanciado da realidade e suas propostas diferenciavam-se das que comumente nos surgiam. Não acenou com recrutamento. Ao contrário, mostrou-se até satisfeito com nossa condição de grupo independente. Disse considerar fundamental que a esquerda buscasse fórmulas de trabalho conjunto, tendo como ponto de partida as convergências. As divergências, na sua concepção, deveriam ceder

---

1. Charles Bettelheim, na sua obra *A Luta de Classes na União Soviética*, Rio de Janeiro, Paz e Terra, 1979, 2ª ed., nos oferece substanciosos elementos para a compreensão dos fenômenos socioeconômico-políticos — e ideológicos — que impediram que a União Soviética fosse além do capitalismo de Estado, embora se autodenominasse socialista. Bettelheim, economista francês, faz suas análises com a autoridade de quem estudou aquela sociedade durante 40 anos, vivendo-a por dentro e dela participando durante longos e diversificados períodos.

espaço para realizações práticas, que por sua vez iriam funcionando como meio catalisador no plano das idéias, superando com isso os obstáculos que impediam maiores aproximações entre as tendências, fragilizavam a todas e por último impediam que se caminhasse para formas superiores de organização, como a construção unificada do tão ambicionado Partido Revolucionário, qualquer que fosse o rótulo que ganhasse, e seu indispensável braço armado, o Exército Popular, adequado por sua vez às formas de luta que então defendíamos. E sem isto, concordávamos, jamais seria possível qualquer avanço com perspectiva mínima de equilíbrio na correlação de forças com o inimigo.

Essa postura nos entusiasmou. Passamos a trabalhar numa só direção. Fizemos alguns acordos e, entre estes, um bastante grave: que ao menos um de nós representasse o grupo numa frente de trabalho dentro do país. Isto foi aceito mas havia uma dificuldade: todos éramos ou banidos, exilados ou listados pelos órgãos de repressão no Brasil. Restava-nos, portanto, para cumprir esse compromisso, um só caminho: a clandestinidade. O designado teria que preparar-se, começando por ir, aos poucos, saindo de cena da colônia brasileira, na qual todos ou quase todos se conheciam, o que tornava fácil o controle repressivo. Todos sabíamos que em Santiago havia um ninho de espiões do governo brasileiro oculto pelo manto protetor da Embaixada do Brasil e estreitamente vinculado à cúpula da polícia chilena, que permanecia sob o controle da direita (uma vez mais a contradição governo e poder, embora as ilusões da *via pacífica ao socialismo* de Allende naquelas condições dissessem o contrário. O conceito marxista de Estado e seu papel na sociedade de classes seria assim soterrado). Coube-me o desafio. Quem sabe ali estivéssemos lançando as pedras básicas da longa estrada revolucionária. Os que crêem no que fazem sempre pensam assim. Sonhar nunca foi proibido. E como sonhávamos para além do horizonte azul!

Em meio a esse entusiasmo haveria de cair sobre a nossa cabeça uma bomba de alguns tantos megatons: José Anselmo dos Santos, o "cabo" Anselmo, homem da mais extremada confiança de Onofre e que por isso respondia pela coordenação das áreas de trabalho da VPR no país, havia sido preso. A notícia chegou a Santiago sem pormenores. Toda a colônia de exilados consternou-se. Um duro golpe a mais, foi como todos sentimos, em particular os que alimentavam a perspectiva de continuidade da luta armada. Como grupo aliado da VPR e em fase de negociações, necessitávamos saber a profundidade disso, até onde a queda iria repercutir na estrutura da organização, que outros prejuízos humanos, materiais e políticos poderiam advir daí. Naqueles dias nada se soube. Nada além de "preso Anselmo" e das especulações que emergem em abundância em circunstâncias como aquela.

Questionado, Onofre foi categórico em afirmar que Anselmo jamais houvera sido preso. Tinha seus motivos para tanta certeza, porque comunicava-se com ele regularmente por seus esquemas secretos.

Poderia ter sido aquele um sinal para um basta, para que refluíssemos devido a esse acontecimento e tão escassas explicações sobre ele, já que nossas relações ainda não haviam adquirido raízes mais profundas. Mas as afirmações de Onofre nos dava alguma tranqüilidade por acreditarmos nele. Além disso, caso se confirmasse, sofrer baixas faz parte de qualquer luta. E é sabido que a implantação de boatos está na tática repressiva, seja para dividir um movimento oponente, seja para forçar discussões nas hostes inimigas para trazer luz sobre uma dúvida ou, mais precisamente, para ter referência de pessoas sobre as quais tenha perdido o controle de por onde andam. Coisa velha, por sinal. E não tardou para que chegassem desmentidos, reforçando a posição de Onofre.

Quando os tais desmentidos chegaram a Santiago foi um desafogo para parte dos militantes da VPR (outra parte não considerou os desmentidos, preferindo manter cautela ficando com a informação anterior até prova em contrário). Confiantes, também nós engolimos a pílula.

Esse desafogo, porém, foi extremamente fugaz. Quase que concomitantemente com os desmentidos começaram a chegar do interior dos cárceres informações que afirmavam que José Anselmo houvera sido capturado. Eram informações preocupadas a princípio com a sorte de Anselmo, longe de suspeitas ou acusações. Mas não demoraria muito para que aparecessem alguns detalhes importantes. Anselmo teria sido preso juntamente com o ex-fuzileiro naval Edgard de Aquino Duarte, que havia integrado a direção da AMFNB durante a gestão de Anselmo na presidência da AMFNB e sido expulso da Marinha por ativa participação no Movimento dos Marinheiros. Assim que deram entrada no DOPS, os dois foram separados e Aquino teve oportunidade de passar, desesperado, a informação para outros reclusos. E não ficou aí: Diógenes de Arruda Câmara, preso naquelas dependências, confirmava a prisão e garantia ter visto com seus próprios olhos Anselmo pelos corredores do DOPS. Outros militantes também presos no mesmo local e momento faziam a mesma afirmação. Então, como negar o fato? Onofre continuava negando. As insistentes informações ratificando a ocorrência da prisão começavam a dar razão aos que preferiram aceitar as primeiras notificações sobre ela ou ao menos se manterem na posição de prudência. Aquino sumiu. Os repressores, soube-se depois, passaram a transferi-lo continuamente de cárcere até o aniquilarem convictos de que, matando-o, não haveria mais testemunhas da prisão de Anselmo. Este negociou sua vida em troco de outras, a começar pela de Aquino, que não tinha qualquer militância, trabalhava regularmente na Bolsa de Valores e o guardava em casa em nome de uma velha amizade que nem isso Anselmo considerou ou teve um leve lampejo de dignidade para respeitar.

Tantos e tão desencontrados relatos só poderiam alimentar desconfianças, algumas antigas, como a de que José Anselmo já seria um agente infiltrado no Movimento dos Marinheiros a serviço da CIA desde que surgiu na AMFNB. Como explicar, agora, ter sido visto preso no DOPS e de repente, sem mais nem menos, aparecer solto, ainda por cima com o agravante do desaparecimento de seu parceiro de infortúnio, portanto única testemunha direta e imediata do ato de prisão? Difícil, senão impossível. Conseqüência disso foi a acirrada polêmica que se abriu dentro e fora da VPR. Os mais sensatos, entre eles Ângelo Pezzutti (morto mais tarde em acidente de moto em Paris), defendiam que ao menos as áreas sobre as quais Anselmo tinha controle, acesso ou simples conhecimento da existência e localização fossem evacuadas até que as coisas se esclarecessem. Mas nem esse mínimo de precaução seria admitido por Onofre. Algo incompreensível, mas assim foi e assim se manteve até que Anselmo viesse a ser definitivamente desmascarado como traidor, sua situação se tornasse insustentável e a repressão decidisse, por essa razão, massacrar os militantes que já mantinha sob controle por meio do próprio Anselmo numa chácara em Abreu e Lima, nas proximidades de Recife, em janeiro de 1973. O plano era bem mais pretensioso. A idéia era reunir o máximo possível de militantes, muitos nominalmente eleitos, para o golpe final. A pressão causada pela luta interna na VPR contribuiu para frustrar em parte esse intento, concebido e programado em detalhes.

As traições são, por princípio e definição, abomináveis. A exercida por Anselmo conseguiu, pela magnitude da frieza e crueldade, tornar-se inqualificável. Nenhum adjetivo isolado dos muitos utilizados contra ele teve o mérito de exprimi-la em toda a sua dimensão. Compreende-se: não bastasse sua participação no assassinato de Edgard de Aquino, que, ele sabia, há muito havia abandonado a militância, mas assumia o risco de tê-lo acobertado em casa em tempos tão repressivos, Anselmo não hesitou, igualmente, em participar do planejamento de uma matança que incluía sua própria mulher — Soledad Barret Viedma — grávida de sete meses de um filho seu. Dito isto não precisa dizer mais nada e nem referir a pilha de cadáveres que foi deixando no seu rastro, com destaque para o massacre de Abreu e Lima, de onde ninguém conseguiu escapar com vida. Depois disso, detalhes passam a ser secundários. Ainda hoje, aliás, e apesar de tantos e repetidos depoimentos, não há certezas de que esses militantes se encontravam todos concentrados ali ou para lá foram atraídos ou conduzidos para execução. Há fortes indícios de que, ao menos alguns, foram presos em lugares diferentes e arrastados como gado para o matadouro. Projeto macabro que teve como suporte financeiro inclusive dinheiro da própria VPR. Onofre, na maior das ingenuidades (também por oportunismo na luta política travada no interno da organização), supria os bolsos de Anselmo com gordas somas em dólares, oriundos da ação comandada por Lamarca contra o cofre de Adhemar de Barros (Anselmo ainda se dava ao luxo de reclamar que as notas que lhe chegavam estavam sempre emboloradas!).

Foi necessário um bom tempo para que a verdade sobre Anselmo viesse às claras e sua frieza se tornasse explícita. Assumida sem mais rodeios a traição que cometera, ele aceitou dar ao menos dois depoimentos importantes. O primeiro foi em março de 1984[2] numa entrevista ao repórter Octávio Ribeiro — o *Pena Branca* — pelo qual ele afirma ter se entregado espontaneamente ao delegado Sérgio Fleury, após desiludir-se com a esquerda, e tenta passar a idéia de que por trás das organizações armadas estava o PCB. Mais um de seus muitos embustes, sem dúvida, com o claro propósito de confundir, embora ninguém que viveu ou acompanhou a acirrada polêmica dentro da esquerda à época e que terminou por gerar conhecidas rupturas no PCB tenha entendido seus motivos. Com a entrevista em mãos, os editores da matéria tiveram o cuidado de convidar pessoas que conviveram com Anselmo para ouvir as gravações e confirmar ou negar a autenticidade da voz (estivemos lá, cada um à sua vez, eu, Antônio Duarte e Shizuo Ozawa — o *Mário Japa*). Não houve dúvidas. A voz, indisfarçável, era a do próprio, apenas com forte sotaque de quem tenha vivido durante longo período em país de língua castelhana. Sempre foi bom ator!

---

2. *Isto É* (Especial), nº 379, 28/3/1984. Matéria de autoria de Ricardo Setti, seguida de parte da entrevista dada por Anselmo a *Pena Branca*.

O segundo foi para o jornalista Percival de Souza, publicado pela revista *Época*.[3] Neste depoimento ele modifica muito do que havia declarado a Octávio Ribeiro. Mente em ambas as oportunidades, mas é flagrante que desta vez elaborou melhor seu discurso, organizando-o de modo a mostrar-se um tanto mais convincente na tentativa de construir sua auto-absolvição.

Tanta esperteza, porém, não lhe foi favorável. Ao contrário, expôs um pouco mais alguns traços do seu caráter monstruoso. Apenas dois exemplos. Primeiro, tenta minimizar ao máximo o grau de covardia e perversidade expressas com o assassinato de sua mulher e filho na ação repressiva de Abreu e Lima, organizada diretamente por ele e Fleury. No *Fantástico* do domingo que precedeu o lançamento do livro de Percival de Souza — *Eu, cabo Anselmo* — (edição de 7 de novembro de 1999), ele respondeu a Pedro Bial, o entrevistador, quando perguntado a respeito, tratar-se de mentira que ela estivesse grávida de sete meses. Talvez uns dois!... É o que diz e consta na gravação daquele tradicional programa da TV Globo, como se a quantidade menor de meses da gravidez de sua mulher atenuasse a sua culpa no episódio. Segundo, pareceu-lhe pouco participar do aniquilamento físico de Edgard de Aquino. Na sua incontida sordidez decidiu investir contra a memória de Aquino, declarando que ele também colaborou com a repressão e que em troca Fleury fornecera-lhe documentação nova e oportunidade de recomeçar a vida, desde que no exterior. Um autêntico "acordo de cavalheiros". Apesar de suas afirmações, o nome de Aquino figura na relação de "falecidos" do DEOPS/PR.[4] Uma vez mais Anselmo tenta confundir e tirar proveito de prováveis dúvidas geradas por suas declarações, sempre bem arquitetadas e lançadas em momentos criteriosamente estudados, embora no geral sem substância e, por isso, de fácil desmoralização. Dessa mixórdia de atitudes escapam fios de suspeitas que merecem atenção.

Por vezes — e até com certa freqüência — Anselmo se deixa flagrar em contradições desconcertantes. Ninguém poderia supor que enquanto se discutia acirradamente no interno da VPR em particular, por tratar-se de um de seus quadros, e da esquerda no geral, pela gravidade do assunto para todos, quanto a se falsa ou verdadeira a sua prisão, ele confidenciava a Hélcio Perei-

---

3. *Época*, nº 43, 15/3/1999, dedicou 16 páginas à reportagem de Percival de Souza, transformada em livro — *Eu, cabo Anselmo* — lançado em novembro de 1999 pela Editora Globo.

4. Do livro *Dos filhos deste solo*, de autoria de Nilmário Miranda e Carlos Tibúrcio, São Paulo, Editora Fundação Perseu Abramo, 1999, 1ª edição, p. 478.

ra Fortes, da direção da ALN, haver sido preso. A discussão atingia grau máximo de efervescência no Chile e a confidência foi feita no Brasil, num dos contatos de rotina entre representantes das duas organizações. Justificando-se e mesmo tentando revelar-se heróico por ter "ludibriado" a repressão — sempre a jactância — disse que sua soltura se devera ao fato de não ter sido reconhecido pelos agentes que o detiveram. Mentia, claro, porque o processo seria exatamente o inverso. Esse aparente gesto de "liberalismo", a confidência, tinha um claro sentido: criar álibi para o caso de ter sido visto na prisão, como de fato aconteceu. Hélcio, entre suspeitas e preocupações, procurou José Raimundo da Costa (Moisés), outro ex-marinheiro integrante da direção da VPR, a quem passou essa informação. Não se sabe o que conversaram, mas o certo é que ambos foram assassinados pela repressão (José Raimundo da Costa em agosto de 1971 e Hélcio Pereira Fortes em janeiro de 1972).

A prisão de Anselmo e Aquino ocorreu, segundo pesquisas, a 3 de junho de 1971, na Rua Martins Fontes, 268, ap. 807, no centro velho de São Paulo, quando, definitivamente, Anselmo passou à condição de trânsfuga e não há dúvidas de sua participação nesses assassinatos, como em tantos outros já conhecidos e tantos mais por enquanto ignorados ou mantidos na faixa da simples suspeição. Sua missão foi cumprida, mas a sede de ceifar vidas manteve-se. E de tal maneira insaciável que em suas declarações apresenta pessoas vivas como mortas. Um de seus "mortos em combate" é José Duarte, "vivinho da silva" e, ao que saiba, gozando de boa saúde enquanto escrevo estas linhas. Outro, que teria chegado à loucura, terminando por "suicidar-se", é o Cláudio de Souza Ribeiro, que voltará a estas páginas bem mais à frente. Não são simples enganos. Anselmo era íntimo dos arquivos, integrava equipes de análises das organizações e possuía, por essa sua inserção na estrutura repressiva, o poder de apontar qual ou quais organizações deveriam ser atacadas em primeiro lugar e qual ou quais militantes deveriam ser eliminados rapidamente pelos seus critérios de quem ofereceria mais e imediatos problemas ao sistema, cuja defesa ele passou a assumir como um dos mais pertinazes escudeiros.

Mas ainda estávamos em 1971 e mais derrotas se armavam. Obstinação nem sempre é virtude. Quando fica nos marcos da pura teimosia pode transformar-se em estupidez. Por essa tão singela verdade, os erros, mais do que se repetirem, reproduziam-se. Conseqüência: morto Lamarca, em setembro. Com ele tombou também José Campos Barreto, o Zequinha, influente líder operário nos anos 60 em Osasco, na Grande São Paulo, que havia aderido à luta armada ingressando na VPR. Com a saída de Lamarca dessa organização, após o desfecho do seqüestro do embaixador da Suíça Enrico Bucher, ele optou por acompanhá-lo sustentando a bandeira do MR-8. Ambos encontravam-se no mais cruel dos isolamentos no sertão da Bahia. Lamarca doente e sem condições nem para manter-se de pé. Barreto carregava-o nas costas. Não houve, portanto, e nem poderia haver, combate. Sob a fronde daquela baraúna onde Lamarca e Barreto tentavam recompor parte das energias dormindo ou desmaiados pela fome e cansaço, uma sombra inexistiu: a da dúvida do que realmente aconteceu ali. Foi execução pura e simples, um assassinato em suma, típico do arbítrio ditatorial. Mas o então major e hoje general Nilton Cerqueira, comandante da operação, sente-se herói. Do ponto de vista militar, onde está a glória em abater um inimigo naquelas condições? Muitos, pela posição que ocupam, criam suas próprias regras morais e éticas. Intrigado com toda aquela bestialidade, voltei aos clássicos. Reli o que consegui de Clausewitz.[5] Minhas inquietações incluíam conceitos militares para melhor entender os acontecimentos. Exigiam mais consultas e reflexões. Quem sabe, o equivocado nas interpretações que me ocorriam fosse eu. Não foi essa minha conclusão.

Os relatos da direção do MR-8 para a militância, até onde acompanhei como participante de um coletivo antes de afastar-me dessa organização, não referiam às dificuldades que Lamarca atravessa. Tudo, ao contrário, era otimismo. Falavam do crescimento teórico do capitão. Naqueles dias — diziam — ele estava tranqüilo, em segurança e dedicado aos estudos do marxismo e numa grande luta individual contra o cigarro, "reflexo do seu fortalecimento ideológico". Nada sobre sua real situação. Mortes e prisões se sucediam e o cerco se apertava mais e mais a cada dia. Não era cerco contra um comando guerrilheiro em pleno vigor combativo, mas contra dois indivíduos isolados e com um deles, Lamarca, praticamente liquidado pelos problemas de saúde que portava e sem a menor chance de tratar-se.

Passaram-se anos para que personalidades empenhadas na defesa dos Direitos Humanos tivessem acesso a documentos que por ventura pudessem indicar pistas verdadeiras sobre a morte de Lamarca e Barreto, documentos

---

5. Clausewitz, Karl von, general e teórico militar prussiano (1780-1831). Após ter lutado contra Napoleão, criou a Academia de Guerra de Berlim. Escreveu um volumoso tratado, intitulado *Da guerra*, que exerceu grande influência sobre a doutrina política e militar do Estado-Maior alemão, do mesmo modo que nos criadores do Exército soviético.

esses guardados a sete chaves. O *Relatório Pajussara*, assinado pelo major Cerqueira, era um deles e não convenceu a ninguém quando foi possível consultá-lo.[6] Farsa é farsa e contrafações são montadas para levar a enganos, para esconderem verdades. A "forcinha" de setores da imprensa colaboracionista da ditadura, num imaginário diálogo entre um suposto agente federal e Lamarca, serviu apenas para mostrar conceitos antagônicos de pátria. O dito agente teria perguntado: "Você sabe que é um traidor da pátria?", ao que Lamarca teria silenciado. Fosse verdadeiro o episódio (morto não fala), o dito agente estaria tão-somente revelando a *sua* pátria: a dos espertalhões, dos corruptos, de uma minoria extremamente poderosa e concentradora de renda, dos que, pela exploração e opressão da força de trabalho e assalto aos cofres públicos — o que na prática quer dizer a mesma coisa —, transferem fortunas para os chamados paraísos fiscais, submetem milhões a uma condição de vida abaixo da linha da pobreza, portanto, à miséria, conforme revelam relatórios de organismos internacionais que se dedicam à matéria; e uma outra, representada por Lamarca e tantos outros revolucionários sinceros, de qualquer tendência política, conhecidos ou anônimos, que pretendiam transformar a sociedade para que seres humanos tivessem dignidade e merecido lugar ao sol, que aliás nasce para todos.

Conheci o general quando ele ainda era tenente, na PE da Vila Militar. Ele repressor e eu preso. Por uma questão de honestidade, devo dizer que não me tocou as mãos. Nem caberiam mais agressões físicas, pois tanto eu quanto José Duarte, minha companhia constante desde nossa transferência da PE da Barão de Mesquita para a Ilha das Flores, já havíamos passado da fase de interrogatórios. Isto, entretanto, não era garantia para nada. O fato é que nessa nossa passagem pela Vila parecia predominar um certo clima de trégua. Não se ouviam gritos ou movimento de homens agitados, sintomas típicos de quando alguém estava sendo submetido a suplícios. Essa trégua tinha uma explicação: o seqüestro do embaixador suíço, Enrico Bucher, até aquele momento sem solução à vista. Era nisto que as forças repressivas estavam concentradas. O governo retardava ao máximo o fecho das negociações para que seus agentes pudessem descobrir o local em que o diplomata se encontrava para resgatá-lo. Assim, frustraria o seqüestro e nenhum preso

---

6. Nilmário Miranda e Carlos Tibúrcio, na obra de sua autoria *Dos filhos deste solo*, op.cit., p. 404 a 423, oferecem farto material que desmonta toda a farsa montada pela ditadura e cúmplices sobre o assassinato de Lamarca e Zequinha.

seria libertado. Logo a calmaria momentânea chegaria ao fim, com a rotina voltando à normalidade. Isto é, com o "pau" retornando à ordem do dia. Ali, as pessoas, de qualquer sexo ou idade, eram vencidas pelo terror. Rompido o impasse do seqüestro, a política de aniquilamento estabelecida desde muito antes pela ditadura prosseguiu feroz. A direção do MR-8 nunca explicou suficientemente, ao que pelo menos eu saiba, o porquê da manutenção de Lamarca no país, naquelas condições. Quando ele se desligou da VPR, abdicou de seu grau de comandante e ingressou no MR-8 sem aceitar qualquer cargo de direção, como um militante comum, apesar do prestígio na esquerda revolucionária conquistado ao longo de sua militância, histórico de vida, e sobretudo pela indiscutível competência no âmbito militar mesmo entre os inimigos. Isto leva a crer que, por esse gesto de humildade, estaria disposto a acatar determinações da Direção Nacional de sua organização, embora, por vontade própria, não desejasse refugiar-se no exterior. As perdas revolucionárias, principalmente quando fatais, transcendem os indivíduos pelo que significam como derrota para o conjunto do movimento que representam. A morte de Che Guevara na Bolívia já havia deixado muito claro isso. Pelo visto — e como sempre — a lição não foi aprendida.

A verdade verdadeira, irrefutável, é que uma vez mais a notícia de uma baixa revolucionária chegava ao Chile, para a aflição e desalento da colônia de exilados, em particular dos que ainda mantinham esperanças no revigorar revolucionário. O contristar, porém, não era unânime. Parcela do chamado "campo da esquerda" não se incluía nisso. O PCB estava aí disfarçando condolências no seu melhor e tradicional estilo farisaico. Porém, dois ou três dias atrás, tinha soltado uma edição do seu jornal, pela qual denunciava que "só um agente da CIA poderia romper o cerco montado contra Lamarca no Vale do Ribeira". Lógica estranha, fenômeno aliás que se repete ao longo dos anos, sempre que o PCB sente a necessidade de difamar alguém como forma de aniquilar adversários e impor suas "verdades". A isto chama de "luta político-ideológica". Para provar sua autenticidade revolucionária, Lamarca deveria deixar-se matar, pelas brilhantes conclusões dos insólitos dirigentes do PCB. Satisfeita sua vontade, Lamarca assassinado, houve correria para retirar de circulação a dita edição do jornal. Ficava "feio" manter o disparate. Com a execução, a "tese" foi desmoralizada. Mas a "recaída" não tardaria. Logo o PCB voltaria à carga, afirmando em artigo que fez circular que "a repressão teve na morte de Lamarca a eliminação de um de seus principais aliados"! Bem, era Marx a dizer que "Na História, como na Natureza, a podridão é o laboratório da vida". Passagens como esta dão-lhe cabal razão.

A sensação era a de que o ano arrastava-se lento, como a dar tempo para mais derrotas. Dois meses após a morte de Lamarca, uma nova tormenta se abatia sobre nossas cabeças. Primeiro, aquela notícia vaga. Depois, a palavra oficial da execução pela ALN de Carlos Alberto Maciel Cardoso por "traição". Pelo seu jornal *Ação*, ano I, nº 3, aquela organização divulgava uma nota em que o título já dizia tudo: "Justiçamento de um traidor". E seguia assumindo que, "no dia 13 de novembro de 1971, foi executado o indivíduo Carlos Alberto Maciel Cardoso. Tratava-se de um traidor que, preso pela Polícia Federal, aceitara suas propostas de entregar companheiros e fornecer informações. Descoberto (!?), foi sumariamente julgado e fuzilado por um comando da Ação Libertadora Nacional (...)". O texto, longo e grandiloqüente, justificava o gesto "revolucionário" da direção da ALN, encerrando-se com "Ou ficar a Pátria livre ou morrer pelo Brasil".

De saída, um inominável desrespeito a um militante. A ALN fez uma ação contra uma clínica no Rio de Janeiro onde Maciel, militante da organização, trabalhava como enfermeiro, especialização obtida na Marinha, sem que nada lhe fosse antecipado para precaver-se. Dá-se que Maciel, ex-marinheiro e integrante da finada AMFNB, havia sido condenado por ter participado das manifestações de rebeldia dos marinheiros em 1964. Cumpriu pena com Marco Antônio, os irmãos Duarte, Capitani, Prestes de Paula, eu e tantos outros na Penitenciária Lemos de Brito. Uma pessoa, portanto, fichada pelos órgãos repressivos. Um suspeito em potencial para todos os efeitos. Feita a ação, claro, a repressão partiu para suas investigações, começando por onde até um pateta começaria (a não ser, como os fatos indicam, os "estrategos" da ALN que deliberaram favoravelmente a ela): levantando a ficha dos funcionários, entre os quais estava Maciel. A partir daí começam muitas versões.

A que me chegou na ocasião, por duas fontes (militantes da própria ALN), e que não tenho o menor motivo para pôr em dúvida, coincidiam em afirmar que Maciel, em decorrência da ação, fora preso. Maciel foi, como de praxe em qualquer investigação, violentamente espancado e ameaçado de morte. Os torturadores queriam o paradeiro de Hélcio Pereira Fortes, da direção da ALN e um dos mais procurados pela repressão naquele momento pela posição que ocupava na organização. Deram-lhe as opções extremas: vida ou morte. A vida estava condicionada à entrega de referências sobre o paradeiro de Hélcio. Maciel teria confessado que tinha um "ponto" marcado com ele, indicando dia, hora e local. Queria livrar-se dos padecimentos. Os repressores, então, deram-lhe um número de telefone para que passasse informações e o instruíram para ir ao "ponto", soltando-o o mais rapidamente possível para que sua prisão não fosse notada pelos companheiros, porém mantendo-o sob rígida vigilância e deixando claro que, se estivesse mentindo, seria executado sumariamente. Maciel aceitou. A repressão montou uma emboscada no local, mas Hélcio teria amanhecido com complicações de saúde e, por isso, delegou a tarefa de contatar Maciel a uma militante.

No "ponto", muito nervoso, Maciel pediu à moça da maneira mais discreta que pôde que o retirasse dali imediatamente dizendo estar sendo seguido. Ela o pôs em seu carro e partiram. Depois de rodarem algum tempo, Maciel contou a ela o que havia acontecido e pediu aos prantos para ser retirado do país. O caso foi levado à direção da ALN, que fez um julgamento à sua maneira, secreto, decidindo por considerá-lo culpado e, por isso, condenando-o à morte por traição, sem que o acusado nem sequer soubesse que estaria sendo julgado e muito menos com qualquer possibilidade de defesa. O argumento para essa sentença foi o de que ele havia dado à repressão uma informação real. Entendiam que poderia ter fornecido uma indicação falsa. Um comando foi montado para executá-lo e a execução aconteceu da maneira mais abjeta e imoral, indigna de quem se propunha eliminar do mundo as injustiças burguesas. Foi matança e não execução. Marcaram um "ponto" com ele e Maciel, na doce inocência de que iria receber uma resposta ao seu pedido de retirada do país, tomou tiros. Tentou fugir já ferido, até muro pulou enquanto desfalecia, e os executores o perseguiram até concluírem a barbárie. Coisa de alucinados e não de revolucionários.

Essa é a versão na qual acredito. Há outras, mas, seja qual for a que no amanhã se imponha como verdadeira ou mais próxima da verdade, não anulará a certeza de que aquela execução explicitava os estertores desesperados da ALN, que recusava-se a aceitar uma derrota que não era apenas sua, embora, no seu comunicado, fizesse ginásticas retóricas para garantir que a execução "fora uma vitória da guerrilha". Cabe a pergunta: quem de fato teria traído? O militante, que terminou preso por uma ação irresponsável no seu local de trabalho pela organização a que pertencia e sem que fosse antecipadamente informado sobre ela, ou os que a determinaram conscientes de que aquele militante, pelo seu histórico, seria alvo imediato da repressão? É questão de pôr a mão na consciência e avaliar. No mínimo, uma demonstração de incompetência ímpar para quem se propunha fazer uma revolução sem conseguir avaliar nem as conseqüências óbvias de um ataque, por sinal, no caso, de pouca ou nenhuma importância política e resultados materiais pífios.

Saúde física em mal estado e possivelmente agravada psicologicamente por tantas e repetidas frustrações, tenho em dezembro um convite de certo modo restaurador, feito por Ferreira e família. A Unidade Popular havia instituído balneários populares em praias para férias de trabalhadores. Eram compostos por chalés para dez pessoas cada, com um restaurante coletivo imenso e banheiros capacitados para atender a todos sem atropelos. Tratavam-se de pacotes para dez dias a um preço baseado no salário operário. Taxa única. Famílias se juntavam, amigos se cotizavam, para desfrute daquela oportunidade para muitos de conhecer o mar. Ferreira e família e outro casal contrataram um desses pacotes e me incluíram, como também a duas moças, Elza e Jacira. O Pacífico é esplêndido, como tudo o que a natureza nos oferece e nem sempre notamos ou sabemos apreciar. Ficamos em La Sirena e de lá fomos até Coquimbo, bem ao norte, onde mar e deserto se beijam. Imagens que dão brilho aos olhos e encantam a alma. Vi levas de mineiros chegando, moços e velhos. Para mim, habituado ao mar desde o berço, chegava a ser emocionante ver muitos deles extasiados, olhar perdido na imensidão do oceano, não raro de terno e chapéu de feltro, como recomendava a costumeira e simples formalidade do povo chileno da época. E foi ali que dei início a um novo relacionamento afetivo, com Elza Pereira, que em Santiago havia se mantido confinado na discreta troca de olhares, com algumas cumplicidades. Um relacionamento que sobreviveu às tormentas de tudo o que enfrentamos e conta hoje mais de 30 anos.

Um pouco melhor ao regressar a Santiago, soube da passagem de José Anselmo por lá. Já foi com missão policial. Um grande esquema repressivo foi montado por Fleury nas rotas de fronteira por onde haveria de cruzar para sua ida ao Chile. Tudo para "demonstrar" que ele não havia sido preso e que continuava "fiel" à causa revolucionária. Onofre Pinto, uma vez mais, deu-lhe crédito e mais alguns bons dólares, enquanto uma parcela da VPR, principalmente a integrada por Ângelo Pezzutti, manteve-se na certeza de que Anselmo havia se passado para o lado da repressão. Essa tendência era majoritária. E aí está: com tantas certezas, como permitir que Anselmo retornasse ao Brasil, se o grupo de Onofre era minoria? Um mistério que se explica com alguma lógica apenas por ser a facção de Onofre na VPR a única a apresentar trabalhos políticos no Brasil. Um trabalho a essa altura para lá de contaminado por ter como representante ou coordenador exatamente Anselmo. O retorno incólume de Anselmo ao Brasil nessa sua empreitada no Chile foi mais um demonstrativo de que a esquerda armada não estava tão-somente debilitada, mas completamente derrotada. Com provas sobejas de traição em suas fileiras foi incapaz de pelo menos deter o traidor. Nem nós, como grupo independente decidido a um trabalho conjunto com a VPR, conseguimos ver a profundidade da trama e por essa cegueira seguíamos tocando os passos, firmes e em acelerado, rumo ao cadafalso.

Como ex-marujos — ao menos eu e Capitani no nosso coletivo — deixamos de considerar o sábio conselho de Paulinho da Viola quando diz num de seus sambas: "(...) Faça como o velho marinheiro/Que durante o nevoeiro/Leva o barco devagar..." Por essa desatenção, naufragamos na praia em mais essa tentativa. Felizmente na praia, porque se fosse em mar alto não estaria aqui contando essa história. Anselmo que o diga. Afinal, figurava entre seus listados. Foi Onofre a contar-me, como sinal de suposto prestígio, que eu estava entre os militantes que ele queria encontrar em sua passagem por Santiago. Com certeza para oferecer o melhor roteiro para minha captura e assassinato. Não por minha importância, mas por fazer número e número aí conta. Ele tinha que apresentar serviço para exculpar-se ante os novos chefes — e principalmente o ídolo Fleury

Depois de muitos preparativos, em maio de 1972 estava eu embarcando para a Europa. Paris como passagem e Milão como destino. Era ver para crer. A sorte estava lançada, apesar de todas as polêmicas. Um obstinado a mais e já disse o que penso da obstinação em certos casos.

9

Em Paris e em Milão, a alegria *peró non troppo*

Amigos meus exultam quando falam de Paris. Os que puderam desfrutá-la, por menor que tenha sido o tempo desse desfrute, encontram motivos para aplaudi-la. Não estaria sendo sincero se dissesse que compartilho desse entusiasmo. Metrópoles, mesmo as mais históricas ou belas como arquitetura, despertam-me curiosidades, sem dúvida, mas poucos sentimentos maiores que estes, como paixões. Ao contrário. Meus pendores resvalam para as pequenas cidades, o que naturalmente está na raiz do meu ser provinciano, do qual nunca consegui libertar-me ou fiz qualquer esforço para isso. No específico de Paris, admirei suas formas, não nego, mas, talvez porque não tenha tido a chance de ver e sentir seu sorriso, o que me ficou não foi das melhores lembranças. Em vez de amor à primeira vista, sobrou antipatia ao primeiro encontro. Isto pode ter surgido porque cheguei em dia em que a Cidade Luz se encontrava emburrada, de cara feia, quem sabe pela minha inoportuna e desinteressante presença no seu jardim ou por ressacas mal curadas (dela) de noitadas anteriores. Seja o que for, tudo conspirou para nos incompatibilizar.

Desembarco no velho Orly num desses climas que se supõe de cemitério. O céu estava coberto por um cinza denso que roubava o brilho das cores. Meu lado fotógrafo não poderia deixar de notar esse detalhe. Até aí tudo bem. Acontece também nos lugares tradicionalmente alegres e ensolarados como na minha São Luís e no geral do nosso vilipendiado Nordeste. Mas para o recém-chegado coincidia ainda o fato de descer das nuvens ali num desses fins-de-semana longos. As ruas encontravam-se vazias. Senti-me como um ET fora de seu planeta ou galáxia, sei lá. Mesmo assim, os cacos de boa vontade que restavam me permitiam aceitar que nada estava fora dos inconvenientes a que os itinerantes estão sujeitos. O que não cabia em meus cálculos era que a pessoa que deveria esperar por mim à saída do aeroporto não comparecesse ao local que me havia sido indicado, quando ainda em Santiago. Onofre garantira em nosso "até breve" ter confirmado diretamente com quem iria receber-me, por telefonema à véspera da viagem, a empresa pela qual seguia, dia e hora da partida e número do vôo. "Houve confusão de datas", disse-me o anfitrião após eu ser "resgatado". Compreendo. Num dia feio como aquele e numa Paris de tantas opções e em pleno feriadão, tudo pode acontecer, como a "confusão de datas" do camarada. Devo reconhecer também que esperas em aeroporto aborrecem. Considere-se, ao lado disto, que o exílio é por si só muito triste e a condição de exilado é traumatizante ou, na melhor das hipóteses, uma travessia difícil. Mais ainda num clima de desalento por força de derrotas sucessivas, quase sempre não confessadas pelas direções partidárias, substituindo esperanças de soluções para a causa de massacrantes conflitos existenciais que a distância da terra e a solidão conduzem em seu ventre. As revoluções — e era o que propúnhamos — não podem ser vistas apenas pelo seu aspecto ampliado de massas. Indivíduos existem e contam, até porque são eles somados a formá-las, movimentando sonhos de glória, mas também aflições. Em condição de vitória, as mazelas individuais podem ser relativamente fáceis de superação. Nas de derrota, entretanto, tendem ao agravamento. Somos humanos. Eis a questão.

O desencontro não parou aí. Como ninguém apareceu ao "ponto", a aventura de procurar alguém prosseguiu comigo num táxi à cata de um endereço alternativo que me havia sido dado por Onofre. Outra amarga surpresa: endereço errado. A matrona francesa que me atendeu pareceu assustada com a "visita" inesperada, por pouco não soltando o seu *pitbull* contra o que, para ela, não passava de um invasor de seu paraíso de paz em dia próprio ao descanso e privacidade. A cara sonolenta e a irritabilidade manifestas quando me atendeu fizeram com que me sentisse culpado de ter cometido falta grave.

Felizmente, restam almas boas espalhadas pelo mundo. O motorista do táxi me observava enquanto descia, decepcionado, a escada de poucos degraus do *château* da nobre senhora. Lembrei-me de um número de telefone que portava no bolso como terceira e última alternativa. Ele me levou a uma esquina e ofereceu-se para fazer a chamada. Desta vez deu certo. Quem atendeu perguntou onde estávamos e disse que aguardássemos ali mesmo.

Em poucos minutos parou um carro e de dentro saiu uma mulher bonita e educada, brasileira. Era a Danda, filha de Caio Prado Jr., na época vivendo com Antônio Expedito. Corrida paga, agradecimentos feitos pela atenção e paciência dispensadas pelo motorista, o táxi foi liberado e nós partimos para casa.

Expedito, assim como eu, era um dos 70 presos políticos libertados em troca do embaixador da Suíça. Advogado de profissão, exercitava-se na função de "diplomata" representando na Europa a facção da VPR, dirigida por Onofre Pinto. Como meu destino era Milão, permaneci quase que o tempo todo num quarto. A residência — um apartamento espaçoso e bem equipado — era muito freqüentada e, pelas regras da clandestinidade, nem eu poderia ver seus contatos nem estes poderiam saber de minha presença ali. Durante o claustro, porém, uma exceção foi feita. Reinaldo José de Mello, também banido e pessoa merecedora de estima, procurou-me. Desde que nos conhecemos, sempre fomos amigos. Saímos para umas voltas no quarteirão. Despedidas feitas, passamos muitos anos sem nos ver. Apenas notícias vagas. Algum tempo depois desse nosso encontro, ele foi colaborar com os revolucionários Moçambicanos, quando aquele povo africano conseguiu libertar-se do jugo português. Viveu em Moçambique por muitos anos. Passaram-se décadas para que fosse possível nosso reencontro.

Minha permanência em Paris não foi além de enfadonhos três dias. Uma tarefa: foi-me dado para ler para um gravador o, então em moda, *Livro Vermelho* de Mao Tsé-tung. Não entendi a motivação e menos ainda a finalidade, já que a VPR não era uma organização maoísta. Mas não contestei e no íntimo até fiquei satisfeito por ter encontrado uma ocupação.

Num início de noite fui apresentado a uma moça, simpática diga-se de passagem, cuja missão seria acompanhar-me até Milão. Pelas 11 horas da noite estávamos tomando o trem. Conversamos o tempo todo, sem o menor cochilo durante a viagem. Atingimos nosso destino ao amanhecer e, após um *cappuccino* na própria estação ferroviária — a Stazione Centrale —, nos despedimos. Ela tomou um trem de volta à sua amada Paris.

Era muito cedo, cerca das seis horas da manhã. Desconhecendo costumes e não querendo ser incômodo, preferi esperar que os ponteiros do relógio rodassem um pouco mais para tentar meu contato milanês.

Voltei à mesa para mais um café. E só aí deixei que o pensamento se detivesse por momentos sobre Paris. Uma outra Paris, distante, que não conheci, com a qual embevecia-me pelo que lia entre a meninice, adolescência e mesmo no início da fase adulta. Aquela Paris dos anos 30 e parte de duas décadas seguintes, que amalgamava romantismo com cheiro de pólvora. Talvez tenha sido aí que a fotografia feriu meus bordão e prima, sem que me desse conta. Meus heróis, boêmios, estavam errando por ali. Não podia dissociar o Dôme, em Montparnasse, das aventuras de pessoas como um certo húngaro chamado André Friedman, jovem fotógrafo que, com sua companheira, Gerda, e um amigo, David Saymour, rolavam pelos cafés e bares das Tulherias amando o que era possível amar no seu tempo e escolhendo caminhos, inclusive político-ideológicos. Quando eclodiu a Guerra Civil Espanhola, em 1936, lá estavam eles para o que desse e viesse, optando, claro, pela República. E aí se mesclavam jornalistas e escritores como Ernest Hemingway, pintores, fotógrafos, escultores, enfim, artistas de variadas formas de expressão e todo um universo de aventureiros de uma intelectualidade digna, estreitamente ligada a uma causa que tinha o antifascismo na consciência, no coração e por isso nas ações, a começar por manifestarem isso pelo exercício de seus respectivos ofícios. Topando-se a cada passo, lá estavam Picasso, Matisse, Louis Aragon, Henri Cartier-Bresson e tantos mais. Os citados aqui são tãosomente os destaques e, assim mesmo, apenas alguns. Impossível listar tanta gente. Com o trio Friedman, Gerda e Saymour nascia na prática o fotojornalismo documental de guerra, com matérias que, como gênero, eram verdadeiros ensaios, gênero que iria firmar-se um pouco depois com o advento da II Guerra Mundial. E não sem pesados ônus.

Cartier-Bresson foi preso em 1940, durante a ocupação nazista da França. Conseguiu fugir da prisão e juntar-se ao *maquis*, a resistência civil organizada na clandestinidade. Com o final da guerra, tornara-se o mestre que os amantes da imagem fixa veneram e cuja obra encontra-se espalhada pelo mundo nos ensinando como olhar a vida, seus encantos e tormentos pela sensibilidade desse olhar e rapidez de um "clique", que ele mesmo iria definir como "momento preciso".

Gerda morreu na Espanha, ainda durante a Guerra Civil, amassada por um tanque. Com a ascensão do nazi-fascismo de Hitler e Mussolini, Friedman, sendo judeu, adotou a identidade norte-americana de Robert Capa como proteção e até para conseguir comercializar o seu trabalho. Com esse nome o fotógrafo iria celebrizar-se mundialmente através das mais conceituadas publicações que privilegiavam a imagem como meio de comunicação. Nada à volta ficou sem o registro de sua inseparável Leica. Documentou a queda da França sob as botas nazistas e o reverso com o dia "D" na Normandia. E seguiu em frente com seu trabalho até morrer ao pisar numa mina em 1954 na Indochina, reportando a resistência do povo revolucionário vietnamita comandada por Ho Chi Minh, Giap e muitos outros, contra o colonialismo francês. Sobre sua morte é Aragon quem escreve:

Robert Capa morre em Thai Binh. Desapareceu um dos grandes fotógrafos do mundo. Pelo resto da vida hei de me lembrar do dia terrível em que tive de lhe avisar da morte de sua companheira Gerda. Na ocasião, o povo de Paris dedicou-lhe funerais extraordinários: flores vinham de todos os cantos do mundo; Capa estava em lágrimas (...) Esse amor foi duplamente massacrado. Gerda foi morta na Espanha, Capa acaba de ser morto na Indochina. Mas entre essas duas datas, entre essas duas tumbas, foi gravado o grito pela paz da Humanidade.

David Saymour, mais conhecido entre os amigos como Chim, morreu trabalhando em 1956 no Suez. Outra tragédia.

Uma geração de bravos, que faziam da profissão uma forma de combate contínuo e sem tréguas contra a opressão. Não davam tiros. Escreviam, pintavam, criavam e registravam imagens para serem pensadas, posicionando-se, denunciando o que testemunhavam e por aí seguiam lapidando seu estilo de vida. Amantes da paz que eram, incomodavam os guerreiros de plantão enquanto cumpriam sua missão, deixando registrado para o mundo, sob várias formas, os horrores que as guerras causam, para o conhecimento e reflexão históricos de sucessivas gerações.

Trazer ao presente fragmentos de história quase perdidos no tempo e conhecidos apenas por literatura, bem que poderia ser a forma inconsciente encontrada para superar os temores de repetição do que havia acontecido em Paris. Ali era um número de telefone e nenhuma outra alternativa. Saindo desse mergulho nas meditações de um passado distante, restava-me encarar o agora e partir para a primeira tentativa. Ao menos o número existia. Do outro lado da linha o telefone chamou. Uns três toques e uma voz feminina atendeu. Apresentei-me e, para a minha tranqüilidade, a pessoa identificou-se como sendo a que procurava. Italiana, perguntou-me num português melódico, quase sem sotaque e para mim surpreendente:

— Onde estás?

— Na estação ferroviária.

— Aguarda que já estou saindo para te apanhar.

Eu só não conseguia encontrar era o ponto de referência para o encontro: um agigantado protótipo de navio no local de desembarque. Havia descido as escadas rumo à saída para telefonar. Buscava nas gravuras das paredes e ele no piso do salão sobre cavaletes. Era tão grande que não dava para falar em miniatura de transatlântico. Estava assustado. Esta é a verdade. Pela descrição que dei para que me identificasse e possivelmente também pela minha cara de susto, Dan não teve dificuldades em encontrar-me. Ao apresentar-se, respirei fundo e comecei a gostar de Milão ali mesmo, sem maiores referências da cidade, como a exuberância dos projetos arquitetônicos de Leonardo da Vinci que ostenta nas eclusas que rasgam suas entranhas e que, por muito tempo, serviram como vias eficientes de transporte. Verdadeiras obras de arte mantidas (embora nem sempre bem cuidadas) como relíquias históricas. E já que toquei no nome desse mestre, acrescento de passagem que somente o conhecia até então por duas de suas preciosidades artísticas: *Ceia* e *Gioconda*. Via-o apenas como pintor admirável e pronto. Ignorava tudo o mais a seu respeito, como ter sido arquiteto de muito prestígio e jamais poderia imaginar sua rivalidade com Miguel Ângelo e Raphael. Mas tudo isto não passa de detalhes, possivelmente dispensáveis aqui. A merecer realce no caso foi que, eliminado o pavor de novo e dessa vez desastroso desencontro, esqueci-me até que Milão também era, como segue sendo, uma cidade grande, daquelas a que tanto resisto a entregar-me por completo. Quando falo dessa dificuldade, amigos conhecedores da alma humana tentam confortar-me explicando que, não raro, os ilhéus padecem desse mal quando põem os pés no continente. Finjo que aceito a explicação, mas conservo minha indiferença a ela. Enfim, um ilhéu. Em muitos casos pertinaz como a porção de terra solitária que resiste ao tempo sem afundar em meio ao oceano e suas tempestades.

Dan, naquela época, era assistente de cátedra na cadeira de História Medieval na Universidade de Milão, portanto, cheia de compromissos acadêmicos e, por isso, com pouco tempo disponível para conversas vagas ou puramente sentimentais. Os europeus são muito práticos. Civilizações antigas, viveram guerras. Sabem "onde o calo dói". Conduziu-me sem demora em seu carro para casa. Conversamos alegres enquanto seguíamos. Mas se para mim essa alegria era inteira, para Dan continha um *peró non troppo* não expresso apenas por educação. E não faltavam motivos para isso. Numa noite, ela e seu companheiro, Vitt, abriram o coração. Ambos eram ligados ao PCI e davam seu apoio à VPR sem conhecer os problemas internos de nossa organização, porque nada de mais profundo lhes era informado. Sabiam que eu iria chegar por lá, mas pelos acordos com Onofre isto só deveria ocorrer meses depois. E eles tinham seus planos como casal. Iriam legalizar seu casamento. Em conseqüência, fariam viagem de lua-de-mel, o que era natural. Lá estava eu, nada sabendo, atrapalhando tudo isso pelo desrespeito habitual de parte da militância de esquerda — e não só brasileira — a simpatizantes e solidários à nossa causa. Minha situação ficou embaraçosa, mas eles revelaram grandeza, aceitando-me em casa assim mesmo. Poderiam muito bem devolver-me à VPR e, ainda por cima, com duras e justas críticas aos responsáveis pela quebra dos compromissos que as partes haviam assumido.

Magro que sempre fui, estava esquelético. As seqüelas de prisão não foram superadas em um ano e quatro meses de Chile. Resolvido o impasse inicial e decidido que iria apoiar-me, o casal quis documentar meu estado antes de providenciar tratamento de saúde. Numa tarde apareceu a fotógrafa Franca Petraroli, que logo constataria tratar-se de talentosa profissional, em especial em fotos de rosto. Trabalhava com o velho pai, fotógrafo aposentado e proprietário de um estúdio bem instalado na Viale Bligny. Enquanto em atividade, tinha sua competência reconhecida. Personalidade fechada, poucas vezes trocamos palavras, que não passavam de rápidos cumprimentos. A despeito do seu temperamento e também de minha discrição, naquele momento vivíamos mundos diferentes. Que bobagem! Perdi. Poderia ter aprendido muito de sua técnica e arte, amante que sou da fotografia como meio de expressão e documentação, em especial dos dramas humanos.

Espantei-me quando as fotos chegaram. Pude entender o porquê daqueles companheiros quererem registrar minha cara de todos os ângulos. No dia seguinte já tinha consulta marcada e, a partir daí, era exame sobre exame e tratamento rigoroso, alimentação balanceada e muita bronca se eu descuidasse de um horário de medicamento ou refeição. Felizmente, sempre fui muito disciplinado nessas coisas e, por isso, os problemas eram mínimos. Eles aconteciam mais no item alimentação. Aqueles novos amigos, principalmente o Vitt, sempre achavam que eu comia muito pouco, o que não era bem assim pelos meus parâmetros.

O casal tinha em casa uma biblioteca fantástica, incluindo obras de autores brasileiros em português, como Caio Prado Jr., Octavio Ianni, Ruy Mauro Marini, Celso Furtado, Gilberto Freire, Teotônio dos Santos e muitos outros de escolas e concepções diferentes. Não faltavam documentos das organizações revolucionárias latino-americanas, no que se incluíam as brasileiras. Mas a maior riqueza estava nas obras completas dos clássicos do marxismo. À parte isto, tudo o que havia de melhor na literatura mundial estava ali concentrado e disponível. Ou seja, o banquete era farto e a fome era grande. E tempo não iria faltar para consumir tudo aquilo que o apetite e a capacidade de consumir permitissem. Era a chance que nunca havia tido antes de parar para dar uma certa ordem no que já havia lido e avançar de maneira metódica nos estudos. Um paraíso ao meu inteiro dispor, sem trancas, tramelas, sentinelas ou o escuro da clandestinidade.

10
À espera de determinações

Em pouco mais de dois meses de tratamento intensivo sentia-me com a saúde inteiramente recuperada. Cheguei a engordar alguns quilos, o que sempre me foi difícil. A disposição para qualquer atividade, antes tão caída, recompôs-se. Haveria de canalizá-la para qualquer afazer diário. Busquei consumi-la ao máximo em leituras e também em pequenos serviços domésticos, em especial no âmbito da culinária. Assim ia preenchendo as horas. Mas, com esse revigorar todo, os ímpetos guerreiros subiam às alturas, por vezes superando os artifícios de distração encontrados para fugir deles. O imaginário me levava de volta ao país e, na impossibilidade da realização imediata do sonho, a impaciência marcava constante e crescente presença.

O almejado retorno independia de minha vontade. Dependia da "O", nome genérico que adotávamos quando nos referíamos à organização que integrávamos, independentemente da sigla que desfraldasse como identificação. Seria ela a providenciar documentação, recursos financeiros, rotas, contatos de apoio e com a própria organização no destino final da viagem. Para isto, ela deveria contar com todos os seus setores infra-estruturais bem montados, em condições de funcionamento pleno e capazes de movimentarem-se com agilidade. Eram vidas que, em situações assim, estavam em jogo. Há sempre riscos nos deslocamentos clandestinos, e aquele que me correspondia não era exceção. O meu grau de ilegalidade era dos piores, porque total na condição de banido pela ditadura militar. Uma prisão, na tentativa frustrada de cruzar nossas fronteiras ou no interior do país, significava morte certa. A responsabilidade das "Os" nesse tipo de operação era imensa, embora nem sempre considerada pelas direções nessa exata medida. Quando o amadorismo se sobrepunha às regras, dando asas aos improvisos, a resposta era, invariavelmente, o desastre. E não foram poucos.

Por todas essas considerações, ou paralelas a elas, as decisões tinham que obedecer a necessidades reais de este ou aquele militante estar aqui ou ali, dentro ou fora do país, em dado momento ou circunstâncias. As avaliações para chegar a elas, por conseguinte, tinham que ser analisadas em bases muito concretas, porque a questão não se resumia ao número de pessoas nesta ou naquela frente de ação política, armada ou não.

A reger essa orquestra estava a concepção de guerra revolucionária. E aí se expunha o "calcanhar de Aquiles" de todas as nossas organizações revolucionárias ou pretensamente revolucionárias: o assunto era científico e não éramos cientistas. Inquestionavelmente fervorosas, honestas nos seus propósitos, mas possuídas de um voluntarismo cego, irrefreável, que as impedia de ver coisas mínimas e mesmo primárias, como aprender com os próprios erros. Não estou me excluindo desse córrego estreito. Nunca, naquela etapa, havia sido da direção, mas não estou fora. A culpa dos erros não é dos outros, mas de todos nós. Muitos morreram acreditando no melhor, ao seu ver, em equívocos que concebiam ser acertos ou firmeza ideológica.

Tantas reflexões não mudavam o quadro. Tinha que aguardar, querendo ou não, as determinações da "O". Enquanto isso não acontecia, a vida tinha que seguir o seu curso, e, em casa, os amigos que me acolhiam definiam data para o seu casamento. O dia chegou e a cerimônia foi simples. Não pude acompanhá-los no almoço que ofereceram a familiares e pessoas mais próximas de suas relações de amizade e companheiros de partido. Pouquíssimos sabiam de minha existência em sua casa. O melhor seria continuar assim, para evitar comprometimentos futuros. Mas fiz um *pollo* (frango) com ervilhas e batatas que muita alegria causava ao estômago do casal, principalmente do Vitt, por sinal um bom garfo e, por coerente extensão, excelente apreciador de bons vinhos. Suas indicações de qualidade nesse terreno nunca decepcionavam.

Em nosso seleto jantar, em casa e a três, foi-me apresentada uma novidade: "dia tal vamos partir. Vamos dar um passeio e você está incluído". Isso me emocionou bastante. Batemos taça e fomos dormir tarde da noite. Gestos assim são as chamadas pequenas grandes coisas da vida. Eles poderiam ir para as suas férias sem acompanhante, com menos despesas. Poderiam curtir melhor sua lua-de-mel. Argumentos em contrário não modificaram o que haviam programado entre si.

Chegou a noite da partida e lá fomos nós, com carro e tudo, de trem para Roma. Amanhecemos na "cidade eterna", nos antigos domínios dos velhos Césares. Começava aí uma experiência para mim inédita e jamais pensada poder vivê-la. Ao deixarmos Roma, saímos no Mar do Tirreno. Lá, ancoradas, a Sardenha e sua vizinha Córsega. Não estou certo, mas creio que foi de Albano que essa imagem nos chegou aos olhos.

Após a refeição, nosso roteiro seguiu em direção ao *mezzogiorno*. Bem ao sul, a Calábria nos esperava. Maravilhei-me ao passarmos pelas abas do Vesúvio, em Nápoles. A imaginação ia longe. Do bico da bota vimos, cinza pela distância, a famosa Sicília. Mas o feérico não aconteceria no bico, mas no salto da botina.

Depois de uma noite para descanso num hotel, saímos pela manhã para um reconhecimento das proximidades. Em menos de um quilômetro encontramos, numa estrada, um grupo de jovens do PCI colando cartazes nos muros e postes, convocando a população para o Festival dell'Unità. O *L'Unità* é o jornal do PCI, diário de grande influência em toda a Itália. Tratava-se de evento anual, nascido em 1946. Pela idade dá para perceber que já era tradição. Tinha como finalidade recolher fundos para o Partido e, junto com outros maiores e menores, culminava no Festival Nacional no outono, encerrando-se com um grande comício, em que o Secretário Geral, na época Enrico Berlinguer, expunha as diretrizes políticas nacionais do partido e seu posicionamento em relação aos acontecimentos internacionais. Uma das atrações era Ingrao, histórico militante da ala mais à esquerda do partido, que iria estar presente. Ele desfrutava de grande prestígio junto à militância. Sua presença em qualquer evento atraía quantidade imensa de pessoas de dentro e de fora do partido. O velho Ingrao era lutador infatigável, forjado na luta antifascista, e tribuno de eloqüência ímpar. Seus discursos eram sempre muito esperados e aplaudidos.

Vitt e Dan apresentaram-se e os jovens sugeriram que deixássemos o hotel, por pertencer à máfia, e que um pouco mais à frente iríamos encontrar uma pensão agradável e a bom preço. Foi o que fizemos (a informação de que o hotel pertencia à máfia se confirmaria pouco depois de nosso regresso a Milão por causa de um atentado a bomba ocorrido lá. Guerra de facções da mesma organização criminosa).

A pensão ficava numa pequena cidade, Gioiosa Iônica, às bordas do Mar Iônico. Gioiosa mostrou-se um encanto para os olhos, pelo menos para os meus. Mais parecia — por sua arquitetura, igrejas, amplas e íngremes escadarias, formato das ruas e casas — um cenário para a montagem dos velhos filmes históricos e/ou épicos que tanto sucesso faziam na juventude de minha geração. O calor humano completava o quadro. Fiquei fascinado.

Os jovens que nos deram a grande "dica" eram em sua maioria da terra. Por falta de opções locais, cursavam a Universidade ou trabalhavam em Roma, Milão ou Turim. Estavam em férias também, visitando os pais, familiares e amigos. Passaram a ser, para nós, cicerones voluntários. E de tudo faziam para que tivéssemos o melhor. Certo dia, em final de tarde, fui apanhado pelo grupo para uma surpresa. De repente estava num galpão repleto de imensos barris onde o vinho era envelhecido. Motivo: haviam abatido um cabrito para que eu completasse a obra. Saímos dali pela madrugada cheirando a bode e vinho, sem que no estômago coubesse mais um grão de mostarda. Muitas moças das vizinhanças coloriram a festinha com suas presenças. Mas as que mais se detiveram não ultrapassaram as dez horas, e assim mesmo sob o olhar rigoroso dos pais.

Cenas curiosas aconteceram naqueles poucos dias. Citarei apenas duas. A primeira foi num restaurante. Um grupo grande de pessoas comemorava a celebração de um casamento. Alegria total, com flores e tudo o que o casal tinha direito. Aí apresenta-se ao microfone um senhor muito bem vestido, com pinta de padrinho de um dos cônjuges, fazendo um pequeno discurso. Envergava terno preto e escondia os olhos com um par de óculos no mesmo tom, apesar do ambiente pouco iluminado e em início de noite. Após sua fala, abriu o peito, com voz de barítono, numa canção que oferecia às estrelas do evento. A letra da música, pareceu-me, destoava daquele momento sublime, mas ele, confiante, foi em frente: "Aquela ingrata/mil vezes me traiu..." Ao terminar, choveu aplausos! Fiquei sem saber se a mensagem era dirigida ou apenas uma forma inovadora de homenagem a recém-casados.

A segunda cena somava o profano com a religião. O santo padroeiro da cidade é São Roque. Todos os anos, no seu dia, ele é reverenciado pela totalidade da população. É quando as diferenças e antagonismos ideológicos dos mais variados gêneros e graus são postos de lado para que prevaleça a harmonia entre os homens. Nesse dia São Roque sai do claustro que habita, no altar da Matriz, para um passeio entre fiéis e infiéis, democrático que é. Espantei-me quando vi a santa imagem no andor. Apareceu coberto de notas de dólar de valores diferentes. O dinheiro vinha de doações de italianos emigrados, sobretudo nos Estados Unidos. Creio que lhe era oferecido por graças alcançadas. Pessoas simples do povo costumam ser reconhecidas e pagam fielmente dívidas e promessas sem necessidade de intimações judiciais. Mas o bonito mesmo não estava aí. O ponto culminante foi ver a multidão atrás do andor, de mãos dadas, pulando e cantando "Rocco, Rocco, Rocco, viva Santo Rocco... Rocco, Rocco, Rocco, viva Santo Rocco!..." até seu retorno ao ponto de partida. Não resisti e caí na gandaia, estimulado pelos amigos. E sem culpas.

Isto me fez lembrar meu sogro, o operário têxtil Diamantino Pereira, velho comunista de carteirinha e valente que só ele na luta por transformações sociais. Comunista convicto, não dormia sem rezar o Pai Nosso e a Ave Maria ao deitar. Nunca mascarou seu sentimento espiritual, proclamando um ateísmo que nele seria falso. Morreu no início da década de 1980 em conseqüência de bárbaras torturas sofridas — esmagamento de tecidos no abdômen — nas dependências da ditadura militar, na última prisão que enfrentou no final dos anos 1970, às vésperas da anistia. Aproveito para reverenciá-lo em respeito à sua memória. Eu, ao contrário dele, não rezo o Pai Nosso e a Ave Maria, mas tenho a felicidade de dizer que possuo amigos formidáveis de todos os credos. A mesma felicidade me invade quando penso que não há queda de muro que me faça mudar de opinião quanto à importância do marxismo para a humanidade. Mas o que interessa aqui é ressaltar que Santo Rocco me ficou na lembrança pela paixão daquele povo generoso e imensamente *gioioso* (alegre) que o ama tanto.

11
A polêmica sobre o "cabo" Anselmo

Férias cumpridas, festa acabada, problemas à vista. Enquanto me divertia pelos confins da Itália, em Santiago a polêmica sobre o "cabo" Anselmo pegava fogo. Ninguém mais duvidava de sua mudança de lado, de sua traição, a não ser Onofre. As informações que me eram passadas por cartas antes da viagem eram fragmentadas, além de demoradas. E, muitas vezes, contraditórias. Nada até aí fora comprovado ou trouxera indicações que dessem margem a certezas. Sobrava emoção e desespero.

Mas no regresso a Milão, novas correspondências mostravam que o quadro parecia estar prestes a definir-se com conclusão para o pior das expectativas. Suspeitas iam se tornando claras, com assassinatos se repetindo e o nome de Anselmo diretamente envolvido neles ou com seu dedo por perto, quase visível, não obstante a camuflagem. As "coincidências" avolumavam-se.

Capitani era o homem de nossa pequena agrupação responsável pelo contato permanente em Santiago com a direção da VPR. Escreveu-me certo dia suscitando pontos que o intrigavam na ocasião, agravados com a discussão, a essa altura enfadonha, em relação a Anselmo e tanta resistência de Onofre em ir ao âmago dos fatos para esclarecer de vez o caso. Suas palavras revelavam desalento e forte tendência ao recuo. Sempre respeitei o Capitani, mesmo nas discordâncias. Isto me fez parar para pensar mais profundamente no assunto e unir pontas soltas daquele novelo de controvérsias, intrigas, vaidades e interesses pessoais, enfim, sobre aquela avantajada soma de irresponsabilidades. Teria que dedicar tempo para tomar uma decisão quanto ao que fazer e mesmo por uma questão de autopreservação. Pois seria eu o primeiro do grupo a reingressar no país com o fim de marcar a presença de nosso coletivo na dita frente de trabalho, discutida com a VPR. Por isso estava ali. Ou seja, seria eu o primeiro a ir para o matadouro coordenado por Anselmo. Então, matutar era mais que necessário, porque era minha vida a estar no fio da navalha, e nunca tive pendores para sacrifícios voluntários da própria pele ou instintos suicidas.

É interessante rever episódios acontecidos há anos. Em julho de 1980, já no Brasil, escrevi um texto sob o título "José Anselmo: infiltrado ou traidor?", motivado por uma dessas ondas que vão e voltam em função de interesses nem sempre claros e quase sempre sorrateiros, oportunistas. O texto havia sido solicitado, mas — por discórdias com quem solicitava, que também por interesses queria tirar dele trechos que considero fundamentais — impedi sua publicação e guardei-o. Ficou inédito por mais de uma década até ser publicado em parte, mas sem alterações em seu conteúdo, no livro *Eu, cabo Anselmo*, do jornalista Percival de Souza, já citado. Ligando-a ao parágrafo anterior, reproduzo a passagem que, no meu entendimento, pode ajudar na compreensão daquele absurdo:

> (...) A luta interna em processo na VPR não era das mais sadias. Inspirava-se muito mais em disputas por influências individuais na estrutura do que restava da organização (seria risível falar aqui de luta pelo poder) do que na busca de um caminho para a Revolução Brasileira. E quando isto acontece o vale tudo substitui todo e qualquer princípio. Prevalecem as mútuas acusações do mais baixo nível, dentro do que situações de real interesse, como o esclarecimento indispensável do "caso Anselmo", terminam prejudicadas. Eram os reflexos mais dramáticos de uma derrota muito além de um simples desenho. E não apenas de uma corrente político-ideológica, mas do conjunto da esquerda.
>
> Nessa disputa por influências entrava um componente que tem ficado "esquecido" nos diversos comentários e depoimentos já publicados: quem ficaria com a administração do que sobrava dos dólares conquistados na famosa ação comandada por Carlos Lamarca contra um dos cofres de Adhemar de Barros. A pessoa que até então os tinha sob sua guarda queria desfazer-se deles, devolvendo-os à organização. Mas, estando ela assim tão débil e dividida, como e a quem fazê-lo? Discutia-se, por isso, uma fórmula que pudesse satisfazer a todas as facções em litígio. Ângelo Pezzutti (...) propôs um critério que, por parecer a todos o mais sensato, seria aceito: que o dinheiro fosse dividido proporcionalmente entre as facções que apresentassem trabalhos concretos no país.

Isto explica, em grande medida, a relutância de Onofre em ouvir e apurar as acusações que seus companheiros faziam a Anselmo, apesar dos riscos que a não-apuração disso proporcionava. Pois ele era o que apresentava "trabalhos importantes" em seus relatórios, "trabalhos" que, no Brasil, estavam sob a responsabilidade política de Anselmo. Enquanto a questão do dinheiro e o episódio da prisão de Anselmo iam sendo debatidos no exílio, é Anselmo quem decide, certamente instruído por seus novos chefes, a ir ao Chile. Os motivos dessa viagem eram dirimir dúvidas a seu respeito e traçar, com Onofre, "novas diretrizes para o futuro da organização". Enquanto isso, Onofre desenvolvia contatos junto a outros exilados, com os quais discutia a viabilidade de estes se incorporarem numa das frentes de trabalho, tendo em vista a instalação de um foco guerrilheiro (...) A área eleita para esse novo porvir, portanto para receber os exilados que aderissem ao projeto, era exatamente a dirigida por Anselmo. (...).

Meu contato direto com a VPR na Itália era esporádico, com intervalos muito distantes entre si. De Fortini, um ítalo-brasileiro que havia sido também banido do Brasil na mesma leva e pelos mesmos motivos que os meus, fazia o papel de embaixador *ad hoc* da organização quando por ali passava. Sua facilidade de locomoção devia-se à dupla nacionalidade que possuía. Passava a maior parte do tempo entre Santiago e Argentina, onde dizia estar instalando bases de apoio para o deslocamento de militantes clandestinos. Uma atividade de infra-estrutura indiscutivelmente necessária, sem dúvida, para aquelas condições de luta, desde que conduzida com seriedade. Seria injusto qualquer julgamento ao que ele fazia. Os rigores da clandestinidade, em que cada tarefa era inacessível ao conhecimento de quem não estivesse diretamente ligado a ela, não permitiam isso. Mas, no ponto em que as coisas se encontravam, a confiança ia cedendo lugar a dúvidas e suspeitas.

Numa noite toca o telefone. Do outro lado da linha, De Fortini anunciava sua chegada a Milão. Dava-se bem com o casal que me acolhia em casa. Marcou uma visita para que todos pudéssemos conversar sobre os últimos acontecimentos em Santiago e os "progressos" da VPR no Brasil. Dia e hora acertados, lá estava ele.

Nossa conversa não prosperava. Tinha muito pouca coisa de importante a acrescentar ao que, embora fragmentado e por outros canais, já se sabia. Divagou o quanto pôde sobre o gravíssimo tema Anselmo e nenhuma resposta a merecer consideração quanto a meu retorno. Comecei a perder a paciência, ele se enervou e por muito pouco não voaram candelabros. Pelo adiantado das horas e altura de nossas vozes, vizinhos manifestaram irritabilidade com batidas com cabos de vassoura no teto, querendo silêncio. Tive vergonha da cena que se desenvolvia. Naquele momento, disse-lhe tudo o que concluíra depois de tanto analisar a VPR e rompi definitivamente com a organização. O clima ficou tenso, insuportável. Ele se foi, e eu passei a noite sem dormir, procurando uma solução para as dificuldades que viriam pela frente, agora sem nenhum respaldo de uma estrutura organizada.

Os amigos não concordaram com minha atitude abrupta, considerando-a emocional demais. Mas eu não tinha mais espaço para recuos e nem pretendia voltar atrás na atitude tomada.

No dia seguinte, escrevi um sintético relatório para o nosso pessoal em Santiago, pedindo, ao encerrar, sugestões para sair daquela enrascada. Não havia muito o que esperar deles pelos limitados recursos do grupo, sabia disso. Entretanto, minha situação complicava-se, porque toda a solidariedade que vinha recebendo nascia das relações de simpatia do casal pela VPR e o que ela representava como alternativa revolucionária à ditadura militar no Brasil. Eu era apenas um depositário momentâneo dessa solidariedade. A primeira resposta que me chegou de Santiago foi a de que lá também a aliança estava sendo desfeita. Impossível prosseguir com ela.

Em menos de uma semana o mal-estar se desfez em casa. Dan e Vitt avaliaram melhor meu gesto, dando-me razão. Pudemos sentar e dirimir dúvidas que o calor da discussão impedira que fossem esclarecidas no seu desenrolar. Perceberam que De Fortini manteve o tempo todo seus argumentos com base em subterfúgios. E um fato novo haveria de surgir naquela mesma semana por seus contatos, causando-lhes um grande susto ao compará-lo com as críticas em que me ative durante o esfuziante bate-boca e que me conduziram à ruptura. Era a própria confirmação do que expus como peças de acusação e libelo, em que apontava flagrantes mentiras, individualismo exacerbado de elementos da direção e mesquinharias que somente poderiam apresentar derrotas e tragédias como resultado.

A novidade foi esta: um jovem casal de médicos italianos de esquerda acabara de receber convite para que se ocupasse da organização e do funcionamento de um "hospital de campanha em fase de instalação numa das áreas liberadas da VPR". Incrível: numa das áreas liberadas da VPR! Ao tomarem conhecimento disso, Dan e Vitt propuseram ao casal que fosse conversar comigo. No encontro, os jovens queriam saber mais sobre o Brasil, o estágio em que se encontrava o "avanço revolucionário", o peso político da VPR no conjunto da esquerda brasileira, e tudo o que de mais lógico se pode querer saber quando há uma opção daquela gravidade a se fazer. Não tive dúvidas em dar detalhes. Contei em minúcias o que sabia sobre a luta interna na organização, o que se falava sobre o Anselmo e o processo de aniquilamento do que restava da esquerda no país. O quadro era de derrota completa, concluí. Somente um louco poderia imaginar áreas liberadas. E, para que não restassem dúvidas, mencionei o que tinha sido o ainda morno encontro com o representante da organização e minha posição de rompimento irrevogável. Creio que, com esse meu gesto, contribuí para que duas vidas se salvassem, porque a área para onde seriam encaminhadas era justamente a de domínio de Anselmo, que na verdade era o que restava da VPR, mantida como arapuca pela repressão.

Alguns dias passados, De Fortini regressou a Santiago. Quando ia a Milão tinha à disposição, por conta de simpatizantes da causa brasileira, um apartamento sem luxo, mas razoavelmente equipado, em bairro decente, de fácil acesso e locomoção. O essencial não faltava. Instalado e com um ponto de referência, ele podia desenvolver seus contatos, cumprir enfim suas tarefas de "embaixador itinerante" sem maiores preocupações. Nada mais natural que, a cada vez que partisse, os proprietários "dessem uma olhada" no imóvel para mantê-lo sempre em ordem. Dessa vez me convidaram para ir junto, e aí aconteceu mais uma surpresa desagradável.

O apartamento mais parecia um depósito de lixo. Predominava a imundícia. Fogão e panelas sujas, chão da cozinha e mesas ensebados, geladeira com restos de comida deteriorada, a cama mais parecendo um ninho de ratos e tantas outras coisas que nem é o caso descrever. O transformador do mundo, o "exemplar revolucionário", talvez achasse seus apoios uns pequeno-burgueses com o dever de servi-lo, lavar seus trapos, pagar suas contas e de ainda serem punidos por sua origem de classe. Nisso não era ímpar, e não por acaso muita gente retirou seu apoio à luta armada e à esquerda em geral. Em posturas assim a repressão robustecia o argumento político de que necessitava para aplicar seu terror e, por meio dele, promover o isolamento dos que realmente queriam transformações sociais, em inúmeros casos pagando com a vida esse querer revolucionário.

Tem mais: numa das paredes da sala estava afixado um imenso mapa do Brasil, repleto de alfinetes com cabeças de cores diferentes. Espelho da grandiloqüência, funcionava como amostra grátis para estímulo dos simpatizantes. Assim, nosso "herói" demonstrava aos que lhe davam ouvidos a extensão da influência da VPR no território brasileiro, arregimentava apoios e recursos para suas imaginárias áreas liberadas. Na sala, um rádio de campanha também imenso em tamanho e potência estava pronto para ser transportado para uma dessas supostas áreas liberadas. Como, por que meios e para onde nem sequer é possível aventar hipóteses, porque de VPR mesmo restavam apenas alguns tições aquecendo as cinzas da destruição que sofrera, mais pela insensatez de seus dirigentes do que pela competência das forças repressivas.

Depois do que vimos e tomadas as providências para que o ambiente voltasse a ser habitável por gente civilizada, voltamos para casa meio emudecidos. Apenas durante o jantar fizemos alguns poucos comentários. E foi aí, mais uma vez, que Dan e Vitt reiteraram o que já haviam dito, que eu não deveria me preocupar, que seu apoio não iria me faltar enquanto estivesse com eles e mesmo na distância, quando partisse. O crédito, além de mantido, seria reforçado. Isto me emocionou muito, do mesmo modo que segue me emocionando quando lembro. São passagens da vida que nunca são ou serão esquecidas. Não há como.

12

O retorno a Santiago

Aproximava-se o final de 1972. A sensação era a de que aquele ano voava solto, veloz. Mas nem de longe acenava ou ao menos insinuava oferecer carona em suas asas para que eu pudesse cruzar de volta o Atlântico. O coletivo independente que integrava em Santiago antes da experiência com a VPR e ao qual me mantive ligado depois dela pedia minha presença o quanto antes. Porém, nada podia fazer para que isso fosse possível. Os recursos financeiros disponíveis mal davam para a sobrevivência de seus membros, a maioria sem a menor fonte de renda.

Havia, é certo, um apoio importante a partir de uma entidade solidária. Entretanto, esse apoio tinha limites. Além de cumprir outras atribuições de cunho social bem mais amplas, que exigiam-lhe gastos elevados, como o atendimento a perseguidos e refugiados políticos, desembolsava ao mesmo tempo boa soma em dinheiro para que nosso grupo pudesse desenvolver seu plano de transferência para Buenos Aires. Por um lado porque desacreditávamos que a Unidade Popular, liderada por Salvador Allende, se sustentasse, tamanhas eram as pressões contrárias ao governo chileno; por outro, porque tínhamos projeto político próprio, em que o Brasil situava-se como prioridade. Por último, entendíamos que nossa melhor contribuição às almejadas transformações sociopolíticas no continente latino-americano seria fortificar a luta revolucionária em nosso país. Portanto, quanto mais perto das fronteiras brasileiras marcássemos presença, para estudá-las, melhor.

As carências do grupo não se resumiam ao âmbito financeiro. Iam mais longe. A estas juntavam-se questões técnicas e operativas: como providenciar documentação falsa, como definir meios de transporte para cada deslocamento, em geral clandestino, rotas seguras e inumeráveis outras necessidades de igual importância. Tudo dependia de estudos detalhados, muita paciência, riscos constantes, ampliação de contatos entre simpatizantes do que defendíamos, investimentos enfim de qualidades diferentes em diversos itens.

Em muitos casos, circunstâncias e situações dinheiro não é o fundamental para que se encontre saídas para determinadas dificuldades. Certamente, o "vil metal" sempre faz falta. Nas guerras, como em outros atos insensatos ou mesmo sensatos promovidos pelos humanos, criatividade e diplomacia podem ter significado maior em momentos cruciais. Aquele era exemplar. E pelo menos em nossa cabeça o clima era de guerra. Quanto à insensatez, no caso, não nasceu conosco, e sim com os golpistas de 1964 no Brasil e congêneres de quase a totalidade da América Latina daqueles anos infernais.

O tempo passava e soluções não apareciam. Empenho não era o que faltava. Ao contrário, a vontade de retorno ia se tornando obsessão. Os amigos que me acolhiam notavam o meu grau de inquietude, por isso, irredutíveis em sua solidariedade, tomavam iniciativas por conta própria em todas as direções na busca de ajuda, a começar pelo seu partido (o PCI) e por onde, merecendo sua confiança, pudessem ser ouvidos. Pela magnitude do objetivo perseguido — condições para minha volta à rinha — a confiança figurava como destaque de maior grandeza. As baixas sofridas àquela altura do lado revolucionário já eram por demais pesadas.

Graças a esse esforço diplomático, começaram a surgir luzes. Contatos inclusive fora de Milão e até da Itália foram feitos. De Santiago chegaram algumas indicações para consulta e foi na Bélgica que as primeiras providências concretas para resolver o problema de documentação tiveram início, após algumas incursões também na Alemanha e França.

Com o fio de esperança vindo da Bélgica em mãos, o entusiasmo, bastante abalado, recrudesceu. Um obstáculo a menos estava em vias de superação.

Quando o passaporte ficou pronto, escaparam urros de alegria até pelos poros. E não só do interessado imediato pelo resultado da operação, mas de todos os envolvidos direta e indiretamente nela. Chega a ser surpreendente como uma ação bem-sucedida desencadeia outras no mesmo sentido e com conclusão similar. Passaporte resolvido não era tudo. Faltava a passagem. Uma vez mais contei com o impulso dos amigos de casa na mobilização de seus contatos. Outra conquista. Em curto espaço de tempo também este impasse estava sepultado. Restavam agora apenas detalhes: data e empresa para embarque e rota menos crítica. Claro que não poderia tomar um vôo com escala no Rio de Janeiro, São Paulo ou em qualquer outro aeroporto brasileiro.

Os cuidados dos amigos comigo chegavam a emocionar. Tudo dado por encerrado, os tropeços removidos do caminho, consideraram que eu não deveria viajar sozinho. Pela minha condição de banido pelo governo brasileiro e num momento de extrema repressão política aos opositores do regime, haveria de ser acompanhado até o ponto de desembarque. Digamos, entrega a domicílio. Decidiram então eleger um ou uma acompanhante. Mulher, discreta, dominando o português, Dan foi a eleita.

Um jantar, reunindo a todos para uma despedida festiva, selou uma etapa marcante de minha vida. Últimas providências tomadas, partimos. Ficaram agradecimentos e saudades. Destino: Santiago.

José Ferreira exerce a função de coordenador de nossa agrupação em Santiago. Sua responsabilidade era imensa. A matéria-prima cobiçada pelo inimigo chamava-se vida. Esta era a sua Serra Pelada. O ouro que precisa ser roubado.

Os órgãos de repressão trabalhavam intensamente na procura de pessoas visadas que escapavam ao controle de seus tentáculos. Agiam de forma associada em escala internacional e a infiltração constituía-se no seu principal estilo de *modus faciendi*. A eficiência até aquele momento não era lá essas coisas e muitas vezes mostrava-se ridícula. Seus provocadores e infiltrados não raro eram desmascarados e o resumo do trabalho que apresentavam, lendo-se hoje os documentos oficiais extraídos dos arquivos dos órgãos herdeiros das aberrações que os antecederam, provocam risos dos perseguidos de então (nem o respeitabilíssimo jurista e democrata Evandro Lins e Silva escapou ao rótulo acusatório de comunista! Ignorância dos de baixo e bestialidade dos de cima temperavam o engodo). Mas na época não dava para brincar.

Ao pisar em Santiago já havia abrigo oculto definido para me receber por alguns dias. Dan seguiu para Buenos Aires, onde já se encontrava instalado o principal de nosso coletivo. Ela queria conversar com outras pessoas do grupo. Conhecia Capitani, que antes de mim havia estado em sua casa em Milão e do qual fizera-se amiga. Ao retornar a Santiago, despedimo-nos uma vez mais, ela retornou ao seu país e eu fiquei cuidando dos preparativos para cruzar mais uma fronteira. Sem demora, foi o que fiz.

13

Na Argentina, sob o encalço da repressão

O dia marcado para minha saída de Santiago estava complicado. Uma greve parou os transportes. Nem táxis existiam. Tratando-se de greve política contra Allende, tudo estava parado. Seguimos a pé do centro à estação ferroviária. Um trecho longo, com malas penduradas e um calor intenso. Cecília era minha companhia para a viagem. Uma chilena que havia se unido ao nosso grupo. Moça interessante, de traços mapuches. Deveríamos tomar um trem para Temuco, ao sul, e de lá partiríamos de ônibus. A viagem em si nos apresentava paisagens fascinantes, com lagos de água verde. Para atingirmos a fronteira argentina tínhamos que tomar uma embarcação. Chegamos a Bariloche, onde descansamos o suficiente para a compra de passagens para Buenos Aires.

O sol brilhava naquele final de manhã escaldante de janeiro de 1973 em Buenos Aires. Mas o que fervia mesmo era a temperatura política. A ditadura militar chefiada pelo general Alejandro Lanusse cambaleava ante a pressão popular e os ataques guerrilheiros do ERP — Exército Revolucionário do Povo, braço armado do Partido Revolucionário dos Trabalhadores, de tendência trotskista — e dos Montoneros, peronista, além de outras organizações menores.

Senti-me cômodo ao pisar o solo argentino. Era como se estivesse em casa. Fui recebido por velhos e novos companheiros, e conduzido para uma residência temporária. Reencontrei minha companheira, da qual havia me afastado após quatro meses apenas de iniciado nosso relacionamento. Avelino Capitani estava na coordenação do coletivo ali sediado.

Distanciado por longo tempo, foram muitas as reuniões para que eu pudesse me atualizar. Nosso grupo era pequeníssimo e tudo estava por fazer. Os primeiros dias foram de visitas e apresentações a amigos locais, conquistados por nosso pessoal: Eldita, Carlos e Marta, Isabel, Tereza, Mônica e Carlos Araújo (jornalista conhecido que, na época, trabalhava no La Opinión, diário muito influente enquanto existiu) e muitos outros. Pessoas interessantes e receptivas, abertas ao diálogo e à prática solidária.

Haveria de aproveitar aqueles dias de recém-chegado também para conhecer locais e principalmente os cantos da cidade em que a repressão política era mais intensa. Os serviços de informação civis e militares espalhavam-se por todos os lados e mesmo os mais secretos podiam ser percebidos pelas esquinas, sobretudo das ruas do centro. Dentro de carros parados e de portas abertas, os agentes, com óculos de lentes escuras, fingiam que liam jornais enquanto os olhos seguiam pessoas. Tínhamos, portanto, que nos precaver. E da melhor forma possível.

Não era a primeira vez que ia a Buenos Aires. Conheci-a em 1955, quando fazia o serviço militar na Marinha. Saí de lá deslumbrado com a limpeza de suas *calles*, com a educação dos portenhos e o encanto da sua vida noturna. Nos meus 18 anos e nenhum conhecimento do mundo, não podia imaginar que existisse cidade em que se poderia encontrar livraria aberta a qualquer hora da madrugada e que, ainda por cima, se poderia ler um livro e sair sem comprar um exemplar, como na Rua Uruguai, sem sofrer agressões; nem que se poderia assistir a um filme na mesma faixa horária ou ao amanhecer, como na Lavalle; tampouco que se poderia ir a um bar e lá ficar o tempo que quisesse com amigos sem qualquer pressão dos garçons para consumir; menos ainda imaginar que, pela manhã, os bares seriam ocupados por grupos de jovens estudantes que não iam lá para beber e/ou alimentar outros vícios, mas para estudar, discutir matérias e cumprir outras obrigações escolares, como realizar trabalhos de redação com base em pesquisas sobre assuntos diversos. Este foi o impacto de quando a conheci. Se tivesse que defini-la, repetiria seu próprio nome: Buenos Aires.

Toda aquela bela impressão cairia por terra poucos meses depois do mesmo ano, em junho, numa outra viagem. E logo na chegada, sem que a tripulação do navio pusesse os pés em terra para refrescar a cabeça dos cansativos dias de mar. O navio nem pôde atracar. Ficou fundeado ao largo até retornar ao Brasil sem cumprir a missão que lhe correspondia. De onde nos encontrávamos, distante, podia-se assistir ao espetáculo terrível, em que aviões mergulhavam sobre a Casa Rosada, sede do governo, na Plaza de Mayo, disparando suas metralhadoras e soltando bombas. O bombardeio foi intenso por toda a região. Era o início da deposição de Juan Domingo Perón da presidência da República Argentina, aonde chegara eleito em 1946 e, pelo mesmo processo, ao segundo mandato em 1951. O golpe militar que o derrubou iria consumar-se em setembro e recebeu o rótulo de "Revolução Libertadora". Nada entendi diante daquele quadro, apesar das explicações de nosso comandante numa reunião geral, fora de rotina, na lavanderia de bordo.

Agora, passados muitos anos, eu estava de novo em Buenos Aires. Só que, desta vez, como refugiado político ilegal e, por isso, na dura condição de clandestino.

Em poucos dias estávamos mudando de endereço. Conseguimos um pequeno apartamento na Calle Tucumán, lugar tranqüilo e próximo ao centro. Precisávamos de um espaço discreto para morar e realizar algumas tarefas de interesse do grupo. Para lá fomos eu, minha companheira Elza (Teca), Capitani e Glória. Dois casais de "turistas em férias querendo desfrutar ao máximo as delícias de Buenos Aires". Este era o nosso álibi para os vizinhos, curiosos e ubíquos espias.

Ali começamos a desenvolver nosso trabalho. Demos prioridade à busca de solução para o problema de documentação. Motivos: não fazíamos a mínima idéia de quando iríamos poder reingressar no Brasil; com o visto de turista, teríamos que a cada três meses, período de sua validade, cruzar uma das fronteiras argentinas para um país qualquer e cruzá-la de volta para receber outro visto, o que significava gastos e sobretudo riscos. As fronteiras eram muito vigiadas e a repetição constante dessa operação poderia ser facilmente notada por um funcionário mais atento.

Com a colaboração de companheiros argentinos, conseguimos em pouco tempo modelos originais dos vistos, que logo providenciamos a impressão em número razoável, mas sem exagero, e em seguida os dos carimbos, que igualmente sem demora reproduzimos. No mais, restava-nos examinar e praticar as assinaturas dos funcionários. E assim montamos nosso posto aduaneiro em casa. A cada três meses, sem despesas e riscos, atualizávamos nossa presença "legal" em Buenos Aires, podendo nos deslocar para qualquer ponto da Argentina sem sustos.

O pior desta tarefa ocorreria com a identidade brasileira. Exigiu paciência de chinês, extrema força de vontade, habilidade na obtenção de informações técnicas, principalmente no tocante à confecção dos carimbos metálicos correspondentes às assinaturas dos diretores dos órgãos emitentes, em diferentes períodos, e muitos outros detalhes importantes de serem levados rigorosamente em conta para a segurança do portador de uma carteira falsificada. Foram pelo menos uns três meses de dedicação integral. Por fim, conseguimos.

Toda essa trabalheira não nos impedia de visitar amigos, andar pelas ruas, ir aos cinemas e, por vezes, até a um restaurante para jantar e tomar umas taças de vinho. Isto era necessário para justificar nossa condição de "turistas" e, por que não dizer, dar vazão à nossa satisfação humana tão reprimida. Mas aquela sexta-feira era diferente: a comemoração pelo sucesso alcançado na madrugada haveria de começar em casa. Quem sabe seria encerrada com um passeio à noite pelas ruas e um jantar. Buenos Aires fazia-se mais bela à noite. Com esse ânimo nos dedicamos a uma faxina rigorosa no apartamento. Queríamos nos ver livres dos cheiros dos agentes químicos em suspensão no ar, principalmente de reveladores e fixadores fotográficos. O ácido acético dos banhos interruptores nos impregnava as narinas. Tudo em ordem, felizes, lembramos da fome. Estávamos no meio da tarde. Optamos por um nutrido café com leite, pão, manteiga, queijo e presunto.

Teca se dispôs a ir à padaria. De volta percebeu à porta do prédio um homem de terno azul e pasta de couro preta sob um dos braços a observá-la. Ela entrou no prédio e ele também; tomou o elevador e ele fez o mesmo; saltou no andar e ele atrás. Moça bonita e vistosa, acreditou tratar-se de um "paquera", desses insistentes. Tocou a campainha do apartamento e ele seguiu andando pelo corredor. Abri a porta e ela, intrigada, começou a contar essa história. Antes que terminasse, a campainha voltou a tocar. Abri novamente a porta. Era o homem. Identificou-se: Polícia Federal Argentina! E agora, José? — pensei.

Convidamos para que entrasse e se sentasse. Ele aceitou. Também nós nos acomodamos sem demonstrar espantos. Pediu nossos documentos — identidades e vistos de turistas. Tudo em ordem, foi sua conclusão. Sempre muito polido e desculpando-se pelo incômodo, anotou o que pôde e nos devolveu os documentos. E disse:

— Suponho que algum vizinho denunciou vocês. Trabalham? Sabem que turistas não podem trabalhar?

— Sabemos. Não trabalhamos. Nosso único interesse é desfrutar nossas férias e, por isso, alugamos temporariamente este apartamento com a mobília que tem. Como o senhor pode notar, tudo aqui é muito simples, o suficiente para uma breve temporada — respondeu Capitani.

Ele viu um violão sobre o sofá.

— Pode ser isso. Vai ver, vocês tocam violão até tarde da noite. Às vezes, os vizinhos se sentem incomodados.

— Não, amigo. Esse violão não passa de enfeite. Nem sabemos tocar — respondi.

— Fiquem tranqüilos. Inveja acontece. Isso, pode ser inveja!... Turistas, jovens...

Oferecemos café a ele. Tomou uma xícara, elogiou o paladar de quem fez e se levantou, insistindo em nos tranqüilizar.

— Não é nada, garanto. Isto acontece todos os dias em nossa repartição. Importante é que os documentos estão em ordem. Nosso trabalho é verificar quando alguém faz denúncias ou há suspeitas. No caso, nem suspeitas há.

O homem despediu-se, apertou cordial a mão de cada um de nós e foi-se.

Mal desceu o elevador, eu já estava arrumando a valise para cair fora. Capitani relutava, argumentando que "não podemos deixar tantos meses (seis) de depósito para trás". Como estrangeiros, foi a exigência da imobiliária para nos alugar o apartamento. Depósito em dólares. Não lhe dei ouvidos e tudo o que queria além de tirar o corpo era salvar a ampliadora fotográfica, que era emprestada e que nos serviu em nossas pesquisas. Sabia, como sei, extrair dela o máximo de eficiência. Percebendo que minha decisão estava tomada, ele seguiu o exemplo. Nenhuma crítica a Capitani pela relutância inicial em partir com considerável perda. Cada centavo nos fazia falta. Mas era preciso deixar os anéis para conservar os dedos.

Era mais que óbvio que ao tentar nos transmitir tranqüilidade para que permanecêssemos ali não passava de expediente para ganhar tempo até conferir os dados, anotados de nossos documentos, nos arquivos da Polícia Federal Argentina. Suspeitas comprovadas, a ação repressiva viria em seguida e violenta. Documentos falsos, por mais perfeitos que sejam, servem para que se escape de verificações rápidas, superficiais, de rua. Nenhum resiste a uma investigação metódica, aprofundada, científica. Ademais, o homem vira nossos rostos e era sabido que todos os órgãos repressivos dispunham de galerias fotográficas estampando a cara de procurados. E mais: voltando ao que já foi resumido em outro momento deste esforço de remontagem daqueles anos brutais, os órgãos repressivos de vários países do continente atuavam em conjunto, coordenados entre si. A troca permanente de informações entre os regimes ditatoriais, por meio de seus instrumentos de "inteligência", não era fantasia. Muita gente morreu por não acreditar nisso. Eu e Capitani éramos pessoas listadas para morrer se presos fôssemos. Então, a saída era a retirada, o que está em qualquer plano de guerra, em qualquer tratado ou simples manual de tática militar. Nada justificaria, então, esperas para avaliações de prejuízos materiais de qualquer espécie ou monta. A vida vale mais, é a jóia a ser preservada, e cada segundo que se possa ganhar diante do inimigo em posição de ataque acrescenta valor à preciosidade dessa jóia. Em circunstâncias como aquela não há espaço para a elucidação de dúvidas, caso existam. Importa a decisão prática e imediata que o bom senso recomendar.

Feita a retirada, salvo o que precisava ser salvo, não custava inspecionar o terreno para comprovar se o raciocínio estava certo ou errado. Atitudes assim, com pitadas de ousadia, ajudam na aprendizagem. Foi o que fizemos. De uma esquina, misturados com curiosos, pudemos ver a Tucumán tomada por tropas. O apartamento foi ocupado e por mais de um mês permaneceu assim. Isto quer dizer que escapamos por muito pouco. Os dois casais em férias que lá habitavam "querendo desfrutar ao máximo as delícias de Buenos Aires" tiveram que ficar dispersos, em lugares diferentes. Diferentes, mas em contato permanente. Retirada não é sinônimo de debandada.

Ter escapado daquele beco de estreitíssima saída não nos dava nenhum motivo para euforia. Ao analisar esta situação, dias depois, percebemos nossa vulnerabilidade. E logo concluímos: Capitani e eu, pelo papel que representávamos naquele minúsculo coletivo e pelo interesse que a repressão tinha em relação a nós, jamais poderíamos compartilhar do mesmo endereço. Com base nisso, nunca mais voltamos a morar juntos. Nos reuníamos regularmente para traçar planos, tomar decisões e até para momentos de lazer. Mas tudo isso com base em critérios melhor observados.

14

Riscos constantes

Alheio a nós, o turbilhão político argentino seguia seu curso. Lanusse havia compreendido que o melhor caminho para o país em crise seria o "destape", ou seja, a abertura do regime. Tratou de criar condições para que houvesse eleições. Perón, do exílio na Espanha, movia suas forças no interior da Argentina. Do velho sindicalismo da poderosa Confederação Geral do Trabalho (CGT) à Juventude Peronista (JP), a mobilização de amplas massas populares mostrava-se avassaladora. Os Montoneros, dirigidos por Mário Fermenich, e as Forças Armadas Revolucionárias (FAR), também peronistas, em que se apoiara para debilitar os adversários com potentes golpes armados, só tendiam a crescer em número e influência com seu consentimento claro e aberto até ali, o que fazia com que os militares o acusassem de estímulo ao "terrorismo". O terrorismo de fato era praticado pelas Forças Armadas, que tinham, como um de seus centros principais de tortura e assassinato, a Escola de Mecânica da Armada.

Diante de uma situação insustentável, as mesmas forças que o haviam destronado em 1955 haveriam de assimilá-lo de volta ao poder, embora a contragosto. Viagens de negociadores do regime a Madri tornaram-se rotineiras. Hábil e mimético como sempre foi, Perón não retirava abertamente o suporte político que dava à esquerda peronista enquanto negociava seu retorno com os generais. Era o seu melhor trunfo. Mas, nos bastidores, corroía-lhe os alicerces.

Enquanto Perón acenava com um confuso, e para lá de suspeito, "socialismo-nacional", motivo de delírio na base e cúpula peronistas, nisto incluída a ala de esquerda do movimento, ia ao mesmo tempo isolando e tirando de cena colaboradores fiéis que ao longo dos anos tudo fizeram para que o nome do velho caudilho não caísse no ostracismo. O primeiro a ser atingido pela nova orientação política do *Viejo* foi Rodolfo Galimberti, que representava a JP no Conselho Superior Justicialista. Galimberti era secretário da JP e suas posições exasperavam o ódio dos militares, que puseram sua cabeça na bandeja de negociações. As ambições de poder de Perón fizeram com que ele aproveitasse a oportunidade para demonstrar boa vontade junto aos generais, enfraquecendo a esquerda e dando mais um passo à direita representada no interno do peronismo por López Rega, "El Brujo", que por sua vez dispunha de todo o apoio de Maria Estela Martinez de Perón, Isabelita, mulher de Perón, e personagem nunca aceita pela maioria que constituía a base peronista, de onde vinha o oxigênio que alimentava os pulmões do peronismo. Para esta, era inadmissível que ela, Isabelita, pretendesse assumir o lugar de Evita — Eva Perón —, a musa dos "descamisados", morta de câncer em 26 de julho de 1952, depois de longa e lenta agonia.

As ditaduras terminam por saturar a paciência até de parcelas significativas de seus próprios adeptos. Daí que a possibilidade de retorno ao arejamento político com um mínimo de liberdade entusiasmou muita gente, a milhões de argentinos das mais variadas colorações políticas. Não ao ERP, que manteve sua política de seguir golpeando o inimigo. Afinal, havia sofrido um dos mais covardes massacres em 1972, quando 16 combatentes presos foram friamente executados sumariamente por um comando de oficiais na base naval de Trelew, em Rawson, na Patagônia, como represália à operação de fuga de importantes lideranças revolucionárias. A operação foi realizada numa frente composta por Montoneros, FAR e ERP. Entre os chacinados, estava Ana Maria Villareal, esposa de Mário Santucho, comandante do ERP, um dos que haviam logrado escapar da prisão. O ERP não perdoava a impunidade dos executores do massacre. Em memória das vítimas ergueu a bandeira de *Heróis de Trelew* e em seu nome seguiu batendo firme, com golpes cada vez mais contundentes e ousados nos militares, de preferência de alta patente, e suas instituições consideradas inexpugnáveis. Uma fantasia militar mil vezes posta por terra em todo o mundo, mas sempre realimentada pela miopia e orgulho vãos que as chamas da prepotência alimentam.

Lanusse, empenhado em seu plano de abertura, enfureceu-se com o massacre por considerar o ato inoportuno e sentir-se desdenhado por subordinados, sobre os quais, na realidade, não tinha o menor controle. Mas nada fez para punir os culpados. Seria ingênuo acreditar que não soubesse de onde havia partido a ordem para o massacre de Trelew e a composição do comando executor. Corporativismo, de qualquer espécie, funciona assim. O faz de conta que "não sei" ou "não vi" justifica omissões e conivências. Prevalece a farsa.

A campanha eleitoral ganhou as ruas. Manifestações partidárias e de massa surgiam num crescendo que não haveria força capaz de contê-las. A Plaza de Mayo, a Plaza del Congreso e imediações estavam sempre inundadas por um número expressivo de pessoas. Mas era ao pé do Obelisco onde, principalmente à noite, esse número atingia a casa dos milhares. De um lado, os peronistas agitando sua bandeira com a figura simpática de Héctor Cámpora, que de tão simpática virou "tio Cámpora" (pelos acordos, Perón estava impedido de participar como candidato); de outro, os seguidores da Unión Cívica Radical (UCR), partido que havia conseguido forte impulso, tempos atrás, pela grande popularidade de Hipólito Yrigoyen.[1] O candidato da UCR era Ricardo Balbín. Entre as duas tendências, lá estavam distribuindo seus jornais, *El Combatiente e Estrella Roja*, os militantes do PRT-ERP. Embora críticos do processo de abertura, na forma em que era conduzido, os liderados de Santucho reconheciam a importância do momento para ampliar sua propaganda.

Uma curiosidade: em alguma medida, com o pleito, em que radicais e peronistas se batiam frente a frente, abria-se a possibilidade de Balbín, se vitorioso, dar o troco a Perón, que em 1949 o havia mandado para a cadeia por dez meses. Balbín era deputado e a imunidade parlamentar de nada lhe servira. Perón era Perón.

Vieram as eleições, marcadas para 11 de março de 1973. Foi uma festa fenomenal, em que o odor de naftalina saiu dos baús e velhos guarda-roupas para perfumar os ares dos postos eleitorais e das ruas. A formalidade cultural

---

1. Francisco Viana, jornalista, escreveu *Argentina — Civilização e Barbárie (A história argentina vista da Casa Rosada)*, Atual Editora, São Paulo, 1990, p. 112. Série: História Viva. Nessa obra o autor pinta um panorama geral da Argentina, de grande importância à compreensão histórica daquele país. Por coincidência, a foto de capa do livro é de minha autoria. Dá-se que, ao retornar à legalidade, "cobri" como repórter fotográfico a transição política argentina entre julho de 1983 e março de 1984. Os registros documentais realizados foram veiculados nas revistas *Senhor*, matéria de capa, nº 138, 9/11/1983, entre outras, *Veja*, matéria de capa, nº 200, 4/1/1984, idem, *Isto É* e inúmeras outras publicações, entre elas o *WorldPaper*, de Boston. Experiência de certo modo amarga para este jornalista, pelas ausências profundamente sentidas de amigos e companheiros de anos atrás, ceifados em combate e/ou sob torturas.

argentina motivou a geração mais idosa a que retomasse suas clássicas indumentárias para o grande baile democrático do voto. O baile maior veio com o resultado das urnas. A vitória peronista foi retumbante. As ruas foram tomadas por multidões, as pessoas dançavam e se abraçavam. E muitas choravam de alegria. Eram as esperanças democráticas renascendo. Só faltava para o banquete o principal dono da festa: *El Viejo*. Mas ali estava sendo carimbado o seu passaporte para a volta definitiva. E triunfal.

A posse de Cámpora aconteceu no dia 25 de maio de 1973. A multidão voltou a ocupar ruas e praças. O mar humano inundou o amplo espaço em frente do Congresso. A Avenida de Mayo, que segue em linha reta do Congresso à Plaza de Mayo, tornou-se tão espaçosa quanto uma lata de sardinhas. A cerimônia teve ares surrealistas. Cámpora sorria; Lanusse parecia ranger os dentes. Talvez, intimamente não se conformasse com o fato de ter sido o idealizador e o executor da abertura política e, no ato de transmitir o poder ao sucessor, receber em troca insultos verbais e gestos nada edificantes ao ego do imponente general. Não seria de estranhar se, por essa sua tentativa de tentar arrefecer os ânimos tão exaltados e reconciliar a nação, acalentasse o sonho de sair sob flores e até carregado pelos braços do povo como salvador da pátria. Ao contrário, teve que escapar da ira popular de helicóptero e às pressas da Casa Rosada rumo ao esquecimento. A paz preferiu manter-se distante. Muita lenha haveria de ser lançada à fogueira a partir daquele momento histórico.

Cámpora ganhou a simpatia e a confiança da massa peronista. Tinha a seu lado a JP. Mas no coração do *Viejo* ele perdia a cadeira, sempre disputada por López Rega. Também não tinha acolhida na burocracia sindical.

As pressões contra Cámpora não tardaram. Começaram em seu primeiro dia de governo. Melhor, antes que sentisse o macio ou a dureza do estofado do assento da cadeira presidencial. A direita queria imunizá-lo contra o "vírus esquerdista". A esquerda queria medidas imediatas que justificassem e dessem crédito a abertura. Uma delas era a anistia. Caseros e Villa Devoto foram literalmente tomados. Houve troca de tiros e mortos. A polícia foi forçada a recuar. Cámpora, impelido pelas multidões, teve de assinar a anistia tal como era exigida. Os generais odiaram a medida e Perón viu nisto um ato precipitado, de fraqueza. Para ele, a anistia haveria de ser concedida com exclusões, e não assim, imediatamente. Haveria de ser mercadoria a ser negociada. Marxistas tinham que ficar de fora. Militantes do ERP, encarcerados, nem pensar. Afinal, o seu reatamento de relações com as forças que o haviam deposto em 1955 condicionava isso. Ele, evidentemente, tinha como meta única e exclusiva a reconquista do poder. E tudo tinha que acontecer muito rápido, pois o fôlego já lhe era curto. A idade estava avançada e a saúde precária. JP, FAR e Montoneros que se danassem. Seria muito mais conveniente "flertar" com a Aliança Anticomunista Argentina (Triple A), dentro da qual já se encontrava, em posição de vanguarda, a estrela mais "brilhante" para ele de sua nova constelação: López Rega.

Perón regressou à Argentina no dia 20 de junho de 1973. Eu, pessoalmente, sentia uma sensação estranha que não saberia descrever nem com o passar de tantos anos. Ter visto ruir o castelo de onde o caudilho imperava em 1955 e estar ali 18 anos depois, assistindo à reentrada vitoriosa do derrotado de antes na cena política de agora, parecia-me inacreditável. Uma lição a mais: em política tudo pode acontecer. Conclusão possivelmente cômoda para não cansar mais ainda o já cansado cérebro de tanto pensar em nossos próprios e avolumados problemas.

Buenos Aires foi invadida por caravanas imensas, procedentes das mais variadas e remotas províncias argentinas para receber o líder. A Plaza de Mayo e a Plaza del Congresso, esta última bem mais espaçosa, e muitos outros lugares das cercanias da Casa Rosada ficaram cobertos de barracas. Famílias inteiras de pessoas simples estavam ali. Aliás, a grande maioria era composta de pessoas simples, de mãos calejadas.

No grande dia, a massa humana, concentrada para homenagear Perón com aplausos ao esperado discurso de chegada, ultrapassava a casa de dois milhões de pessoas. Parcela significativa dessa multidão deslocou-se em colunas a perder de vista para recebê-lo no aeroporto. Teve, em troco, em vez de fogos, chuva de balas. E assim, o que seria festa, converteu-se no que ficaria registrado na história como o Massacre de Ezeiza. Do tiroteio cerrado promovido pelos séquitos de López Rega e asseclas armados da burocracia sindical, os *matones,* comandados de Lorenzo Miguel, não se sabe ao certo a quantidade de mortos e feridos. Cada autor apresenta seus números. Estima-se que foram mais de uma centena de mortos e incontáveis feridos pelo volume de fogo, horas de combate e armas empregadas. Os setores organizados da esquerda peronista, entre estes a JP e ramificações, FAR e Montoneros, haviam tomado suas precauções para evitar surpresas. De preciso mesmo foi a gravidade do episódio. Por ele já era possível antever o que viria com o governo peronista, como que forças, realmente, iriam predominar dentro dele e suas conseqüências.

Como grupo clandestino e estrangeiro, sentíamo-nos espremidos entre rochas. O mundo parecia estreitar-se e o continente se reduzir a um mero pedaço de chão da capital que as circunstâncias nos levaram a habitar e onde todos, até prova em contrário, eram suspeitos. Viver 24 horas sob cerco, dia após dia, durante semanas, meses, é terrível. E essa era a condição de luta que haveríamos de enfrentar. Não era bem uma escolha, e sim imposição de um momento que só tendia a agravar-se.

Nossas preocupações começavam com a unidade e preservação da integridade do coletivo, seguiam com os planos de entrada no Brasil e se fechavam com o Chile, continuamente ameaçado de golpe. No primeiro caso, tudo fazíamos para manter a máxima discrição; no segundo, avançávamos os estudos de fronteiras e impulsionávamos contatos no interno do país; o último independia de nossa vontade. Tudo o que nos restava era torcer para que o previsível não acontecesse.

Os acontecimentos na Argentina desde a posse de Cámpora corriam velozmente, com ele cada vez mais sendo manietado pelo poder da burocracia sindical e do próprio Perón, que não perdia a oportunidade de tirar-lhe a autoridade e humilhá-lo.[2]

Sem condições para governar, Cámpora foi obrigado a renunciar. Sua renúncia deu-se no dia 12 de julho de 1973. Novo circo eleitoral seria montado para que Perón fosse candidato à presidência da República, tendo Isabelita como vice. As eleições foram marcadas para 23 de setembro. Perón massacra pelo voto Ricardo Balbín, o ícone radical, dessa vez em confronto direto. Mas o vitorioso mesmo, agora consolidado, seria López Rega e sequazes, com seus metralhas oficiais, sicários voluntários e de aluguel. A vez chegou para o vale-tudo. E disso ele sabia tirar proveito como ninguém. Perón estava ali para fazer sombra aos danos.

Nesse meio tempo, José Ferreira, nosso homem em Santiago, deslocou-se para Buenos Aires para que juntos pudéssemos fazer um balanço geral da situação. Relatou em detalhes como se dera o balão-de-ensaio do golpe acontecido em junho no Chile. O "tanquetazo", como ficaria conhecido, de-

---

2. No seu livro *A Guerra Argentina*, Alfredo Sirkis oferece elementos indispensáveis a quem tenha interesse em aprofundar-se no conhecimento da Argentina daqueles dias, com seus golpes dentro de golpes, e muito mais informações. Rio de Janeiro, Editora Record, 1982, p. 215. Aos estudiosos, vale a recomendação.

monstrou que a esquerda chilena estava completamente despreparada para resistir à menor ofensiva direitista. Não fosse pelos blefes da esquerda, com a mítica de que *no pasarán!* solta aos quatro ventos e desmoralizada desde a Guerra Civil Espanhola, os golpistas podiam ter dispensado o teste e derrubado Allende nessa empreitada experimental. Foram inúmeras as prisões, nenhuma forma de organização e nenhum esboço de resistência. Claro, sem organização não poderia haver resistência. A debandada foi geral.

Desse rápido encontro restou a certeza: o golpe era iminente e sua realização seria questão de pouco tempo. A conclusão é por demais sabida: tragédia. Uma tragédia a mais nos marcos da esquerda latino-americana com repercussão em todo o mundo. E tanto que aqui cabe apenas registrar a data, para que as mentes esquecidas tenham mais um lembrete ou referencial no futuro: 11 de setembro de 1973. Para nós, foram dias de ouvidos presos ao rádio para a obtenção de notícias. E de sentir mais uma esperança de libertação escoar-se pelos ralos de nossas utopias.

O golpe no Chile fez com que as embaixadas de muitos países em Santiago ficassem superlotadas de refugiados políticos. Entre elas a da Argentina. Perón, ao assumir a presidência, decidiu não dar asilo a ninguém. O máximo que admitia era transportar os refugiados para o território argentino, oferecendo-lhes abrigo em "lugar seguro e determinado pelo governo" enquanto seria negociada a transferência de cada um para qualquer outro país. Ou seja, garantia confinamento temporário. E assim foi. José Ferreira, nosso companheiro, que igual a tantos outros buscara refúgio na embaixada argentina, foi para a França. Não lhe restava outra alternativa.

Quando e por que meios já não consigo lembrar com precisão, pelo muito que nos movimentávamos, mas o certo é que surgiu um contato importante. Muito vagamente me ocorre que foi na busca de lugar para um perseguido brasileiro. O rapaz terminou alojado por algum tempo na casa de um amigo químico na Rua Uruguai, onde, sempre que eu necessitava, utilizava o laboratório fotográfico que ele mantinha num pequeno cômodo da casa. Mas o importante aqui é o contato.

Tratava-se de Alípio Antônio Nunes Neto, de quem fiquei amigo com o tempo. Antônio vinha de uma longa história política, nascida no meio estudantil. Integrou a velha POLOP, escreveu sobre a greve metalúrgica de Osasco em 1968 — por sinal um belo trabalho analítico e de valor historiagráfico que assinou com o pseudônimo Jacques Dias —, terminando por fixar-se em Buenos Aires depois de bom tempo em Paris, onde conheceu sua companheira argentina. Revelou-se a pessoa perfeita para uma necessidade de nosso grupo. Havíamos recebido proposta de uma entidade européia interessada em obter notícias regulares — um *clipping* — sobre a política brasileira. Nada de comentários, apenas notícias. Em Buenos Aires chegavam diariamente os principais jornais brasileiros. Somados à tesoura e cola, compunham a matéria-prima. O trabalho maior era o de edição. A impressão já não era trabalho nosso, e sim de uma gráfica contratada para isso. O sofrimento era ter que tragar as mentiras noticiadas. Sem ler não tinha como editar. Mas precisávamos nos alimentar, morar, vestir e manter outros compromissos que a vida exige. E a oferta de pagamento pelo trabalho não era desprezível. Consultado, Antônio aceitou incumbir-se da tarefa. Para isto lhe foi oferecido um pequeno salário.

Antônio pertence àquela linhagem de pessoas que transmitem confiança às demais. É culto, sereno e possuidor de uma personalidade sólida. Pouco falava de si. Mas carregava um peso doloroso que somente muito depois de nos conhecermos bem decidiu me falar. Ele pertenceu ao grupo que fundou a VPR, da qual viria integrar a direção. Sua esposa, Elizabeth Conceição Mazza Nunes, estudante de sociologia, havia sofrido um acidente fatal.[3] Recebera um tiro de uma militante que manuseava uma arma enquanto ela lia um livro. Antônio não se encontrava no local. A organização decidiu que o corpo fosse sepultado clandestinamente e que ele saísse do país. A decisão teve como argumento o fato de que a repressão iria explorar politicamente o acontecimento, o que certamente faria. Aí está a fonte do drama que o torturava em silêncio e a consumação de um grave erro da organização. Por mais que a repressão explorasse o episódio, teria sido muito mais digno para a organização entregar o corpo à família, com base no princípio de respeito humano e responsabilidades ética e política. Acidentes acontecem, infelizmente. Durante meu tempo de Marinha vi muitos e nem por isso ela seria questionada. Dois desses acidentes, que presenciei, chocaram-me muito. Um, no dique Rio de Janeiro. Um marujo caiu de um andaime da altura de alguns andares de um prédio. Na limpeza do casco do navio tentou passar uma raspadeira para o colega que estava acima. A tábua do patamar que estava correu e ele estatelou-se no chão de cimento. O outro foi no porto de Vitória, Espírito Santo. Eu pertencia à guarnição do contratorpedeiro Greenhalgh. Já estáva-

---

3. Esse triste acontecimento está contado no livro *Mulheres que foram à luta armada*, do jornalista Luiz Maklouf Carvalho. Editora Globo, 1998, p. 484.

mos no mar numa força-tarefa por alguns dias e, todos cansados, aportamos por volta de meio-dia. Regra geral, a primeira providência era dar um banho de água doce no navio para tirar o sal e com isso atenuar os efeitos, a ferrugem. O contratorpedeiro Paraíba, ao lado do qual iríamos atracar, a faxina já estava no final, faltando apenas secar a água empossada em alguns pontos do convés. Do passadiço do Greenhalgh, meu posto, vimos quando um rapaz elevava os canhões de um reparo duplo (plataforma). Só que, do outro lado, um outro marinheiro, muito jovem, enxugava o piso sem que o colega visse. A cremalheira que permite elevação e depressão dos canhões esmagou sua cabeça. Ouviu-se o estalo e todos gritando pára, pára! Que culpa teria o causador involuntário do acidente? No caso da morte de Elizabeth, é provável que tenha havido imprudência ou imperícia de quem causou o acidente. Poucos militantes sabiam manusear corretamente uma arma naquela fase, a não ser os que vinham das Forças Armadas. Mas nem ela podia ou pode ser sacrificada por isso. Resta a tristeza. Não conheci Beth e essa história fui saber pelo próprio Antônio, com quem me solidarizei.

Um pouco mais adiante surgiria um reencontro que, de tão importante, iria nos ser de utilidade infinita pelas alternativas que propiciou para nosso projeto político e, sobretudo, para a nossa imediata sobrevivência física naquela selva. Alfredo Sirkis, como jornalista, desempenhava seu papel profissional produzindo matérias para o *Le Monde Diplomatique,* assinando-as com o pseudônimo de Marcelo Dias. E creio que aproveitava sua passagem por ali para coletar material para seu futuro livro, *A Guerra Argentina*. Nos conhecêramos em Santiago, onde me encontrava como banido e ele, ao mesmo tempo que escapava da repressão brasileira, cumpria missão que lhe fora confiada por Carlos Lamarca, ao desvincular-se da VPR e ingressar no MR-8. Sirkis havia participado da operação de seqüestro do embaixador da Suíça, Enrico Bucher, e foi ele a incluir meu nome na lista dos que deveriam ser libertados em troca do diplomata. Concluídas as negociações, seu nome caído nas mãos dos repressores, a saída encontrada foi a fuga do país. Custei muito a revê-lo desde que se foi para Paris e eu, depois, para Milão.

Passamos a nos encontrar com certa regularidade num pequeno e discreto restaurante da Av. Santa Fé. Nesse restaurante, num almoço simples, ele me apresentou um dia a Amílcar Santucho, advogado, irmão de Roberto Santucho, o comandante do ERP. Amílcar também era militante do PRT-ERP, atuando na frente legal do partido, entre outros afazeres defendendo presos políticos nos tribunais castrenses. Essa relação evoluiu bastante depois que Sirkis retornou à Europa. Mas antes de partir, num empenho pessoal marcante e muito próprio de seu caráter (em quase todas as situações em que estive com Sirkis foi com ele tentando salvar alguém ou se solidarizando com alguma coisa que considerava merecedora de sua intervenção), conseguiu que o ERP nos passasse uma quantia em pesos equivalente a cinco mil dólares. O crédito era seu, e não nosso. Importância significativa à época, que facilitou enormemente nosso trabalho de reconhecimento de fronteiras e ativação de trabalhos no interior do Brasil que se desenvolviam muito lentamente por falta de verba, sobretudo no que dizia respeito a deslocamentos. Guerra não se faz sem dinheiro.

Amílcar se preocupava muito com nossa segurança. Com o passar do tempo e aprofundamento de nossas relações e confiança, ele nos alertava quanto aos lugares que, num ou noutro dia, poderiam oferecer riscos extras (mover-se em Buenos Aires significava riscos constantes), devido a uma operação programada do ERP. Nunca, evidentemente, dizia o que iria acontecer. Referia-se a áreas e/ou zonas em que a lenha iria queimar, para que nosso pessoal evitasse passar por perto. Apenas uma vez, num almoço, ele me fez arder a cabeça de tanto enfático que foi, quase revelando o que iria acontecer. Estava ansioso, o que não lhe era comum, pelo menos para mim em nossos encontros semanais. E dizia: "Esta semana não saiam de casa. Vem bronca pesada por aí!". Em geral, nosso encontro durava no máximo uns 30 ou 40 minutos. Naquele almoço fomos além de duas horas. Simplesmente o velho — acho que já andava pela casa dos 60 — estava querendo me dizer pelo comportamento, porque não poderia fazê-lo por palavras para não romper normas de segurança, que o Batalhão 121, próximo a Rosário, ia ser atacado. Pelo alcance político-militar da operação, a contra-ofensiva inimiga iria ser dura, repercutindo principalmente em Buenos Aires, onde a repressão entendia estar o cérebro do ERP. Não discuti e prometi não sair da toca. O ataque foi vitorioso. Eu já estava acostumado com esses confrontos. E minha simpatia crescia sempre mais pelo ERP. O velho Amílcar incutiu-me essa simpatia. Muitas águas iriam rolar depois como fruto dessa relação nascida da intermediação de Sirkis.

15

Guerreiros sem descanso

Estava na cara: aquele não era meu dia. E tudo começou muito cedo. Morava na Av. Corrientes, na altura da estação Medrano do metrô. Para chegar à estação, teria de andar uma quadra e pouco. No meio da rua ouço sirenes e freios de um Ford Falcon cantando atrás de mim. Esforcei-me para manter a calma. Em passos lentos, segui em frente como se nada estivesse acontecendo. O coração pulou mais que o normal quando ouvi o engatilhar de metralhadoras e ordens de "mão na cabeça". Pensei: "Acabou, seu Viegas!". Para minha surpresa, os homens que tripulavam o Ford Falcon passaram em carreira desembalada. Em frente estava um Fiat parado e de dentro saíram quatro rapazes com as mãos para cima. Respirei fundo e não fiquei para ver o resultado. Contei o que vira aos meus durante o almoço em casa. A imagem não me saía da cabeça.

Vinha de uma tarefa cansativa e por isso convidei minha companheira para que fôssemos dar uma volta pelo centro. Na Rua Florida havia um café saboroso, num lugar agradável, que muitas vezes freqüentávamos para sentir o cheiro e as vozes brasileiros. Preferíamos fazê-lo à noite. Turistas, principalmente paulistas, estavam quase sempre por ali.

Andando pela Florida em direção à Plaza San Martín, percebi que estávamos sendo seguidos. Fiquei intrigado e, em sussurro, contei à Teca minha suspeita. Paramos numa vitrina para confirmar. Pelo reflexo do vidro ela reconheceu a pessoa. Era um velho conhecido seu dos tempos de faculdade em Belo Horizonte. Chamava-se Faria Lima e tinha militância política. Ao aproximar-se, voltamos para ele num movimento rápido. Assustou-se. Explicou que estava em dúvida, por isso preferiu confirmar se era ou não ela antes de falar. Estava de passagem, segundo disse. Eu e ele não nos conhecíamos. Apresentados, conversamos sobre coisas vagas. Nada político e nenhuma referência sobre o que cada um fazia. O assunto foi esquecido. Voltamos para casa.

Deveria cumprir um compromisso no início da noite. Desço do apartamento e ao pôr os pés na rua vejo um carro em alta velocidade. Logo atrás, outro no mesmo ritmo, em perseguição ao primeiro. O perseguidor tinha uma abertura no teto (não era um conversível tradicional). De dentro brotava um homem robusto, em traje civil, empunhando uma metralhadora. Esgueirei-me por trás de um poste, procurando proteção. Somente no dia seguinte soubemos que a umas quadras dali houve um tiroteio entre polícia e Montoneros, sem vítimas. Nenhuma novidade nisso, porque todos os dias, em qualquer ponto de Buenos Aires, combates aconteciam.

Muito susto para um único dia. Mas o vendaval havia passado. Ao menos temporariamente.

Como de hábito, numa noite de dezembro de 1973 ouvia o noticiário da Rádio Guaíba. O repórter informava um combate entre exército e guerrilheiros na Bolívia. A guerrilha teria sofrido quatro baixas. Entre os mortos um brasileiro. Seu nome: João Batista Rita. Fiquei perplexo.

Rita havia sido banido comigo entre os 70 presos políticos libertados em troca do embaixador da Suíça, Enrico Bucher. Quando o conheci, no avião que nos transportou para Santiago, aparentava rosto de menino. Antes de sua prisão em abril de 1970, ele militava numa organização pequena intitulada M3G (Marx, Mao, Marighella e Guevara).

A vida que levava no Chile, até onde sabia, era discreta. Quase não discutia sobre política e nem participava de atos do gênero. Em pouco tempo enamorou-se de uma chilena. Soube que chegou a ter um filho com essa moça, com a qual estava estruturando a vida. Com o golpe de setembro de 1973, embora sem qualquer militância ou envolvimento com os partidos da Unidade Popular, sentiu-se em perigo por não ser chileno e pelo histórico de sua vida. Buscou com a companheira refúgio na embaixada argentina. A caça às bruxas de pós-golpe recomendava isso. Foi, com os demais refugiados, transportado para Buenos Aires, permanecendo sob proteção do governo de Perón até que obtivesse sinal verde para ingressar em outro país, possivelmente europeu. Um dia, passeando pelas ruas, topou com uma velha amizade: o ex-major do Exército Joaquim Pires Cerveira, lá vivendo clandestinamente por ser perseguido político no Brasil e seguir à sua maneira com a luta que considerava justa.

A partir daí, Rita e Cerveira passaram a encontrar-se com certa freqüência nos cafés, bares e restaurantes da cidade. E aí volta à cena Faria Lima.

Segundo se soube, Faria Lima fora preso em São Paulo e bastante torturado na OBAN. A repressão sabia de suas relações com Cerveira e queria saber o paradeiro deste. Lima terminou por "abrir" o endereço de Cerveira em Buenos Aires. Como de praxe, um comando composto por policiais argentinos e brasileiros invadiu a residência de Cerveira, no dia 11 de dezembro de 1973, num momento em que Rita visitava o amigo. Completa falta de sorte. Os repressores levaram os dois, conduzindo-os de volta ao Brasil. A suposta proteção de Rita pelo governo peronista não valeu de nada. Nem protesto diplomático seria feito. Há testemunhas que garantem tê-lo visto bastante machucado nas dependências da OBAN. Nessa empreitada sinistra foram assassinados Faria Lima, Cerveira e Rita. A notícia da Rádio Guaíba, então, não passou de uma farsa montada para que a verdade fosse soterrada nos túneis da ditadura. Não seria este um caso único ou esporádico.

O ano de 1974 foi marcado na Argentina pela radicalização política. A esquerda golpeava continuamente. ERP e Montoneros intensificavam suas ações, cada qual mais ousada e militarmente melhor planejadas. O endurecimento do governo desobrigava o ERP de atender a acenos que pudessem significar recuos. Os montoneros não podiam correr o risco de, sendo peronistas, ser confundidos com a direita peronista.

O desfecho disso fluía na forma de ataques de um lado e massacres indiscriminados de outro. O Ministério de Acción Social convertera-se em quartel-general da Triple A desde que López Rega fora empossado como titular da pasta. Seus porões passaram a ser depósitos de armas e muitas de suas espaçosas salas destinadas a planejamentos de ações terroristas a serem praticadas pelo oficialismo político e sindical. No mínimo, uma ironia.

Consideramos que havia chegado a hora de intensificar nosso trabalho de levantamento de fronteiras. Um pouco mais desafogados financeiramente com a ajuda dada pelo ERP e a sobrevivência garantida com o *clipping* para a entidade européia, poderíamos ficar um pouco mais à vontade para desenvolver nosso projeto.

Seguiram-se viagens sobre viagens. Teca e Glória percorreram milhares de quilômetros em todas as direções e efetuaram inúmeros contatos. Nem todos com resultados positivos para os nossos fins, mas em nenhum caso houve risco de segurança. Havia, isto sim, muito medo. Por esse medo, muitas pessoas de honestidade inquestionável e críticas em relação ao regime evitavam a simples troca de idéias em que o tema fosse político. Sob este aspecto, a ditadura houvera obtido sua principal vitória: conseguiu reduzir as pessoas ao conformismo, à apatia política, à sobrevivência pura e simples.

Não só Teca e Glória estavam nesse empenho desbravador de abrir caminhos para que eu, Capitani e outros pudéssemos voltar ao país. Havia também Manu. Esta contribuía muito conosco, mas seu coração estava no MR-8, organização da qual discordávamos em tudo e por tudo. A recíproca era verdadeira.

Num balanço geral, muita coisa positiva ficou plantada por efeito dessas viagens extremamente cansativas, perigosas, de elevado custo e, em muitos casos, decepcionantes.

Teca começou a apresentar problemas de saúde. Padecia de dores e muitos outros incômodos. Exames médicos constataram que ela era portadora de endometriose. O diagnóstico nos abalou, exigindo de nós medidas que devolvessem a ela a saúde o quanto antes. Sua Irmã, Nanci, por sinal gêmea, ao tomar conhecimento do problema, deslocou-se para Buenos Aires para acompanhá-la ao Brasil. Teca teria de submeter-se a uma cirurgia. Demorou uns três meses entre a operação e a convalescença. Restabelecida, aproveitou a permanência no Brasil para novas investidas na tentativa de consolidar pequenos núcleos que mais adiante iriam nos servir de base. Os guerreiros são assim. Não descansam mesmo com a saúde abalada.

Enquanto isso, iniciávamos em Buenos Aires a elaboração do nosso *Documento Básico* para reger o grupo. Eram os primeiros passos para que ganhássemos feição de organização partidária, com posição definida e propostas claras. Modestamente, demos ao coletivo o rótulo de *grupo embrionário*. E não passávamos disso, sob todos os aspectos.

O texto estava a cargo meu e de Antônio, que a essa altura se encontrava politicamente bastante envolvido conosco. Todas as tardes ia à sua casa para que discutíssemos os rumos das análises que iriam fundamentar nossas teses. Ao contrário de Antônio, com boa formação intelectual marxista, eu tinha muito pouco a acrescentar como contribuição teórica. Mas o tormento estava no sono que me atacava após o almoço, principalmente. Muitas vezes Antônio falava sozinho e, apesar de calmo, mostrava-se irritado. Esse sono me incomodava. Nos finais de tarde se fazia acompanhar de sensação de febre e durante a noite tinha que trocar duas ou três vezes a camiseta, ensopada de suor em pleno frio. Uma forte e constante tosse chegava a tirar-me o fôlego. Não procurava um médico e, apesar de todas as evidências, meu "desconfiômetro" não indicava para mim mesmo o que estava acontecendo comigo.

Vitt, o amigo italiano em cuja casa vivi em Milão, foi a São Paulo a trabalho. De volta à Itália, passou por Buenos Aires para nos fazer uma rápida visita. Sua vinda coincidiu com a morte de Perón, em 1º de julho. Ele havia chegado uns dois ou três dias antes desse acontecimento. Teve a oportunidade de ver o espetáculo comovente, expresso pelas filas intermináveis que deslizavam lentamente sob uma chuva fina que caía intermitente sobre toda Buenos Aires naqueles dias. O povo peronista despedia-se do líder. As pessoas pareciam não acreditar que aquilo era verdade. Desmaios e choros convulsivos diante do esquife completavam o quadro de tristeza. A cena não deixava de ferir fundo os sentimentos mais nobres até dos mais duros antiperonistas. Neste espectro, não por saudades do defunto, sem dúvida, mas pelo quadro pintado com tão expressivas cores da emoção humana.

Havia sido informado antecipadamente do dia em que o Vitt iria chegar. Fui recebê-lo no terminal de ônibus especiais que transportavam passageiros do aeroporto para o centro da cidade. Enquanto aguardava sua chegada, ouvi comentários em voz baixa de que "um grupo de subversivos foi preso ao tentar cruzar a fronteira por Foz do Iguaçu". Isto se confirmaria anos mais tarde pelo jornalista Percival de Souza em pesquisas que realizou para escrever os livros *Eu, cabo Anselmo* e *Autópsia do medo*. Tínhamos indicações de que Onofre Pinto estava tentando recrutar militantes entre os refugiados políticos recebidos pelo governo argentino para entrar no país, num desesperado esforço de reconstrução da VPR. Uma aventura a mais depois de desmascarada a traição de Anselmo. Em repetidas ocasiões nos encontramos nas estações de metrô, passando um pelo outro sem troca de palavras. Ao ver-me, escapava. Não teria o menor problema em discutir com ele. Mas ele pensava diferente, pelo que demonstrava. Uma atitude rancorosa e mesmo infantil, pois o meu rompimento com a organização nada tinha de pessoal, resumindo-se a divergências políticas especialmente em relação à condução que dera ao caso Anselmo. O grupo reunido por Onofre compunha-se de seis pessoas, sete com ele. Entre estas, os irmãos Carvalho, Joel e Daniel, que haviam sido libertados comigo em 1971.Teriam sido executados no Parque

Iguaçu. Nunca soube se no mesmo esquema, mas o certo é que na mesma época, 11 de julho de 1974, seria capturado em Buenos Aires e assassinado Edmur Péricles Camargo, também do grupo dos 70 banidos, tentando reingressar no Brasil. Edmur integrava o M3G.

Meu amigo italiano encontrou-me realmente baqueado. Tentei de tudo para reunir forças para apresentar aparência diferente, mas não podia. Havia nesse desejo pessoal um sentido: na minha primeira passagem pela Itália, foram eles — Vitt e Dan — que se empenharam na recuperação de minha saúde, bastante prejudicada pela herança das prisões sofridas. Mas estava apático e essa apatia crescia. Tendia à prostração completa.

Vitt se foi e nós prosseguimos dando ênfase ao *Documento Básico* (DB) convertido em prioridade. Não era mais possível fazer propostas e participar de discussões sem um texto definindo claramente o que de essencial pensávamos.

Perón morto, Isabelita é empossada presidente, conduzindo para a Casa Rosada toda a sua *troupe* — a fina flor da extrema direita peronista, tendo à frente López Rega. Os grupos repressivos civis, militares e paramilitares tinham a partir daí todo o respaldo de que necessitavam para a barbárie já iniciada há tempos e que logo se alastraria. E não só: ganharam terreno sólido para a evolução de suas estruturas organizativas, atingindo mais adiante um estágio superior de organização unificada que chamaram de Forças Conjuntas. Para esse instrumento aperfeiçoado e centralizado do comando do terror iriam convergir os grupos que atuavam dispersos. Mais harmônicas ficariam também as relações internacionais com os governos ditatoriais, sobretudo da região, que já atuavam em mútua cooperação repressiva. Ligados a essa associação estavam principalmente o Brasil, Chile, Uruguai e Bolívia, com a Argentina como sede. Prisões, atentados, raptos e tudo o que representava a eliminação de pessoas consideradas "inimigas da democracia" passava por ali. E não somente os marxistas eram alvos. Os generais Juan José Torres, da Bolívia, derrubado do governo pelo general Hugo Banzer, o general Prats, que integrou o governo de Allende no Chile e em quem muita gente depositou esperança de resistência ao golpe de setembro de 1973, foram assassinados por atentados. Não escapariam ao mesmo e trágico destino os senadores uruguaios Gutierrez Rodriguez e Zelmar Michelini, e uma infinidade de outras pessoas de nomes conhecidos ou não.

Teca regressou de sua viagem no mês de outubro. Ao pôr os olhos em mim, não teve dúvidas. Nada falou de suas certezas, mas, na manhã seguinte, insistiu para que fôssemos ao médico. O doutor, de sua parte, somente pediu exame de escarro e radiografia dos pulmões para cumprir o ritual ético para um diagnóstico fundamentado em peças científicas. Em resumo, eu estava tuberculoso. Voltei a defrontar-me com a pergunta: "e agora José?". Curar tuberculose sob cerco permanente e fogo cerrado seria dureza. Por isso, sem que eu fosse consultado, Teca não perdeu tempo: telefonou para os amigos italianos. Em menos de três dias já estava uma passagem à disposição para que eu voltasse a Milão. A questão era como sair do cerco. Para início de conversa, não dispunha de passaporte.

Tudo foi criteriosamente avaliado, a começar por se valeria a pena correr os riscos de cruzar as fronteiras. E que fronteira eleger. Pelo nível repressivo, não poderia partir diretamente do aeroporto de Buenos Aires para a Europa. Solução: seguir para Assunção, Paraguai, fazer escala em La Paz, Bolívia, e chegar a Lima, Peru, onde deveria tomar um vôo da Alitália diretamente para Milão. Uma ginástica penosa para um "moribundo".

A primeira providência seria conseguir documentação. O ERP, por meio de Amílcar, dispôs-se a "trabalhar" o passaporte. Mas o ERP estava sob fogo direto, o que punha o seu "departamento de documentação" em situação vulnerável. Antônio mantinha contato com o pessoal de uma organização pequena, muito séria, com atuação na área gráfica. Um amigo brasileiro me ofereceu seu passaporte e essa organização incumbiu-se de pôr-me na "legalidade", pronto para a viagem, marcada para o dia 1º de novembro de 1974. Por nosso plano, Teca deveria acompanhar-me de Buenos Aires a Assunção e comigo ficar até meu embarque para Lima. Viajamos de ônibus. Cumprida sua tarefa, que se encerrava com o avião levantando vôo comigo dentro, ela deveria fazer mais uma viagem ao Brasil, numa missão com duração de meses. Assim era nossa vida, um constante aceno de adeus e promessa de reencontro quando fosse possível. Saudades, sempre saudades, essa doce palavra a nos unir em pensamento, como a outros amores.

O programa foi cumprido ao pé da letra. Apenas um "pequeno" inconveniente: não podíamos supor nem de leve que exatamente naquele dia os Montoneros iriam mandar pelos ares o arquiodiado comissário Villar, o todo-poderoso chefe da Polícia Federal argentina, homem extremamente inteligente e diabólico. E tão diabólico que conseguia até atrair o ódio de seus próprios pares, abrindo brechas no seu sofisticado esquema de segurança pessoal, a ponto de permitir que tanto os Montoneros como o ERP o mantivessem sob controle. Sua lancha explodiu em dia de lazer com ele e a mulher embarcando para um passeio pelo rio Tigre.

Por causa disso, a viagem foi tumultuada. Em cada posto, em cada parada em território argentino até a fronteira paraguaia, a inspeção nos veículos era rigorosa. Múltiplos bloqueios do Exército pelas estradas. Assim, de susto em susto, alcançamos nosso destino. Dói-me saber que o companheiro que deu segurança para aquela retirada forçada, pela perfeição do trabalho que executou no passaporte que me permitiu sair da Argentina, não exista mais entre nós. Homem amável, de riso aberto, cheio de esperanças e livre de ambições pessoais, foi metralhado com outros integrantes do grupo em sua pequena gráfica. Somente vim a saber disso ao retornar à Argentina um ano depois. Angústia insuportável ao sabê-lo. Seus assassinos pertenciam à Triple A.

16

Em Milão, mais uma vez

Ao deixar a Itália, em janeiro de 1973, não me ocorria a mais remota idéia de que voltaria a vê-la. Mas lá estava eu de novo e bem pior do que da vez anterior. À saída do aeroporto encontravam-se Dan e Vitt a esperar-me. Mais um abraço inflamado dos dois. Até aí nenhuma surpresa. Esta ficaria por conta de Sirkis, que, sem que eu soubesse, havia se deslocado de Paris para estar comigo e saber do meu real estado de saúde. Estava hospedado na casa do casal onde, novamente, eu iria residir.

Cheguei a Milão ainda na fase de contágio, o que me constrangia profundamente. Hospedeiro de um bacilo traiçoeiro, não queria ser veículo de contaminação de outras pessoas. Devido a isso, tentei evitar contatos e adotei pratos, copos e talheres descartáveis. Saí de Buenos Aires com medicação de última geração. Os médicos italianos consultados só tiveram que confirmá-la e acrescentar algumas recomendações de natureza comportamental, como não eliminar atividades que necessitasse dar prosseguimento, mas sem carga horária excessiva, e parar sempre que o corpo pedisse. Alguns, mais conservadores, chegaram a sugerir internação em hospital de montanha. Meus amigos descartaram essa hipótese. Não queriam me ver isolado e eu, sem querer interferir no que decidissem, afinal eram eles que estavam com a bomba nas mãos, deixei que ficassem à vontade para isso. Qualquer que fosse a decisão, estaria pronto para aceitar.

Os primeiros três meses de tratamento foram difíceis. Apesar da saraivada diária de comprimidos, os bichos resistiam ferozmente no território ocupado do pulmão esquerdo (os tempos eram de guerrilha!), conforme constatação dos controles médicos periódicos. Um episódio desagradável me envolvendo contribuiu para que o tratamento fosse prejudicado. Antônio fazia-me de Buenos Aires uma crítica muito dura por carta, que abri ao conhecimento dos que estavam comigo numa reunião em Frankfurt. O núcleo da crítica vinha de uma dessas informações mal dadas que terminei reproduzindo sem antes comprová-la. Isto seria difícil e até impossível, devido a compartimentação férrea de setores dentro de uma estrutura partidária clandestina. Um problema de complexa solução, porque o acesso de poucos a certos dados termina por converter-se em privilégio, podendo resultar em manipulação política tendenciosa com prejuízos para o conjunto. Muitas deformações começam aí e suas conseqüências nocivas vão se manifestar seguramente no futuro dessa organização ou partido, se chegar a ter futuro. Não adotá-la, por seu turno, facilitará o acesso ao inimigo a planejamentos e deliberações que devem ser mantidos impermeáveis até sua execução, tornando vulnerável toda a estrutura partidária. O certo é que fiquei mal, embora com a consciência limpa. O conflito íntimo causado por forte sentimento de culpa bloqueou por momentos o efeito dos remédios. Depois desse episódio e de me autocriticar pela insensatez, passei a controlar melhor a impetuosidade e nunca mais situação como aquela se repetiu comigo. Valeu a lição.

A compensação pelo pesadelo aconteceria um mês depois, quando submetido a novos exames: o inimigo havia sido derrotado. Faltava restaurar o estrago feito por onde ele passou. Repentinamente, como se tivéssemos retornado à meninice, os três fizemos a festa jogando pratos, copos e talheres uns contra os outros e para as alturas. Alegria total, com direito a um *pollo* especial e alguns *bicchieri* de vinho além do recomendado, mas com autorização médica. D'Ambrosio, o médico que acompanhava mais de perto meu drama, era rigoroso no seu *métier*, a começar por si mesmo. Extremamente ativo, impressionava pela sua capacidade de trabalho. Pertencia ao PSI. Como conseguia tempo para dar aulas, cumprir horário de consultas, dar plantões no Hospital dos Trabalhadores, elaborar teses a partir de pesquisas científicas na sua especialidade — consideradas de vanguarda e, como tal, reconhecidas nos principais centros europeus — e ainda achar tempo para militar no partido, era algo inexplicável. Mas essa proeza ele conseguia como rotina de vida, e ainda se dava ao luxo de, como ginecologista, atender pacientes em seu consultório particular. Pois é: minha tuberculose foi tratada por um ginecologista!

José Ferreira já se encontrava instalado em Paris com a família depois de um período no refúgio argentino, concedido temporariamente pelo governo de Perón, em conseqüência do golpe de Pinochet no Chile. Durante um bom tempo ele teve que ocupar-se da sobrevivência, que envolvia, entre outras coisas, adaptação aos costumes franceses, domínio do idioma e busca de emprego que lhe garantisse um salário. Tudo muito difícil nas suas condições, a começar pela idade. Com o tempo, ele e esposa foram conseguindo vencer os empecilhos. O filho não demorou a ingressar numa escola e, sendo muito jovem, rompeu mais facilmente as dificuldades iniciais. Em menos de um mês já se comunicava bem em francês, havia conquistado amigos parisienses e se adaptado à nova realidade. De vez em quando Ferreira e eu nos comunicávamos, e, durante o período que permaneci em Milão, fiz visita a ele e família em repetidas ocasiões. Nos tornamos amigos desde os tempos do Movimento de Ação Revolucionária (MAR). Afora isso, mantivemos o mesmo vínculo político, pois também ele era integrante do *grupo embrionário*, a essa altura com seu núcleo principal penando em Buenos Aires, sujeito a riscos dia e noite. Tínhamos que discutir com certa regularidade nossas perspectivas partidárias, em muitas circunstâncias cobertas por nuvens negras de baixa altura — "nimbos da pesada" — anunciando chuva grossa sobre nossas cabeças.

Minha recuperação crescia a olhos vistos. Mas algo estava sempre a me faltar. Quase todas as tardes em que não tivesse compromisso preciso (em algumas esse compromisso existia) ia ao centro, precisamente à Piazza del Duomo, para espairecer. Interessava-me pelas discussões fervorosas das dezenas de rodas de pessoas, principalmente de idosos, que se formavam, cada qual abordando um aspecto no geral do mesmo tema: pau no governo. De "porca Madonna" a "porco Dio", a blasfêmia corria solta. Isso me divertia. Preenchia um pouco o vazio que, suponho, estivesse no impedimento de participar do pequeno congresso que o *grupo embrionário* estava organizando para aprovação do Documento Básico, em discussão em nossas minúsculas células em Buenos Aires e no Brasil.

Dan teve que cumprir um longo período em Paris participando de um curso importante para seu crescimento intelectual e enriquecimento do currículo. Vitt, além de viagens de trabalho, deslocava-se de onde estivesse para passar os fins-de-semana com a companheira. O apartamento era todo meu, o que o tornava monótono. Dificilmente o abria para uma visita que não fosse do consentimento ou conhecimento prévio dos donos da casa, embora tivesse carta branca. Esse comportamento funcionava para mim como questão de respeito à confiança e ausência deles.

As tardes compromissadas da semana destinavam-se a receber a irmã de Che Guevara. Nunca soube ao certo seu nome. Tratava-a por Ana. Naqueles tempos quentes não nos interessávamos por nomes de quem nos era apresentado, mesmo fora das áreas consideradas de risco. O importante era de onde vinha a apresentação. Nos reuníamos para estudar italiano, o que na verdade era o que menos fazíamos. Ela e o marido pertenciam ao ERP, levavam-me publicações e chegamos a tentar esquemas de reprodução para distribuir cópias a simpatizantes italianos. A tarefa deles era divulgar o PRT-ERP. Ana portava um problema de fígado e, por isso, era muito pálida. Os traços de seu rosto não negavam o grau de parentesco com Che. Pusesse barba e boina, poderia ser confundida. O marido, embora de aparência jovem, tinha calvície acentuada. Também não gozava de boa saúde. Seu corpo estalava todo ao se mexer. Era o primeiro a rir de seus estalos. Padecia de artrite. Sempre que penso neles me pergunto se ainda vivem. Gostaria que estivessem por Arenales ou Araóz, onde os pais (dela), Ernesto Guevara Lynch e Celia de la Serna, tinham casas herdadas dos avós de Che, Roberto Guevara Castro e Ana Isabel Lynch.[1]

Outra pessoa que teve acesso por minha causa ao apartamento da Via Giovanni da Prócida foi Eldita, argentina que fazia parte do rol das grandes amizades que nos apoiavam em Buenos Aires. Um dia telefonou-me de Paris, avisando de sua passagem dois dias depois por Milão. Queria me ver. Assim foi. Chegou acompanhada do seu namorado. Jantamos e rimos muito. No dia seguinte partiu para a Sardenha, para encontrar-se com uma amiga. Eldita despedia-se da vida. Sofria de câncer linfático há uma década. Era linda. De tempos em tempos os cabelos lhe caíam e um inchaço grande surgia-lhe num dos lados do pescoço. Ficava como uma árvore no outono, desfolhada, tendo o tratamento como inverno, para reflorescer noutra primavera, novamente linda. Durante as crises ia a Londres, onde especialistas a medicavam.

A amiga que Eldita ia visitar na Sardenha sofria do mesmo mal. Haviam se conhecido na clínica onde ambas buscavam cura. Aquela seria sua última viagem pelo mundo (na volta passou pelos Estados Unidos). Ao retornar a Buenos Aires, faleceu.

---

1. Do livro *Meu Filho Che*, Ernesto Guevara Lynch — Antologias e Biografias, Editora Brasiliense, 1981, p. 330.

Notícias ruins brotavam da Argentina em profusão. Carlos Araújo, jornalista de *La Opinión* e que fazia parte do círculo de amizades de Eldita, e portanto nosso, fazia uma série de artigos sobre a política petrolífera do governo argentino, suas mutretas e corrupções. A Triple A o seqüestrou, deixando-o maniatado e amordaçado de noite no meio da pista do aeroporto internacional de Ezeiza com um aviso: "Estamos atentos. Caso nenhum carro te esmague até o amanhecer, terás o prazo de 24 horas para sumir da Argentina. O início da contagem de tempo ficará por conta da hora que os jornais noticiarem o achado. Não haverá segunda oportunidade". Quando os bandidos se foram, Carlos foi girando o corpo até atingir o meio-fio. Socorrido, amigos se cotizaram para comprar passagem. Foi para a Espanha.

Preencher o tempo sem ter definido o que fazer é um pouco complicado. Mas no meu caso sempre aparecia alguma coisa quando menos esperava. No prédio vizinho ao que morava, tinha um casal que se tornou meu amigo. Apresentação de Dan e Vitt. Osmildo e Milena eram seus velhos conhecidos. Tinham uma loja de frutas e legumes no térreo e moravam num apartamento no primeiro andar. Trabalhavam muito. A família se completava com duas meninas, Laura, a mais velha, e Sabina. Muito viva, Laura apegou-se a mim por um interesse muito particular. Para ir às aulas de natação, na Associação Cristã dos Moços, dependia de companhia em quem os pais confiassem. E assim me tornei "babá" de Laura. Em compensação, sempre que sabia que eu estava só, insistia para que fosse jantar em sua casa. Por questão de consciência, começava recusando o convite, apoiando-me numa alegação qualquer, e muitas vezes mantinha a recusa. Via o trabalho duro do casal, que no dia seguinte tinha de voltar muito cedo ao batente. Mas logo o telefone tocava e a insistência vinha diretamente do próprio Osmildo ou Milena. Aos poucos, sobretudo durante a permanência de Dan em Paris, isso virou rotina. Adorava estar com eles, pessoas excelentes. Tratava de dar o troco aos sábados, quando a falta de tempo pela quantidade de fregueses impedia que Milena providenciasse o almoço: bolava um prato especial e oferecia a eles na loja. Essa troca nos aproximava sempre mais. Isso não impedia que Osmildo me criticasse por ter transformado os vasos de roseiras de Dan na cobertura do apartamento numa viçosa horta, outra maneira que encontrei de consumir o tempo. Osmildo tinha razão. Dan e Vitt eram tidos como seus melhores fregueses. Com minha horta teriam prejuízos. Mas não houve rancores por isso. Era, ao contrário, motivo de risadas para todos nós. Eu, tranqüilo. Afinal, tinha Laura, a menininha, a defender-me!

E nessa de "matar" o tempo é que fico agradecido ao amigo Arthur José Poerner, que, do exílio em Colônia, deu-me a honra de ler o original datilografado do seu livro, até então inédito, Nas Profundezas do Inferno, e de iniciar negociações com a editora Mazzotta para a sua publicação. Deu certo.

Perto de ter o tratamento dado por concluído, fui estimulado a visitar em Reggio Emilia um casal que havíamos conhecido nas férias da viagem passada em Gioisa Iónica. Arejar a cabeça sempre que possível fazia parte do tratamento. Marco e Leandra me esperavam na estação ferroviária. Foi um final de semana agradável. Como quase tudo na Itália, Emilia me pareceu rara, com valores próprios, por vezes em contradição com as demais regiões da Itália. No centro da cidade me foi mostrada uma grande lousa de mármore repleta de pequenas fotos, com nomes e codinomes de *partigiani* (guerrilheiros) mortos durante a resistência ao nazifascismo de Hitler e Mussolini. Quando um ex-combatente morria, disseram-me, as ruas eram cobertas de flores vermelhas e das janelas choviam pétalas da mesma cor. E era de lá que saía o principal da ajuda material e política italiana à Frente de Libertação Nacional de Moçambique (FRELIMO), em luta contra o domínio português, organizado pelo Comitê para Ajudas Sanitárias ao Povo de Moçambique de Reggio Emilia. Igual solidariedade para a mesma causa partia de Bolonha, pólo cultural e intelectual do país, pelo Comitê por um Moçambique Livre. E aqui cabe uma apresentação necessária: Amando.

Amando tinha 26 anos quando fomos apresentados e estava ali estudando eletrônica enquanto se adaptava a uma prótese. Qualquer especialização técnica seria de grande importância ao seu país às vésperas de conquistar a libertação. A prótese devia-se à perda de um pé num campo minado. Passamos uma tarde inteira conversando. Era-lhe muito difícil entender que eu fosse chamado de Joel quando o meu nome era Pedro. E por que clandestinidade? O espanto passou a ser meu quando ele foi até o quarto e trouxe o seu álbum pessoal de fotografias. As pessoas que presenciavam nossa conversa se divertiam.

As fotos, organizadas por datas, mostravam Amando descalço e de calças curtas num grupo guerrilheiro mal-armado. Na seqüência, uma contínua evolução até aparecer sentado sobre carcaças de aviões inimigos abatidos. Quando perdeu o pé, razão de sua ida para a Itália, tinha o posto de comandante de um batalhão de artilharia pesada do exército das Forças de Libertação. Era sobrinho do poeta revolucionário Samora Machel, líder incontestável da FRELIMO.

Amando não entendia a clandestinidade porque, enquanto em 1964 nós brasileiros sofríamos um golpe de Estado praticamente sem resistência e completamente desorganizados, os revolucionários moçambicanos declaravam em documento histórico a luta armada contra o colonialismo português. Guerra aberta, sem essa de Pedro ser Joel. Descobertas como essa enchiamme o peito, faziam-me pensar. Sobretudo no quão minúsculo éramos, e seguíamos sendo, pela soberba "sapiência" de parte de uma intelectualidade de esquerda, que sabia apenas fazer vaidosas citações sem nada interpretar de nossa realidade, mestre em acusar tudo o que significasse arriscar um passo adiante e que se deixava rebocar pelos que se opunham timidamente à ditadura nos marcos de uma suposta legalidade.

Aquele fim-de-semana foi-me de grande importância. Aprendi um pouquinho mais, e essa aprendizagem iria ser aproveitada, dizia a mim mesmo, sem saber exatamente como.

Não vivendo a intimidade italiana, evitava fazer críticas. Relacionava-me bem com membros do PCI, sempre muito solidários. Discutíamos, claro, muitas vezes comigo discordando deste ou daquele fato ou ponto de vista, mas sem a pretensão de ser o dono da verdade. Freqüentava uma seção do partido próxima de onde morava. Era a seção "Dal Pozzo", na via Cesariano, 11. Tive a oportunidade de conhecer muitas pessoas interessantes ali. Entre elas, e com destaque, uma mulher madura e de uma seriedade inquestionável, de nome Valentina. "Pau para toda obra": mãe, irmã, conselheira, confidente, administradora e tudo o mais que precisasse ser feito era com ela. Uma flor de pessoa, férvida como militante. Os jovens tinham-na como referência. Para mim, só tinha um defeito: ser estalinista "roxa". Nunca suportei teses que afirmam que "em política tudo se justifica" ou "os fins justificam os meios" e outras de igual teor aceitas e praticadas por Stálin e continuadores do seu pensamento e prática política. A derrota republicana na Guerra Civil Espanhola, em que entregou a cabeça dos revolucionários a Franco por acordos secretos com Hitler, por "interesses de Estado", é aperitivo em relação à sua política de reforma agrária no interno da URSS, com massacres de camponeses de dar inveja a monstrengos do porte de um Pinochet, Videla, Baptista, Somoza e similares no Brasil e em todo o mundo.

Aborrecer-me com isso não vinha ao caso agora. O presente estava exigindo o melhor de nossas atenções. Na Argentina, as águas de março inundaram o coreto de Isabelita anunciando mais mortes, ao contrário do que no Brasil o nosso poeta Jobim cantava como esperança. O ano era 1976.

Para ser preciso, dia 24. Videla, Massera e Agosti — Exército, Marinha e Aeronáutica, respectivamente — decidiram pôr abaixo o último bastião do velho peronismo. Um golpe a mais ou a menos já não fazia tanta diferença e nem emoção causava. O sofrimento do povo em nada seria atenuado nessas tungas e pungas militaristas, do mesmo modo que em nada melhorou com o retorno do populismo peronista, com Perón reconquistando em 1973 o poder perdido em 1955. Trazer de volta o assunto aqui vale como registro histórico. Naquele momento, porém, cabia-nos verificar com a máxima precisão possível onde iriam aparecer fendas no novo regime para nossa passagem. A hora para o grande salto para dentro do Brasil estava se aproximando e não havia mais o que estudar de fronteiras. Tudo se resumia a uma questão de escolha, mas essa escolha dependia do conhecimento dos pontos considerados menos preocupantes para os agentes da nova ordem estabelecida e, por isso, menos vigiados ou guarnecidos.

De Buenos Aires me chegou uma notícia auspiciosa: o *grupo embrionário* dera início a seus congressos regionais no interior do país — São Paulo, Rio e Salvador. Além do Documento Básico (DB), outras teses também estavam na pauta dos debates e algumas resoluções deveriam ser aprovadas. Nesses congressos regionais seriam eleitos delegados para o nacional, a realizar-se na etapa seguinte em Salvador.

Essa injeção de ânimo aguçou minha impaciência. E para atiçá-la ainda mais cessaram as correspondências por um bom tempo. Elas partiam de Buenos Aires, enviadas por Antônio ou Teca, ambos no Brasil, participando do evento tão esperado.

Por fim, o silêncio, exagerado em extensão por minhas ansiedades, foi rompido. Chegou-me um relatório sintético, mas bastante completo e já com a conclusão tirada no congresso nacional. O DB fora aprovado com os adendos considerados necessários pelo plenário e aos quais não tive acesso antecipado por falta de portador. Não dava para confiar nos correios convencionais. Igualmente importante foi a transformação do *grupo embrionário* em organização partidária e como tal estruturada. Nascia em seu lugar o Movimento pela Revolução Proletária (MRP). Com o relatório, uma promessa: brevemente um companheiro me procuraria em Milão para dar informes mais detalhados sobre os eventos.

A espera foi demorada, mas a promessa foi cumprida. Depois de estar com Ferreira em Paris, o enviado encontrou-se comigo, levando-me o DB e considerável quantidade de outros documentos para estudos e resoluções a serem postas em prática. Sua passagem por Milão foi com a rapidez de um bólide. Teve pouco tempo para satisfazer minha curiosidade. Tinha compromissos em Roma. Mesmo assim me atualizou o suficiente para que pudesse ter uma visão geral do processo de aprovação do DB e formação da organização. Dei-me por satisfeito, mas, ao mesmo tempo, fiquei abatido devido a um acontecimento nunca pensado. Capitani, velho companheiro de luta desde os tempos da AMFNB e embates bem mais duros posteriores, preferira ficar de fora. Com ele, Glória. Não concordaram com alguns enfoques teóricos do DB e, pelo que me foi relatado, o motivo maior mesmo da ruptura foi a forma organizativa que o MRP adotara. Difícil de aceitar, mas um direito deles. Capitani e Glória preferiram outros caminhos. Paciência. Todos sentimos muito e eu, em particular, muito mais ainda.

Em linhas gerais, em sua redação final, o DB dividiu-se em três partes: I) análise da realidade brasileira e do caráter do desenvolvimento do capitalismo no Brasil, que considerávamos em estágio avançado, monopolista e integrado internacionalmente. Interpretávamos sua debilidade em relação aos seus parceiros mais ricos, o que o colocava numa posição dependente e com pouca voz, como acontece em qualquer associação capitalista: as decisões, principalmente as estratégicas, pertencem aos acionistas majoritários. Na mesma linha, com crescentes contingentes de mão-de-obra ingressando no mercado de trabalho a cada ano e a oferta se restringindo, crescia a exclusão social. Verdadeiro rolo compressor a esmagar seres humanos, lançando-os à miséria e à marginalidade; II) tratando-se de um modo especificamente capitalista de produção, com a composição orgânica do capital em constante elevação e um Estado que aparelhava seus instrumentos de opressão e repressão classistas para garantir a acumulação de capital pelo arrocho salarial, por um lado, e a concentração de renda, por outro, a única alternativa possível ao proletariado só poderia ser revolucionária pelo socialismo. Para tanto, teria que construir seu próprio partido independente para conduzir suas lutas. O MRP seria nesse processo apenas um instrumento organizativo com a finalidade de contribuir na construção desse partido; e III) apresentação do que o MRP definia como Programas Máximo e Mínimo.

Ao se colocar como meio, e não um fim, na construção do Partido Revolucionário Proletário que propunha, o MRP nascia diferenciando-se das demais organizações e partidos de esquerda em atividade que, olhando para o próprio umbigo, afirmavam que "esse partido já existe". Nisso há de se reconhecer coerência. Se no seu conceito o partido já existia, estava descartada a necessidade de construir outro. Mas o que de fato existia, e de sobra, eram pretensão e arrogância.

O MRP optou por uma forma de organização interna orientada para o exercício colegiado de todas as suas decisões políticas, em todas as instâncias de seus organismos. Os núcleos de base ganharam o nome de Unidade e o órgão máximo de direção o de Comitê Político (CP). Foi descartada conscientemente a figura tradicional do secretário-geral, fórmula encontrada para conter ambições pessoais de poder político. Está mais que provado historicamente que funções que permitem o destaque individual não passam de criadouros de futuros ditadores. Claro que nem todas as pessoas que assumem posições de destaque se transformam em tiranas. Mas nem os mais sinceros ou mal-intencionados dos humanos trazem letreiros na testa. Então, o que conta como garantia de comportamento ético são os instrumentos, normas e regras capazes de conter tentações personalistas próprias à espécie humana neste seu estágio de consciência, em que o egoísmo está sempre presente como caldo de cultura milenar de uma infinidade de deformações. Infeliz de um movimento e, pior ainda, de uma nação que dependa de um líder, independentemente de sua sinceridade, ou não, naquilo que se propõe e exerce. O brilho ofusca, e um sem fim de traições tiveram sua origem nesse brilho ofuscante. Indivíduos de valor inquestionável sempre serão ressaltados num processo de luta. Mas, como a mais pura das gemas, dependerão de muita lapidação que a própria luta — e só ela — se encarregará de fazer. Os que discordam deste ponto de vista acusam-no de anarquismo.

As decisões coletivas são sempre mais confiáveis. O que não é consenso sai pelo voto, a minoria submetendo-se à maioria, e assim todos são responsáveis por esta ou aquela decisão. Nem por isso a minoria deve abdicar de sua posição se está convicta de sua correção e nem a maioria tem o direito de impedir sua manifestação. O amanhã pode reverter o quadro pela observação do que a realidade comprovar ou negar. O exercício democrático é salutar, e não há outro meio de praticá-lo e mesmo de permitir que as potencialidades individuais sobressaiam. As experiências são diferentes por mil razões. O confronto pelo debate é a melhor escola de aprendizagem, e a socialização do conhecimento é fundamental ao crescimento coletivo.

Para coroar esse pequeno, mas entusiasmante avanço, fui dado como curado. Com os últimos resultados dos exames em mãos, o médico recomendou: "Cuida do outro pulmão porque este está sarado!". Era o que necessitava ouvir para que pudesse tomar as providências para nova despedida da

Itália e dos amigos italianos. Novamente os malabarismos para conseguir documentação, passagem e dinheiro para a volta. De novo o empenho dos amigos em me ajudar. Só eu sei o quanto se esforçaram.

Passagem e alguma quantia em dinheiro resolvidas, restava a documentação. Alguém passou seu passaporte para que eu o usasse. Prova de confiança maior que esta não podia existir. Para meus ombros, uma responsabilidade imensurável. O sucesso ou fracasso, usando-o em meus deslocamentos, significaria problemas graves para quem restasse vivo, que seguramente não seria eu se caísse nas malhas da repressão. Nem sonho nem poesia, a realidade. Minha segurança, outra vez, nas mãos de quem iria "trabalhar" o passaporte. O carimbo sobre a fotografia do portador do passaporte italiano é em alto-relevo, difícil para reprodução improvisada, tão definidos e precisos são os contornos de cada letra. Num final de tarde apareceu a pessoa que iria solucionar o delicado problema, um senhor do PCI de meia-idade. Aguardava-o com ansiedade. Ao vê-lo sem ao menos uma bolsa na mão, desconfiei de sua competência para essa tarefa. Em vez de bolsa e equipamentos sofisticados, trazia no bolso da camisa três pincéis finos. Ali estavam seus instrumentos de trabalho. O homem pôs-se a trabalhar seriamente, contando histórias e muito risonho. Comportava-se como se nada de tão sério, e muito menos grave, estivesse ocorrendo. Eu, que dependia do resultado desse trabalho para minha segurança, não quis nem ficar por perto. Dei um jeito de escapar sem nada dizer. Desci até a loja de Osmildo para conter os nervos. Ao voltar, o homem ria mais do que antes, feliz da vida. Vitt e Dan também sorriam. Creio que tremi quando o passaporte me foi entregue. Ao abri-lo, tudo mudou. Nunca vi tanta perfeição na mais barata das simplicidades. Com os cabos finos daqueles três pincéis o distinto senhor havia realizado uma obra de arte. Não havia mais motivos para permanecer na Itália.

Uma reunião entre amigos foi a festa de despedida. Muita emoção. Não sei se por coincidência ou de propósito Vitt pôs Ravel no seu aparelho de som antes que todos saíssemos para meu embarque na estação ferroviária e foi com ele nos ouvidos que parti para Paris ao encontro de Ferro. Um dia ou dois depois, não lembro bem, estava voando para Buenos Aires.

17

Rumo ao solo brasileiro

Minha simpatia por Buenos Aires está mais que declarada. Mas desta vez não existia qualquer motivo para que me detivesse nela além do tempo necessário para encaminhar os preparativos para retomar a estrada. Agora, com o mesmo respeito e carinho, ela entrava no meu mapa apenas como roteiro, como ponte de travessia para um destino que, apesar das interrogações, haveria de ser alcançado. As visitas aos pontos e pessoas que costumava freqüentar anteriormente, e que muito me agradavam, foram rápidas, de despedida. Ficaria em débito comigo mesmo se não revisse esses lugares e pessoas. Tratando-se especificamente de lugares, esse sentimento é até contraditório em quem, como eu, confessadamente, não é chegado às grandes cidades. De qualquer modo, reconheço o fascínio que elas reservam, como escaninhos de sedução, a quem acolhem. Em Buenos Aires, como em Milão, sempre me senti assim: acolhido.

A estada não ultrapassou dois dias. Passei a maior parte do tempo com Antônio, que deveria seguir comigo, detalhando providências de viagem, ultimando pormenores de rota e segurança, analisando alternativas em caso de surpresas desagradáveis. Tudo medido e pesado, foram definidos dia e hora para a partida sem volta.

Na fronteira, ainda do lado argentino, Teca e Luiz Giannini — Paco — que não conhecia, nos aguardavam. A temperatura era baixa, típica do mês de julho na região Sul, mas o frio mais sentido soprava da burocracia, lenta na liberação dos documentos, o que causava crescente apreensão. Eu era "turista italiano", dependia do visto de entrada com passaporte falso. Felizmente, tudo correu bem, sem problemas. Estava, por fim, em solo brasileiro após tantos anos!

A partir dali, foi viagem longa, por terra. Fazendo baldeações, fomos parar em Salvador, onde éramos esperados.

Os primeiros dias de Salvador foram de atualização para mim. Houve uma reunião do CP (Comitê Político) e nela foi relatado mais amplamente o que me faltava saber sobre os congressos de formação do MRP e participação que teve, ainda como *grupo embrionário*, numa luta importante de moradores de uma localidade conhecida como Marotinho, no Bonjuá, próximo à Fazenda Grande, um bairro bastante populoso.

Especuladores imobiliários decidiram que Marotinho deveria ser incorporado aos projetos que desenvolviam para construir na área conjuntos residenciais "tipo" classe média. Para que isso fosse viável, teriam que expulsar de lá os moradores. Contavam, evidentemente, com a conivência oficial, por meio da qual obtinham documentação fraudulenta de propriedade. Isto abria-lhes a possibilidade de empregar a Polícia Militar em operações que rotulavam de "reintegração de posse", o que não está de todo fora de moda. Antigos moradores passavam à condição de "invasores". Tratava-se de uma velha prática nos grandes centros urbanos, com correspondência similar no campo, onde a grilagem de terras de pequenos proprietários era comum. Aqui até com maior gravidade, porque esses pequenos proprietários tinham suas terras "expropriadas" na base da bala de jagunços contratados por latifundiários, em geral com ligações poderosas na alta cúpula política e militar do regime. Isto explica, em parte, o surgimento do MST no campo, assim como o Movimento dos Sem Teto no âmbito urbano, os quais, juntos, causam ojeriza e pavor a muita gente por ignorar que nenhum movimento social nasce por acaso. Por efeito dessa contínua expulsão de consideráveis contingentes humanos do campo, em Salvador cresciam aceleradamente as favelas nas encostas dos morros e as palafitas na periferia, com destaque para os Alagados, no bairro conhecido como Plataforma. Em Irecê, pólo principal da produção de feijão na Bahia, toda e qualquer tentativa de resistência legal à grilagem era respondida a tiros pela capangada. São inúmeros os padres da ala progressista da Igreja e advogados de entidades defensoras dos Direitos Humanos assassinados ao tentarem solução pacífica e dentro da lei para os conflitos gerados pelos tradicionais e todo-poderosos senhores da terra, os coronéis. Punição, por mais aberrantes que fossem o crime e a contundência de provas contra mandantes e executores, inexistia. Afinal, os mandantes faziam parte da base social e política da ditadura. Tudo ficava em família. O conceito de Juracy Magalhães, já citado, explica as omissões com nítida clareza: "Aos amigos, tudo..."

Marotinho resistiu bravamente. A repressão foi dura. Participando do movimento de resistência estavam militantes nossos com atuação em trabalhos de base, conduzidos por setores combativos da Igreja. Esses trabalhos foram iniciados e desenvolvidos por um padre bastante respeitado pela coragem e dedicação demonstradas em repetidas oportunidades. Um respeito conquistado principalmente entre os mais pobres, dentro e fora da diocese a que pertencia. Tratava-se do padre Paulo Tonucci, italiano de origem e brasileiro de coração, que recebia pressões sistemáticas de todos os lados. Os jornais tradicionais de Salvador tratavam-no como "padre vermelho". Tinham seus motivos: estavam todos comprometidos com o latifúndio e a grilagem praticada às escâncaras pelos grupos do poder que defendiam com unhas e dentes.

Toda a Fazenda Grande se mobilizou em solidariedade aos ameaçados de expulsão do Bonjuá. Outros bairros de Salvador envolveram-se na luta. Dom Avelar Brandão, o Primaz do Brasil, sempre muito discreto em questões de conflitos sociais, decidiu tomar partido declarado em favor dos oprimidos.

Mas a força estava do outro lado. Especuladores, governo e instrumentos de repressão do Estado mantiveram sua posição de evacuar a área em disputa, aceitando porém, nas negociações, ceder um outro espaço para que os desalojados fossem assentados, comprometendo-se ainda em criar condições de infra-estrutura para esse fim. Assim nascia o Novo Marotinho, na Estrada Velha do Aeroporto, com uma associação de bairro animada, pelo que a população atingida considerou uma vitória, apesar de não ter podido sustentar sua reivindicação principal, que consistia em manter-se no local onde viviam há muitos anos. Essa associação fortaleceu-se, pois a experiência demonstrou que a união faz a força e que, com ela, mesmo com perdas, as humilhações podem ser vencidas. O entendimento de vitória, no caso, vinha da comparação com episódios similares, em que os expulsos, pelos mesmos métodos, de outras localidades nada obtiveram em troca, por deixarem-se intimidar pela opressão sem que oferecessem resistência. A população de Marotinho disse não. Perdeu o espaço preferido, mas saiu para outro com a auto-estima preservada, com a dignidade mantida.

Nessa minha primeira participação em reunião como membro do CP houve importantes deliberações de prioridades. O CP passaria a reunir-se a cada dois meses, alternando-se entre Salvador e Rio. Nossa presença em São Paulo era muito fraca àquela altura. Não era desejo e sim realidade de uma organização em fase de estruturação. Aprovou-se que, no campo editorial, era urgente que se criasse um periódico mensal para a divulgação de nossas idéias conjunturais, que também oferecesse à militância orientação para as atividades do dia-a-dia. Ao mesmo tempo seria uma revista para a veiculação de assuntos teóricos mais aprofundados e promoção de debates. Destas resoluções nasceram o jornal *Luta de Classes* (jornal LC) e a revista do mesmo nome (revista LC), esta última com periodicidade menos rigorosa. E o mais importante, entretanto, nessa área, seria o surgimento da Editora Democracia Proletária, voltada para a produção de opúsculos dirigidos a operários e trabalhadores em geral. Linguagem simples e quase sempre na forma de histórias em quadrinhos. Assim saíram *A História do Homem*, *A Comuna de Paris*, *João e as Eleições*, denúncias da farsa democrática da ditadura e uma infinidade de títulos que reforçavam nosso trabalho de massa. Nada disto nos era fácil, mas tentamos — e conseguimos — levar adiante com êxito.

Sobre todas as prioridades do MRP como organização partidária estava o seu *Que Fazer?*, eleito como compromisso fundamental: dar forças ao movimento dos trabalhadores, tendo o operariado como eixo principal. A proposta era a criação e multiplicação de Comitês de Luta por empresa, que tinham como pontos de encontro e deliberações os bairros, onde não apenas se concentravam atividades políticas, mas também culturais e de lazer. Isso aproximava as pessoas, desenvolvendo um companheirismo bastante sólido. A idéia era estabelecer vínculos políticos entre bairros e empresas, vínculos estes de vital importância estratégica para qualquer movimento social, principalmente de conteúdo revolucionário. Os militantes do MRP com atuação nos Comitês de Luta tanto poderiam estar numa reunião clandestina, discutindo a condução de uma reivindicação sindical, como tomando parte nesta ou naquela manifestação popular de caráter mais amplo, como numa roda de samba ou jogo de capoeira. O importante era a presença na vida da comunidade a que pertenciam. Por essa postura, adotada como princípio, o trabalho tomou impulso tanto em Salvador como no Rio.

Os Comitês de Luta em formação sob nossa influência não eram, e nem deveriam ser, extensões do MRP. Constituíam-se de núcleos operários, de professores, bancários e outras categorias profissionais, inclusive liberais, que em nossa concepção tinham que se expandir independentemente de qualquer organização partidária, embora com a ajuda destas. O papel das organizações era estimulá-los, contribuir para seu desenvolvimento, fortalecimento e ampliação. À organização, tratando-se do MRP, não interessava o recrutamento fácil e rápido para apresentar números. Não era *inchar* o que queria, mas *crescer*. Um trabalho paciente e criterioso, que leva tempo e depende do grau de expansão do próprio movimento dos trabalhadores, fonte de futuros quadros políticos partidários. Sendo organismos de massa, os Comitês de Luta necessariamente haveriam de ser heterogêneos como composição e pensamento, procurando a convergência na prática política. Todas as tendências políticas e ideológicas organizadas não apenas poderiam, mas deveriam estar neles. Nunca, porém, atrelando-os ou buscando atrelá-los às suas estruturas partidárias. Não se tratavam de troféus em disputa. Do contrário, seria descaracterizá-los como movimento. Sua força deveria estar no exercício democrático, em que o pluralismo das idéias em debate aberto e sincero só teria a oferecer os elementos essenciais para uma verdadeira unidade de classe.

Por essa visão, talvez estivéssemos inaugurando uma nova fase de nossa suposta utopia. Acusações nesse sentido nunca faltaram. Isto só o futuro iria confirmar ou negar. Mas de uma coisa tínhamos absoluta certeza: por ela estávamos suscitando uma profunda autocrítica teórica e prática de toda a militância passada, hierárquica e autoritária, com ingredientes hipócritas herdados do estalinismo que influiu em nossa geração. E a receptividade parecia estar nos dando razão, fundamentalmente na relação com os Comitês de Luta nascentes. As dúvidas sobre se estávamos ou não sendo utópicos nos vinham por outras relações. Isto é, pelas relações com os chamados setores "conscientes", pelas relações que procurávamos e até insistíamos estabelecer com outras organizações partidárias. Uma exceção: um grupo remanescente da antiga POLOP, que continuava carregando a sigla. Um grupo pequeno, muito crítico em relação a muitas de nossas idéias, mas honesto. Abrimos para ele participação onde tínhamos influência (associações de bairro do Novo Marotinho, Fazenda Grande e outras). Em nenhum momento decepcionou. Sobre questões muito concretas discutíamos até doer os ouvidos ou à exaustão, mas o que no final saísse como conclusão votada, todos cumpriam. Mas essa não era a regra. Outras organizações, ao verem grupos operários reunidos e dispostos à luta por interesses imediatos e setoriais, com pouca ou nenhuma consciência de classe, partiam para o recrutamento, sem o menor respeito ao indivíduo e seus limites. Um absurdo sob todos os aspectos ideológicos, políticos e sobretudo humanos, que, em última instância, é o que mais conta.

Em menos de um ano em Salvador e com essa orientação, houve um crescimento considerável dos Comitês de Luta. Chegamos a marcar presença no campo, mais precisamente em Irecê, mas logo vimos que não tínhamos como dar continuidade àquele trabalho. Nos limitamos por isso às atividades urbanas. Propusemos aos Comitês a criação de um pequeno periódico mensal, que fosse deles, pelo qual pudessem levar suas idéias e propostas classistas às várias categorias de trabalhadores. A proposta foi aceita e um comitê de redação foi montado para programar pautas, reunir textos, editar matérias e cuidar da impressão. Nos primeiros números demos assistência técnica de diagramação e coisas assim. O jornalzinho foi em frente e despertou paixão nos realizadores. Entre os eleitos para o comitê de redação (tudo era votado) estava um operário do ramo da construção civil, carpinteiro, que chamávamos "Bira", mas cujo nome verdadeiro era Geremias. "Bira" era capaz de cometer três erros de ortografia numa só palavra. Um recorde. No entanto, escrevia, montava e iluminava peças que criava, das quais participava também como ator. Mais um dado para a discussão do conceito do que é ser intelectual. Transformou-se em diretor de teatro e já rodou com seu grupo pela Alemanha e outros países, levando ao público europeu a qualidade dos trabalhos de sua autoria. Nem por esse notável ascenso preocupou-se em melhorar a ortografia. Diverte-se quando alguém comenta as transgressões gramaticais que comete. Aos críticos, Geremias Elias, riso largo de bom baiano, costuma responder com uma proposta: "Escreve uma peça e traz aqui prá gente discutir". E esnoba: "Se falta idéia, você pode se inspirar em Molière (Tartufo, O Avarento, etc.), se você tem tendência ao humorismo; ou em Shakespeare, se teus pendores estão voltados para a tragédia". É engraçado, porque pouco tempo depois de nos conhecermos notamos seu interesse pelas artes cênicas. Numa banca de jornal perto de onde morávamos encontramos Shakespeare, Sêneca, Sófocles e tantos mais da Coleção Universidade das Edições de Ouro. Livros de bolso, desses que, ao se terminar de ler, transformam-se em baralho. Mas tinham a vantagem de serem baratos. Compramos boa quantidade e numa noite em que ele se propôs a fazer em nossa casa uma peixada, um bacalhau fresco — excelente mestre cuca que é — oferecemos a ele de presente. Sua felicidade ao receber os livros nos fez feliz. Tínhamos dúvidas quanto a se iria ou não ler. Desnecessário dizer que leu. E nunca mais parou de ler.

Ao lado dos problemas de trabalho, reivindicações e denúncias, saíam no pequeno jornal matérias sobre atividades culturais desenvolvidas na periferia de Salvador e muitos outros assuntos. A publicação ganhou o título de *Tribuna Operária*. Foi só ficar um pouco conhecida para que uma organização com maiores recursos financeiros que os dos Comitês de Luta pusesse o seu incontido e tradicional oportunismo para fora, lançando o *Tribuna (Da Luta) Operária* (o *Da Luta* minúsculo, quase invisível). Velhas práticas que bem explicam os motivos de tantas divisões, lento avanço e sobretudo retrocessos da luta de classes do proletariado no Brasil. Mas a humilde *Tribuna Operária*, esta sim realmente operária, não se intimidou e nem se confundiu. Manteve a sua linha e propósitos. Apenas não dispunha de recursos para maquiar-se, ser impressa em tamanho *standard* em gráfica de alto custo e vendida em banca como os "proletários" da *Tribuna (Da Luta) Operária*.

A experiência de construção dos Comitês de Luta não se restringia a Salvador. No Rio esses organismos operários expandiram-se muito mais rapidamente. Em maior número, ramificaram-se pela Baixada Fluminense, solidificando-se em Caxias e Nova Iguaçu. A *Tribuna Operária* também estava aí, cumprindo papel importante e com características próprias dessa realidade específica, seguindo os mesmos princípios e critérios democráticos de como era realizada em Salvador, em São Paulo (capital) e Osasco.

Numa perspectiva ampliada da conjuntura brasileira, o MRP, como organização partidária, analisava a tendência política do que se chamou de "luta por aberturas democráticas". As forças majoritárias desse movimento estavam concentradas nos setores do capital insatisfeitos com os rumos da política econômica da ditadura militar com o fim do chamado "milagre econômico", no qual se locupletaram quanto puderam, e agora em dificuldades com sucessivas crises recessivas. O apelo à demagogia encontrava correspondência na intelectualidade reformista de esquerda, saturada pela censura e tantas outras arbitrariedades do regime. Mas nenhum desses setores burgueses tinha interesse em abrir espaço ao proletariado, já que ambos vivem da exploração da força de trabalho deste último. Diante disso, o MRP lançou proposta para o conjunto da esquerda para que fosse criada uma alternativa de classe para o proletariado. Título do documento: *Por uma Frente Antiditadura pelo Socialismo — FAS*. Eis a sua apresentação:

> O capitalismo só pode existir se consegue desenvolver de forma ininterrupta as forças produtivas, impulsionando constantemente a reprodução ampliada do capital. Com o aprofundamento da crise econômica do capitalismo dependente brasileiro, é indispensável ter presente essa característica do sistema para anali-

sar os objetivos das alternativas políticas que estão sendo propostas pelas diferentes frações burguesas. Na crônica diária, pode-se perceber que essas propostas burguesas de soluções políticas para a crise do sistema muitas vezes se associam com críticas à política econômica aplicada de forma coerente pela ditadura militar desde 1964.

Mas quais são os objetivos e os interesses de classe que se escondem detrás dessas propostas? Existe uma alternativa burguesa para a ditadura militar?

Inicialmente, devemos denunciar como os setores minoritários do capital procuram se utilizar demagogicamente das legítimas reivindicações econômicas e políticas do proletariado com um duplo objetivo. Primeiro, pressionar politicamente o capital monopolista visando conseguir concessões que criem melhores condições para que os estratos menores da burguesia enfrentem e sobrevivam à crise econômica. Segundo, procuram demonstrar sua capacidade de manipular os movimentos reivindicativos do proletariado e desviá-lo da luta por seus reais interesses de classe (...)

Em última instância, ao mesmo tempo que pressionam para tentar garantir sua sobrevivência como capital, a burguesia média e pequena — da mesma forma que o grande capital — buscam desesperadamente soluções políticas que evitem que a crise econômica do sistema gere e aprofunde a crise de legitimidade de seu poder político. Em outras palavras, o objetivo de todos os setores burgueses é criar alternativas que desviem o proletariado da luta contra o sistema capitalista.

Para combater todas as manobras burguesas e construir uma alternativa proletária, deve-se ter absoluta clareza dos interesses e objetivos dos diferentes setores sociais que fazem oposição à política da ditadura militar.

A proposta de criação da FAS constava de uma resolução sobre tática que questionava o MDB como alternativa política para os trabalhadores, denunciando o oportunismo das forças que o compunham, apontando os porquês e pontuando as reivindicações econômicas e políticas que significavam, em nossa concepção, um não-atrelamento ao populismo, afirmando:

> O proletariado sempre tem interesse em lutar para conquistar ou ampliar as liberdades democráticas. Mais ainda, o fato de não ter nenhum privilégio a defender, o proletariado é a força social capaz de levar às últimas conseqüências a luta pela conquista da democracia. Por ser o setor mais oprimido e explorado da sociedade, o proletariado é a única classe que tem interesse irrestrito na existência das liberdades políticas, porque seu objetivo é a abolição da exploração capitalista e toda forma de exploração do homem pelo homem.

Cabe observar que o próprio processo de construção da FAS, ao aproximar indivíduos, tendências e organizações políticas hoje dispersos, através de um trabalho comum no movimento real das massas, significará um importante avanço no processo de construção do Partido Revolucionário Proletário

O documento prossegue definindo quem eram os aliados estratégicos da classe operária pela ótica do MRP:

(...) são todos os setores sociais que vivem de seu próprio trabalho (...), mesmo sendo proprietários de meios de produção, e que estão destinados a proletarizar-se. Portanto, a força social revolucionária que devemos mobilizar está constituída pela aliança entre a classe operária, o campesinato pobre (pequenos proprietários, posseiros, parceiros, etc.), os artesãos e os assalariados urbanos em geral (...). Finalmente, cabe considerar que a inclusão na plataforma de algumas bandeiras democráticas dirigidas ao movimento estudantil, aos intelectuais, aos profissionais liberais e técnicos em geral se justifica porque esses setores, sempre que não estejam comprometidos com o capital, podem ser mobilizados para engrossar as fileiras revolucionárias (...). Essas bandeiras democráticas podem sensibilizar também os estratos pequenos do capital industrial, agrário e comercial, mas devemos ter claro que, apesar de serem esmagados pela política do capital monopolista, esses setores se caracterizam por uma atitude vacilante e somente poderão ser atraídos para o campo revolucionário quando a classe operária e seus aliados aparecerem como uma força política poderosa e coerente.

Com base nessas argumentações, o documento apresentava, por meio de pontos claros e diretos, o que o MRP considerava ser a plataforma correta para a conjuntura da época, a ser conduzida por uma frente de esquerda revolucionária.

Essa proposta foi formulada em agosto de 1976. Não encontrou eco nas organizações de esquerda, comprometidas em sua maioria até a alma com o populismo representado pelo MDB, reduto de velhas raposas de nossa política tradicional, para onde convergiu por oportunismo a maioria das tendências outrora consideradas revolucionárias. Em resposta à proposta de FAS, muitas dessas tendências, envergonhadas com seu passado, partiram para acusações de "esquerdismo" ao MRP. E assim, de "vanguarda proletária", como se autodenominavam, *evoluíram* para uma base de sustentação de campanhas de senhores como Orestes Quércia, magnífico exemplar da mais pura essência democrática, no seu entender. Sem dúvida, um grande avanço "revolucionário"! A máscara caía. Enfim, seleção natural acontece onde há vida.

O MRP continuou agitando a bandeira do FAS, pouco preocupado com as deserções no campo da esquerda. Apenas reorientou os rumos para onde dirigi-la. Sem pressa quanto a resultados, passou a defendê-la nos Comitês de Luta, em setores do movimento estudantil e onde lhe dessem ouvidos.

De Salvador nos surgia um problema complexo e, sobretudo, grave. Através de nossos contatos nos trabalhos de base com a Igreja, fomos informados das dificuldades que um ex-marinheiro (cabo) estava enfrentando. Tratava-se de Cláudio Ribeiro. Ele havia empreendido uma fuga um tanto espetacular de Itamaracá, em Pernambuco, e estava se sentindo inseguro no esconderijo, pois estava completamente isolado. Ao sabê-lo nessas condições, foi como receber um coice de mula no peito. No que dependesse de mim, seria ajudado. Mas a decisão não era minha, e sim da organização. A responsabilidade era grande e eu era clandestino. Cláudio fora militante da VPR e não eram poucas as críticas à sua militância. Era tido como um sujeito extremamente radical, por vezes extrapolando normas de segurança. Mas ao mesmo tempo era respeitado como um combatente destemido, capaz de executar tarefas quase inacreditáveis, como o ataque ao II Exército e a bomba no jornal *O Estado de S. Paulo*. Era, por isso, procuradíssimo pela repressão. Só que um dia cometeu um desatino, matando a mulher por ciúme, entregando-se à polícia. Ao apresentar-se à delegacia e dizer quem era, os policiais não acreditaram que falasse a verdade. Pensavam ser um louco utilizando o seu nome, pois estava na lista dos cotados para execução sumária caso fosse preso. Terminou sendo levado para Itamaracá, onde passou anos, e quando considerou ter pago o crime que cometera, planejou e executou a fuga solitária. Empresa que só uma pessoa com boa dose de loucura poderia aventurar, pelas condições de prisão e localização do presídio, e, ainda por cima, sem nenhuma ajuda externa.

Houve de início resistência em que alguém do MRP fosse ao encontro de Cláudio. Pensou-se em como ajudá-lo sem chegar a ele. Não foi encontrada uma fórmula. Pesou o dever solidário, apesar de todas as críticas ao ato que cometera. Coube-me a tarefa de tratar do assunto. Começamos por uma troca de correspondência para que, identificando-me, pudéssemos estabelecer um plano de resgate. Ele lembrava de meu nome, pois havíamos participado do Movimento dos Marinheiros. Um dia partimos para Milagres, uma pequena cidade baiana, para trazê-lo para Salvador. Eu, o motorista e outro companheiro.

No local combinado lá estava ele, com uma pequena valise e um pacote quadrado na mão. Senti seu espanto ao me ver, mas nada demonstrei. Muitos anos haviam se passado desde a última vez que nos vimos. Trocamos um abraço, mas naquele abraço havia uma distância imensa, estranha, sem calor algum. Sentamos no banco logo atrás do motorista. De repente Cláudio rompe o papel do embrulho (que pensei tratar-se de saboroso tablete de rapadura) com o indicador e nos brinda com um grito de guerra: "Se são policiais iremos todos para o inferno agora. Morro mas não vou só!...". De novo a sinuca, de novo a pergunta "e agora José?", embora continuasse Pedro camuflado de Joel. Ele não me reconheceu, não lembrava de minha cara. Eu desarmado, ele com a arma apontada para as costas do motorista. O outro companheiro, um jovem operário, nunca havia participado de qualquer ato parecido. Estava ali de companhia, sem entender o que estava acontecendo. Capoeira que era, mesmo que a entendesse, não tinha espaço na Kombi para ensaiar seu bailado. Pedi calma ao Cláudio, disse-lhe algumas palavras duras e tentei recordá-lo de passagens dos tempos de AMFNB que somente nós dois poderíamos saber. Ele foi amansando aos poucos e, ao convencer-se de que não estava caindo numa armadilha policial, desabou em lágrimas. Seus pedidos de desculpa foram comoventes. Pensei muito no aspecto humano de certas situações penosas a que todos estamos sujeitos. Aquela sua atitude refletia bem as dificuldades que o atormentavam. Cabiam-me calma e senso para entendê-la. Ele estava fugindo de uma cadeia e tinha a repressão nos calcanhares. Os nervos só podiam estar à flor da pele.

Cláudio ficou durante mais de mês em nossa pequeníssima casa de apenas um quarto no bairro do Garcia. Depois foi morar com um casal simpatizante do MRP. A precariedade de espaço, minha condição de clandestino e a dele de procurado não recomendavam que compartilhássemos o mesmo endereço. Nunca ao menos insinuamos que ingressasse na organização. Acompanhando nosso trabalho, lendo nossos documentos e voltando a conviver conosco em outro momento por mais um período, foi se identificando com o que defendíamos e terminou somando-se a nós. E ofereceu boas contribuições. Sob a assinatura Carlos Lucena, apresentou um trabalho interessante intitulado *Temas Rurais para Debates*.[1]

---

1. O texto em causa foi publicado na revista *Luta de Classes*, nº 4, abril, 1980.

Alagados: vista panorâmica

Alagados: mulher na janela

Alagados: criança nua

Alagados: homem com cachimbo

18

Operários e lutas

A crise do capitalismo no Brasil evoluía rapidamente para o colapso da legitimidade do poder político dos setores dominantes do capital, representados pela ditadura militar. As manifestações oposicionistas se multiplicavam pelo país inteiro, sem que o regime pudesse contê-las. Todo o repertório repressivo, até pouco tempo atrás tão eficiente, esvaía-se por falta de um alvo específico, isolado e previamente selecionado, contra o qual atuar em bloco no melhor estilo das hienas. O apelo aos ataques terroristas contra instituições como OAB e ABI, eventos artísticos contestatórios como o do Riocentro e a invasão da PUC (este em São Paulo) revelavam desespero e apenas serviam para desmascarar ainda mais as já inequívocas origens de tudo isso, o que isolava mais e mais o bloco dominante e sua representação política.

Em todas as análises econômicas e políticas que fazíamos à época, chamávamos a atenção para os motivos que levavam, de uma hora para outra, muitos setores do capital, que se beneficiaram com o chamado "milagre", para a oposição à ditadura militar. Mostrávamos seu oportunismo e interesse em utilizar em benefício próprio a insatisfação dos trabalhadores, daqueles que realmente pagam a conta sob o jugo da opressão e da exploração da força de trabalho, insistindo na criação de uma alternativa política própria e independente para estes. Como já ficou demonstrado, parte da esquerda fez "ouvido de mercador" a esse chamado de atenção, preferindo o "canto de sereia" das parcelas capitalistas que se sentiam prejudicadas, e mesmo traídas, pela política econômica do sistema.

Curiosamente, foi um dignitário do grande capital que deu razão ao nosso "esquerdismo", ao revelar suas preocupações. Chamava-se Geraldo Kielwagen e era presidente da Associação Brasileira de Ferro e Aço (ABIFA). Em declaração à imprensa, disse: "Nunca nos defrontamos com problemas tão conflitantes cujas possíveis soluções apresentam-se mutuamente antagônicas (...) Precisamos compatibilizar simultaneamente cinco objetivos contraditórios entre si: controlar a inflação, sanear o balanço de pagamento, manter o crescimento econômico, melhorar a distribuição de renda e consumar a abertura política".

E propõe como saída para a crise de legitimidade do poder político: "Diante de tão grave situação (...) estejamos certos de uma coisa: devemos caminhar juntos. Pois se cada um seguir seu próprio caminho, certamente não iremos a lugar nenhum e desembocaremos num desastre de proporções imprevisíveis"[1] (publicamos esta declaração, feita em novembro de 1979, na revista *Luta de Classes*, em matéria intitulada *O proletariado e as alternativas burguesas*, de abril de 1980).

O senhor Kielwagen tinha claro o problema e seu susto estava na entrada em cena de um ator "perigoso", o proletariado. O ciclo de greves operárias iniciado em 1978, na Grande São Paulo, e que chegaria com maior força e repercussão ao ABC durante todo o ano de 1979 (repetindo-se em 1980 com igual pujança), e de onde nasceria Luís Inácio da Silva, Lula, como líder operário, situou a ditadura diante de um dilema de difícil solução numa situação de crise: como manter o arrocho salarial flexibilizando o regime para que o sistema não perdesse a legitimidade política que lhe restava? Reprimir era preciso, na concepção de seus gestores e estrategistas, enquanto saídas para a crise eram estudadas. As greves eram sempre consideradas "ilegais" para garantir a ação policial contra grevistas e contestadores em geral e o banqueiro Murillo Macêdo (figura hoje merecidamente esquecida no cenário político nacional), alçado pela ditadura a ministro do Trabalho, cassou o mandato de Lula na presidência do Sindicato dos Metalúrgicos de São Bernardo do Campo e Diadema. Cidadão coerente com seus deveres classistas, considerou pouca a punição de Lula com a cassação: permitiu — candidamente — que mandassem o líder operário para a cadeia. E ainda há quem acuse os oprimidos e seus representantes de estimuladores da luta de classes, como se esta

---

1. Entrevista ao jornal *Folha de S.Paulo*, 20/11/1979.

não acontecesse pela própria existência de classes e o antagonismo de interesses entre elas. Poderia haver afagos entre explorados e exploradores? E note-se que Lula, como integrante da ala "autêntica" do sindicalismo, participou de manobras para conter o movimento operário. Disto tratarei mais adiante.

Foram necessários dez anos, desde as greves de Osasco em 1968, para que o operariado retomasse suas reivindicações imediatas, pondo-as na ordem do dia em escala ampliada. Durante esse tempo não conseguiu elevar sua consciência de classe a ponto de gerar condições para construir um instrumento pelo qual pudesse mobilizar-se e conduzir suas lutas políticas, oferecendo em conseqüência uma proposta de transformação econômica e social como alternativa à ditadura para toda a sociedade. Mas aí estava ele de volta, mobilizado e vigoroso. A aparente apatia foi vencida, o medo jogado por terra e o desafio às ameaças de repressão do regime agigantou-se. Eram sinais de novos tempos. Os setores do pequeno e médio capital precisavam daquela força para realizar seus projetos e aí residia o filistinismo puro e simples que precisava ser combatido. Por isso nossas críticas às tentativas reboquistas que tinham como atrativo o movimento operário e vinham de muito longe com o apoio de oportunistas de uma parcela da esquerda que insistia em dizer-se revolucionária enquanto participava de campanhas eleitorais em nome da importância de supostas "aberturas democráticas", sem que explicasse em que moldes e em benefício de que setores sociais. Para entendê-la, no entanto, não precisava de grandes análises. Bastava verificar para onde seus esforços e votos eram canalizados. Quércia e correligionários de sua facção emedebista tinham motivos para gargalhar. Contavam com suporte no campo da esquerda e por esta com militância garantida para veicular sua propaganda.

Todas as mobilizações e manifestações de repúdio à ditadura militar visando derrubá-la só tinham de ser bem-recebidas. Mas não se pode confundir coisas ou obscurecer o fato de que movimentos dessa magnitude trazem em si interesses setoriais conflitantes. Nunca é demais, portanto, ressaltar que naquelas circunstâncias o pequeno, médio e até parcelas do grande capital, representados politicamente pelo MDB, no qual também se encontrava incrustado o reformismo de esquerda por suas diferentes tendências, sentiam a necessidade de dar um basta ao regime. Com uma ressalva: utilizar ao máximo e para si a força do operariado e trabalhadores em geral sem permitir que a insatisfação deles pudesse levá-los a uma tomada de rumos próprios. Sentiam, em síntese, a necessidade de mudanças ou reformas urgentes para que nada no essencial da estrutura do sistema corresse o risco de transformação. Muitas concessões poderiam ser feitas, desde que não houvesse partilha do poder. E, menos ainda, que o seu domínio de classe ficasse, ao fim de tudo, fragilizado diante do avanço notável das manifestações dos trabalhadores.

É clássico: sempre que a classe média se sente sufocada, acena para o proletariado com sorrisos de boa vizinhança; uma vez resolvido seu problema, é a primeira a defender medidas duras de opressão e repressão contra aqueles que a tiraram do fundo do poço. A história está repleta de exemplos nesse sentido. E o reformismo de esquerda sempre a acompanhá-la nessa "nobre" tarefa.

Querendo ou não os nobres e castos senhores e senhoras das frações capitalistas que se opunham ao regime, a luta contra a ditadura aberta somente ganhou qualidade por ter encostado a burguesia e seu regime na parede e definido rumos, quando o operariado e outras categorias de trabalhadores elevaram a voz acima dos decibéis que os delicados ouvidos dos donos absolutos do poder eram capazes de suportar, com as greves iniciadas em 1978, na Grande São Paulo, e com repercussão em outros estados. O MRP, embora com pequena força, participou dessas lutas e dedicou grande espaço em editoriais e outras matérias no seu periódico *Luta de Classes*. Como a memória costuma ser curta, é oportuno reproduzir alguns aspectos daquele momento histórico, até para que se compreendam posturas políticas posteriores. Sob o título *Intensificar a Mobilização Proletária*,[2] escrevíamos:

> Depois das importantes greves operárias do ano passado (1978), a greve de mais de 200 mil metalúrgicos do ABC, que paralisou as principais indústrias do país durante 15 dias, consolidou a força e a presença do proletariado industrial no cenário político nacional (...) Os patrões e o governo lançaram mão de todos os recursos para tentar acabar com o movimento: pressionaram os trabalhadores para que furassem a greve, mentiram descaradamente pelos jornais e televisões e reprimiram duramente (com cães, cavalaria, carros de combate e bombas de gás) os piquetes dos trabalhadores. Além disso, o movimento foi declarado ilegal pela justiça burguesa. Depois, quando as assembléias do dia 22 de março rechaçaram as tentativas das diretorias sindicais de suspender a greve sob o argumento de que haveria intervenção nos sindicatos, o governo jogou as tro-

---

2. *Luta de Classes*, órgão oficial do MRP, nº 18, 5/1979.

pas na rua para reprimir dezenas de milhares de operários. Dois dias de enfrentamentos entre operários e policiais mostraram uma extraordinária disposição de luta por parte dos operários e o governo foi obrigado a recuar.

Foi a partir desse momento que os dirigentes sindicais do ABC começaram a mostrar claramente, através de Lula como dirigente de maior "prestígio", suas manobras para desmobilizar o movimento. Depois de desaparecer durante dois dias de enfrentamento com as forças repressivas, abandonando o movimento, Lula reaparece no dia 25 (domingo) para desmobilizar os 10 a 20 mil operários reunidos no Paço Municipal de São Bernardo, propondo aos operários que permanecessem em casa, e convoca uma assembléia para o dia 27. Nessa assembléia, diante de quase 100 mil manifestantes, Lula pede um voto de confiança para uma trégua de 45 dias que seriam utilizados em novas e intermináveis negociações. Mas já não se falava mais nos 78% (a reivindicação operária desde a eclosão do movimento grevista). Agora a luta era pelos 11% ganhos nas greves de maio de 1978 e pelo pagamento dos dias parados. Mas o pior ficou para o final: depois de alimentar de forma oportunista a idéia de nova greve caso as reivindicações dos trabalhadores não fossem aceitas durante os 45 dias de "trégua", inclusive na extraordinária manifestação de 1º de Maio (cerca de 130 mil participantes), Lula propõe aceitar a proposta patronal que era quase a mesma rechaçada pelos operários durante a greve, aceitando também o desconto das horas paradas. Isto foi no dia 13 de maio. Ninguém se surpreendeu quando o governo levantou as intervenções aos sindicatos dois dias depois. Sob o argumento de que não havia condições para nova greve, os dirigentes sindicais do ABC traíram a classe, demonstrando seu apego aos cargos do sindicato. Triste final para um movimento que demonstrou força avassaladora e a disposição de luta indomável que animam o proletariado quando ele se mobiliza em massa para lutar contra a exploração capitalista.

Sem dúvida, o movimento grevista do ABC teve características positivas importantes que o distinguem das greves do ano passado. Os principais aspectos positivos foram os seguintes:

A paralisação foi maciça, especialmente nas grandes fábricas. Foi a primeira vez que a Volkswagen, por exemplo, parou totalmente. Os operários participaram em peso no movimento e nas decisões, fazendo imponentes assembléias, onde as decisões foram praticamente unânimes enquanto a cúpula apoiou a greve. Isto mostrou aos operários a força que têm quando se unem para lutar.

O movimento colocou a classe operária no centro dos acontecimentos políticos do país, mostrando a grande força social que ela representa. Evidenciou seu potencial e a possibilidade de construir uma sociedade de acordo com seus interesses, quando toma consciência e se organiza pela base.

A força do movimento e sua influência no conjunto do proletariado fizeram com que o movimento tendesse a tomar caráter de movimento de classe.

LUTAR CONTRA A EXPLORAÇÃO

Para acumular mais e mais capital, os patrões impuseram à classe operária e demais trabalhadores o arrocho salarial. Para conseguir esse objetivo, os patrões não hesitam em aplicar a força das armas, reprimindo violentamente os ativistas proletários. Todos os dias, em cada empresa, os operários sentem o peso da repressão patronal e policial.

Hoje, para continuar desenvolvendo o capitalismo dependente brasileiro, o grande capital reserva ao proletariado todo tipo de privações e tormentos: salários de fome, acidentes de trabalho diários, jornadas de trabalho extensas e extenuantes, péssima alimentação, doenças profissionais, subnutrição e mortalidade infantil, bairros proletários distantes e miseráveis, transportes massacrantes em ônibus e trens irregulares e superlotados, constante desemprego, etc.

Que fazer para mudar tal situação? Sabemos que a classe operária está desorganizada e muitos companheiros ainda têm medo de desafiar a opressão burguesa.

Muitos anos de arrocho salarial serviram para demonstrar que os sindicatos oficiais não permitem combater sequer os arbítrios mais evidentes dos patrões quanto mais para melhorar a situação econômica da classe. Isto porque o governo (ditadura) burguês transformou os sindicatos em organismos assistenciais, retirando dos operários o direito de greve.

Além disso, a ditadura instalou nos sindicatos pelegos corruptos que representam os interesses dos patrões no interior do movimento operário.

Entretanto, pouco a pouco vão aumentando as mobilizações e lutas de distintos setores do proletariado, a pesar de que a repressão patronal e policial continua implacável. Essas lutas ainda são localizadas mas se multiplicam rapidamente e revelam a profunda revolta e insatisfação da classe.

Em alguns sindicatos, os operários já são capazes de pressionar os pelegos e as oposições sindicais crescem e ganham eleições, como foi o caso recente dos metalúrgicos do Rio. Essa luta legal das oposições sindicais é importante para ir eliminando os pelegos. Em geral, as oposições sindicais propõem colocar o sindicato a serviço da classe. Como conseguir esse objetivo?

Para defender suas reivindicações econômicas, os operários devem se mobilizar para realizar greves, operações tartarugas e outras manifestações, pois essa é a forma de pressionar os patrões. Porém, as greves são proibidas e severamente reprimidas. Por isso mesmo os sindicatos oficiais não são eficazes para desenvolver as lutas operárias. Portanto, só a atividade legal realizada através dos sindicatos não é suficiente para lutar contra o arrocho. É necessário criar Comitês de Luta clandestinos em cada empresa capazes de mobilizar a classe para a greve contra o arrocho. Assim, colocar os sindicatos a serviço da classe, significa apoiar a formação dos Comitês de Luta. Dessa forma, os operários poderão combinar a atividade legal e clandestina. Com a progressiva criação e fortalecimento dos Comitês de Luta em cada empresa, o proletariado irá acumulando força para enfrentar a repressão patronal e policial e para eliminar os pelegos de todo tipo que se instalam nos sindicatos.

**CRIAR COMITÊS DE LUTA NA EMPRESA
ORGANIZAR A GREVE CONTRA O ARROCHO
POR UMA ALTERNATIVA PROLETÁRIA**

Pressionadas pela colossal força operária vinda das bases, as cúpulas sindicais não tiveram outra alternativa senão a de assumirem o movimento grevista. Ao assumi-lo, a primeira tentativa foi domá-lo. Para não ficarem mal diante dos trabalhadores, o pelego Joaquim dos Santos Andrade, o "Joaquinzão", há catorze anos na presidência do Sindicato dos Metalúrgicos de São Paulo, e Henos Amorina, também há muitos anos no Sindicato dos Metalúrgicos de Osasco, falaram grosso frente aos patrões, mas logo consideraram a reivindicação operária "exagerada". E com a clara intenção de desmobilizar os operários, começaram a denunciar que o movimento estaria infiltrado por "elementos estranhos à categoria". Claro que não faltavam elementos estranhos infiltrados no movimento. Mas os "elementos estranhos" de que falavam eram todos os que não se submetiam à sua autoridade e atuavam nas organizações operárias de base, como as Comissões de Fábrica, sempre vulneráveis pelo seu caráter naturalmente legal e aberto, e Comitês de Luta, que agiam legalmente, mas se organizavam clandestinamente ou de modo semiclandestino para sustentarem as Comissões e oferecerem proteção aos ativistas mais combativos e, por isso, sob maior controle patronal, realizado pelos seus agentes infiltrados e provocadores.

Nessa trama embarcaria a Oposição Sindical, que, por "tática", apoiava os pelegos para que a greve se mantivesse nos marcos da "legalidade", embora tenha tido o mérito das convocações iniciais para a mobilização nas portas das fábricas e promovido interligações entre as organizações operárias de base que se organizavam por empresa. Ao permitir que os pelegos assumissem a direção do movimento grevista, dava margem para manobras que visavam enfraquecer o ímpeto de luta dos trabalhadores, dividindo-os, enquanto os empresários metalúrgicos de São Paulo, organizados no chamado Grupo dos 14 da Fiesp, que abrangia 22 sindicatos patronais, mantinham-se coesos. Dele participavam os ramos de indústria elétrica e eletrônica, de equipamentos de refrigeração, de máquinas, veículos, artefatos de metais não-ferrosos, de equipamentos odontológicos, etc. Do Grupo dos 14 saíram instruções em documentos de como reprimir os trabalhadores nos locais de trabalho e como romper a unidade do movimento. Numa delas constava como impedir que os trabalhadores ficassem de braços cruzados dentro das fábricas, obrigando-os a sair para a rua, onde seriam reprimidos pela Polícia Militar. Nesse processo seria assassinado pela PM o operário Santo Dias Silva em Santo Amaro e nem as Igrejas ficariam isentas de invasões ou imunes ao gás lacrimogêneo da repressão, como foi o caso da Nossa Senhora do Socorro, também em Santo Amaro.

As greves em São Paulo, em especial do ABC, animaram os trabalhadores de outros estados. No Rio, em 1979, nova explosão de rebeldia operária iria acontecer. E com ela, uma vez mais, expunha-se, para que ninguém tivesse dúvidas, o papel do reformismo de esquerda e seu eterno apreço ao peleguismo sindical. Denúncia nesse sentido vinha do Comando de Greve da FIAT DIESEL-RJ:

> (...) No decorrer do movimento, se desmascararam correntes políticas pequeno-burguesas, como foi o caso do "Hora do Povo", que age com métodos fascistas e em conciliações permanentes com os traidores da classe operária. Na Fiat tentaram, com seus canivetes, porretes e revólveres, impedir que denunciássemos a traição da diretoria do sindicato dos metalúrgicos, da qual fazem parte. Apesar das ameaças permanentes e inclusive da nossa expulsão do sindicato, não nos calaremos e vamos continuar denunciando para todos os trabalhadores o que esta diretoria representa, inclusive aqueles que utilizam correntes para defender suas idéias políticas.
>
> Os trabalhadores da Fiat têm consciência de como funciona o esquema de dominação dos patrões no Sindicato dos Metalúrgicos, e como as "galinhas verdes" do HP cumprem, melhor do que ninguém, a função de cães de guarda dos patrões. Estão agora tentando isolar a Comissão Interna dos Trabalhadores da Fiat, para assim poderem manobrar à vontade e fazer o jogo sujo que sempre fizeram nas costas dos peões. Estão enganados: REPRESENTATIVIDADE NÃO SE TRANSFERE, NEM SE CONQUISTA DESSA MANEIRA.

Essa Comissão foi criada pelos Comitês de Luta no interno da empresa para que as forças fossem unificadas, ligando as ações clandestinas com as legais. Criada foi também a Associação Cultural de Apoio Mútuo, com a finalidade de

> (...) instituir um fundo de ajuda em casos de doença e outras dificuldades; arrecadar fundos para assistir a trabalhadores quando participando de movimentos reivindicatórios ou que tenham sofrido suas conseqüências; permitir o desenvolvimento cultural, artístico, profissional e recreativo dos trabalhadores por meio de conferências, seminários, shows e cursos de formação; e desenvolver o espírito de solidariedade, buscando o contato e apoio diretos com produtores na compra de gêneros alimentícios de primeira necessidade. Isto transcendia os limites da empresa e mesmo da categoria, estendendo-se à classe como um todo e daí o nome adotado para caracterizar a Associação.

Avessa a isso, a Fiat e adeptos do oficialismo sindical instalado no Sindicato dos Metalúrgicos do Rio espalhavam durante a noite símbolos do Esquadrão da Morte nas bancadas, panfletos ameaçadores pelos banheiros e outras instalações, colocavam faixas de igual teor em fios de alta-tensão para que não fossem retiradas pelos grevistas e tantas outras práticas terroristas. Essa era a democracia da diretoria do sindicato, que incluía a tentativa de expulsão da entidade "representativa dos trabalhadores" dos operários do Comando de Greve. Essa diretoria, em conluio com a direção da Fiat, considerava "boa" a proposta da empresa que defendia, entre outros absurdos, "desconto parcelado dos dias de greve nas férias, 13º, FGTS, etc., e a demissão definitiva de 49 companheiros".

A greve dos operários da Fiat durou 42 dias. A demissão de 250 operários numa só canetada, entre estes pais de família com mais de seis anos de empresa, foi o estopim da revolta. A alta rotatividade e redução da força de trabalho mostravam números consideravelmente expressivos. Mas onde estava a diretoria do sindicato? Bem, o presidente chamava-se Oswaldo Pimentel. Eleito para aquela presidência por pertencer à chamada Oposição Sindical, utilizava essa condição para chantagens quando pressionado pelas bases como, se ao assumir o cargo, não se transportasse da oposição para situação. Seja como for, Pimentel passou rapidamente e com raro brilho à categoria dos que todo operário engajado na luta sindical identificava como "novos pelegos". Cercou-se de bandidos para "disciplinar", no melhor estilo estalinista, operários questionadores de sua política na base de porretes, correntes, revólveres e muito álcool na cabeça em vez de consciência de classe, transformando-se na "menina dos olhos" do MR-8, cúmplice de sua eleição. O jornal *Hora do Povo*, de que fala o Comando de Greve da Fiat, era a voz daquela organização, que tanto se dedicara ao ascenso dos Pimentel na área sindical e dos Quércia na instância parlamentar. Por essa notória coerência a história seguramente os recompensará um dia.

Sem dúvida alguma, a greve dos operários da Fiat foi de grande importância, pois quebrava mais alguns elos da prepotência ditatorial. E tão importante foi que mereceu a solidariedade dos operários italianos da empresa, que enviaram representante da Federação dos Metalúrgicos de Turim, Bruno Sacerdotti, para manifestar de viva voz essa solidariedade. Bruno entregou ao Comando de Greve um cheque de mil dólares para ajudar os desempregados e declarou o compromisso de denunciar em toda a Europa o comportamento da Fiat no Brasil. Enquanto isso, o compatriota Pimentel lançava bônus para arrecadar fundos em nome da greve. O dinheiro arrecadado nunca foi visto. O Fundo de Greve estava muito aquém dos Cr$ 100 milhões (cem milhões de cruzeiros) para cobrir a folha de pagamento dos operários. A fábrica se recusava a efetuar pagamentos e a justiça se omitia, mesmo a greve não tendo sido declarada ilegal por ela mesma. Todos conluiados para sufocar o movimento, como sempre. A luta é de classes e quando aflora cada um sabe qual a sua trincheira.

Denúncia do Comando de Greve: "O presidente do Sindicato dos Metalúrgicos do Rio de Janeiro, Oswaldo Pimentel, acompanhado por membros da diretoria e por elementos estranhos à categoria, invadiu, visivelmente embriagado, a subsede do sindicato, em Xerém, a 23 km do Rio, e passou a agredir violentamente os componentes do Comando de Greve que se encontravam no local discutindo a Conclat e a distribuição de alimentos para os demitidos".

O grupo agressor pôs-se a rasgar os sacos de alimentos para distribuição aos grevistas e suas famílias e a pisotear e misturar os diferentes conteúdos.

Apesar da pelegada comandada por Oswaldo Pimentel e sustentada pelos "revolucionários" do MR-8, a greve dos operários da Fiat tinha conquistado a solidariedade de setores sérios da sociedade. Um Ato Ecumênico, realizado em Xerém, contou com a presença de Dom Adriano Hipólito, Dom Mauro Morelli, Dom Cláudio Humes, do bispo metropolitano Dom Paulo Ayres, do pastor Mozart e pastores de outras igrejas. Uma prova de que, se a causa é justa, independe de crenças para que prevaleça a prática solidária. A fidelidade a princípios unem as pessoas e isto é o que mais interessa.

O que mais desesperava os diretores do Sindicato dos Metalúrgicos do Rio de Janeiro comandados por Oswaldo Pimentel, com o irrestrito apoio do MR-8, eram os Comitês de Luta disseminados na empresa e bairros da Baixada Fluminense. O esforço era criar uma sólida ligação bairros-empresas. O líder do Comando de Greve da Fiat, Luiz Giannini, Paco na intimidade da organização, era membro do Comitê Político (CP), organismo máximo de direção do MRP, no trabalho e na greve um operário como outro qualquer.

Ressalte-se aqui um detalhe. Dois movimentos grevistas, dois comportamentos opostos: enquanto Lula dizia no ABC que "tem gente lá fora com interesse em provocar baderna", com o fito de neutralizar os operários que questionavam evidentes conciliações postas em prática por meio de manobras cupulistas e autoritárias, Luís Gianinni dizia: "quem decide a greve é o peão" e as decisões que levava aos patrões, como legítimo representante do

Comando de Greve e, portanto, do movimento, eram as assumidas pelo voto nas assembléias. Essa diferença de comportamento, aliás, ficou muito clara na greve da construção civil em Belo Horizonte, em meados de 1979. Quando o governo de Francelino Pereira, patrões e seus aliados sindicais conseguiram sufocar o movimento, o *Jornal do Brasil*, na sua edição de 2/8/1979, celebrou a vitória patronal com manchete de primeira página que dizia: "Liderança sindical põe ordem na greve de Belo Horizonte". E precisava no corpo da matéria: "A ação de Lula foi decisiva para conter os ânimos dos operários".

Gianinni e companheiros do Comando de Greve sofreram pancadarias e repetidas ameaças de morte. Ainda quando o movimento grevista na Fiat apenas eclodia, houve uma reunião em que participaram o presidente Oswaldo Pimentel, seu suplente Nilson Duarte, Pierre François, advogado do Sindicato, o Tesoureito Cristóvão e outros. Onze pessoas ligadas a Pimentel procuraram o major Vitor, Gerente de Relações Industriais da empresa, para pedir que "prendam esse homem!". Queriam tirar do caminho Luiz Gianinni e a melhor maneira que encontraram foi recorrer à repressão. Método um tanto contraditório, e até surrealista, partindo de quem dizia defender a unidade do movimento operário pelo exercício democrático permanente, na greve ou fora dela. Ao contrário das palavras, eram "representantes operários" da cúpula sindical querendo se ver livres de opositores, também operários, utilizando a polícia da ditadura como arma para silenciar os discordantes da política que de tudo faziam para impor. Não era o convencimento o que buscavam, mas dobrar adversários pela força e no pior estilo. Curiosidade maior, ao mesmo tempo assustadora, viria num opúsculo lançado pelos remanescentes do Comando de Greve dando um balanço do movimento na Fiat, com data de 30 de junho de 1981, no qual é dito em seu último parágrafo:

"Hoje em dia andam armados, dizendo que vão matar pelo menos cinco do Comando e expulsaram 30 operários do Sindicato. Anunciam com essas ameaças o fim de suas carreiras sindicais de serviços aos patrões".

Coincidência ou não, tempos depois, já fora da Fiat e num pequeno negócio que montou, Luiz Gianinni foi procurado por um sicário que perguntou por Luiz. Ele respondeu: "Eu sou Luiz" e o bandido deu-lhe alguns tiros à queima-roupa, assassinando-o instantaneamente. Mais um crime "insolúvel" nos arquivos da polícia. Não houve quem pudesse identificar o assassino pelo pânico, rapidez e surpresa da ação. Mas as ameaças denunciadas com muita antecedência tampouco foram investigadas. Ninguém está livre de agressões desse tipo, em que a covardia funciona como o capuz que acoberta a cara dos mais sórdidos dos bandidos. Vivemos entre eles. A ditadura deixou esse legado "cultural", o incentivo à truculência. E não vai ser fácil reverter esse quadro. Não se está acusando ninguém de nada. A vida privada de Paco só a ele pertencia. Se algum outro envolvimento pessoal o conduziu à morte, é difícil saber.

19
Movimentos políticos: reflexões e críticas

Depois de muito falar deles, é importante esclarecer que os Comitês de Luta não brotaram da inspiração do MRP. Sempre existiram e certamente seguirão existindo como núcleos espontâneos que nascem em cada movimento reivindicativo dos trabalhadores. Assim como surgem, dissipam-se como nuvens ao vento, independentemente dos resultados obtidos durante a necessidade de cada mobilização. Isso se repete em todas as categorias profissionais. Raríssimas vezes se mantêm estruturados nos momentos de baixa ou nenhuma mobilização de classe ou categoria. Mas acontece. O Grupo Malet, que em 1968 ingressou em peso no MAR (Movimento de Ação Revolucionária), organização basicamente montada por ex-marinheiros, é exemplo de exceção e ao mesmo tempo de CL que os trabalhadores criam sem que necessitem de palavras de ordem das chamadas vanguardas. Uma das muitas lições que o MRP iria assimilar e adotar como orientação política prioritária, transformando-a em proposta, foi a de estimulá-los a se manter organizados e permanentemente ativos. Nisso consistia o alcance estratégico que a organização atribuía a esses grupos, pretendendo que fossem disseminados socialmente e coordenados entre si, porque conformariam o alicerce do que se entendia como indispensável para a construção de uma verdadeira organização democrática dos trabalhadores, independente em relação aos patrões e ao aparelho controlador e repressivo do Estado. Também, evidentemente, em relação aos partidos políticos tradicionais que, muitas vezes dizendo-se progressistas, procuram utilizar a força dos oprimidos em benefício de interesses próprios pelo artifício da demagogia e práticas oportunistas. Com esse propósito o MRP conseguiu avançar bons passos qualitativos.

Quando se fala dessa independência, há tremores nas bases patronais mais retrógradas, de extremo reacionarismo e de cunho fundamentalista da pior espécie. Aquela fração empresarial misoneísta que vê apenas os lucros, sobretudo imediatos, comunismo em cada contestação para inibi-la e nenhuma obrigação social. Reação similar acontece no seio dos sindicatos oficialistas, onde pelegos e carreiristas de todas as tendências nutrem suas esperanças de poder político.

O MRP, fundado em 1975, nunca gastou papel, tinta ou expôs seus militantes à sanha repressiva para fazer propaganda da sigla que adotou. Considerava isso bobagem. Tais recursos, materiais e humanos, eram canalizados para as lutas concretas dos movimentos populares, principalmente operários e estudantis. Panfletos e outros meios de propaganda davam-se segundo o que era reivindicado por esses movimentos. Defendia idéias e propostas próprias, como organização partidária, por suas publicações oficiais, e só. Limitava o proselitismo partidário a isso. E assim mesmo cresceu, sem alardes. Esse crescimento não quer dizer que fosse "estrondoso". A esquerda revolucionária nunca atingiu números espetaculares no Brasil. Quem sabe foi a ALN a reunir maior contingente de militantes. Tinha entre seus quadros nomes históricos importantes, como Marighella, Joaquim Câmara Ferreira e outros, o que naturalmente lhe dava credibilidade e atraía principalmente muitos jovens para suas fileiras. O MRP, ao contrário de outras organizações, jamais se considerou "o partido revolucionário do proletariado", mas um grupo organizado disposto a contribuir com a construção desse partido. Pode ter "perdido" com isso, mas era no que acreditava e assim se comportava.

Mas também os sucessos, ou as aparências de sucesso, não duram para sempre. Depois de acumular alguma força e experiência em lutas em Salvador, Grande São Paulo, ABC e Rio, em certos casos assumindo a frente, como na Fiat e Bandejão da PUC (Rio), chegou um momento em que o MRP começou a manifestar perda de fôlego, a estagnar. E, pior do que estagnar, "desceu a ladeira" de volta.

Um dos bens maiores, para muitos de nós, conquistados pela organização foi a crítica permanente ao estalinismo e o exercício da democracia interna, da qual não abríamos mão. Não tínhamos "autoridades", já que as decisões eram coletivas. Entretanto, não se poderia desconsiderar diferenças individuais de vida, conhecimentos, experiências e mesmo capacidades pessoais, numa sociedade de desiguais em todos os sentidos. Para superar ou diminuir tais diferenças é que pretendíamos promover transformações revolucionárias. E, assim, o que poderia ser enriquecimento coletivo pelo debate democrático, luta política sadia, foi se transformando em "bate-boca", ódios e desrespeitos. Enquanto isso, a luta social se ampliava no país. Campanhas pela Anistia, Constituinte, eleições diretas e livres, etc. Um momento importante para que também o MRP se incorporasse a esses movimentos para difundir suas idéias, aproveitando as brechas legais que se abriam, divulgando de maneira ampla a sua proposta considerada fundamental de criação do FAS (Frente Antiditadura pelo Socialismo) como alternativa dos trabalhadores à ditadura.

Ainda assim fomos ao III Congresso da organização, no final de 1979. Deu para que se notasse no seu desenrolar, apesar das resoluções e alguns toques momentâneos de otimismo, que o doente era terminal. Pouco tempo depois, início de 1980, um grupo (Rio) optou pela ruptura. Parte desse grupo somou-se à proposta de formação do PT, da qual tínhamos profundas divergências por tudo o que concebíamos como princípios para a criação de um verdadeiro partido dos trabalhadores, pois estava em franca contradição com a forma que esse partido estava sendo construído e sua composição. E fundamentávamos nossas divergências num artigo intitulado *Não ao "PT" dos Pelegos*:[1]

> Alardeia-se atualmente, pelos mais variados setores sociais e com ampla cobertura da grande imprensa, sobre a criação de um suposto "Partidos dos Trabalhadores". Seus promotores e adeptos dizem tratar-se de um partido "organizado pelas bases", num esforço que visa a mostrar o seu "PT" como agrupação política nascida do seio dos próprios oprimidos. No entanto, a realidade é outra.
>
> A proposta de formação do "Partido dos Trabalhadores", longe de vir como resultado de um processo de organização, debate e lutas proletárias, vem de fato do mais tradicional jogo de cúpulas. Precisando melhor, a proposta de formação do "PT" nasceu formalmente no 9º Congresso dos Sindicatos Metalúrgicos do Estado de S. Paulo, realizado em Lins no final deste ano. Foram 300 delegados de 37 sindicatos a aprová-la. Todos, salvo raríssimas exceções, comprometidos, por ação ou omissão, com o controle da burguesia sobre o movimento proletário através dos sindicatos. Ou seja, o "PT" nasce da inspiração pelega e, fiel às suas origens, vai se articulando de cima para baixo na base de manobras e conchavos.

---

1. Periódico *Luta de Classes*, nº 20, 11/1979.

Dois aspectos importantes para serem pensados:

1. A burguesia e seu governo sempre se opuseram à organização independente dos trabalhadores. Ainda agora, quando necessitam mascarar a ditadura do capital sobre o trabalho, a violência repressiva é desatada contra os núcleos de massa organizados nas bases proletárias (Comissões de Fábrica e Comandos de Greve), espancando, prendendo e matando ativistas. Como então explicar essa sua tolerância com o "PT"? Só há uma explicação: o "PT", organizado por pelegos sindicais e intelectuais pequeno-burgueses, não passará de um partido no qual o proletariado não poderá apresentar e defender suas reivindicações especiais. Servirá então como mais um instrumento de controle da burguesia sobre o proletariado pela difusão de ilusões parlamentaristas.

2. Até pouco tempo, coisa de um ano atrás, senhores como Henos Amorina, Lula e outros, defendiam que os trabalhadores deviam travar lutas somente por reivindicações econômicas. Qual a razão dessa mudança? E como aceitar que um partido que, além da forma em que está se articulando, tem na sua cúpula elementos que sempre serviram aos interesses patronais, começando por insistentes tentativas de desmobilizar as lutas da classe?

Os explorados e oprimidos necessitam de uma organização partidária. Mas a organização partidária que necessitam deve nascer independente de qualquer controle. Ela deve nascer de suas próprias organizações de base (como Comitês de Luta, Comissões de Fábrica e Comandos de Greve), de ampla mobilização, debate e lutas classistas (...).

Independentemente de nossas críticas, minoritários que sempre fomos, o PT formalizou sua fundação em fevereiro de 1980. E aí está, vigoroso e lesto na reprodução das mesmíssimas práticas políticas de todos os partidos tradicionais concebidos e gerados no ventre de sociedades como a nossa, alicerçadas no elitismo, na hierarquia e no autoritarismo.

Devo dizer que, mesmo com críticas, votei no PT nas últimas eleições presidenciais, eterno otimista e incorrigível que sou e, por isso, reincidente em meus erros (sem falar na falta de alternativas eleitorais melhores). Seja como for, são os despossuídos, a imensa maioria, arcando com as despesas do banquete e sinecuras de todos os governos. E vale lembrar: com ou sem PT, nenhuma conquista social "caiu do céu" ou foi dada por governos. Fosse assim, não seriam conquistas. Para obtê-las, muitas vidas foram ceifadas em todas as épocas, famílias desestruturadas, sofrimentos sem fim. Para que não se vá muito longe e veja melhor as coisas, basta ler e refletir um pouco sobre as grandes lutas das três primeiras décadas do século passado. E quem recorda da verdadeira história do 1º de Maio, bem antes, transformado em motivo para comemorações festivas em vez de lutas? À pelegada não interessa contar às novas gerações de trabalhadores a sua história de classe, como o que foi o "Massacre de Chicago" em 1886, nos Estados Unidos, pela jornada de oito horas. Mas não há como apagar da memória histórica as longas penas de reclusão, inclusive perpétuas, de inúmeros trabalhadores e as condenações à forca de Luis Lingg, Jorge Engel, Augusto Spies, Alberto Parsons, Oscar Webb, Samuel Fielden, Adolfo Fischer e Schwab (este último intelectual marxista).Trazer isso ao presente "empina pêlos e entorta o nariz" de muita gente. Mas não dá para esconder que a luta é de classes, queira-se ou não.

No concernente ao PT, parto do princípio de que árvores que nascem tortas também podem oferecer boa e até ótima sombra, flores belas e perfumadas e frutos suculentos e saborosos. O Partido dos Trabalhadores não foge à regra. Brotou e cresceu de semeadura entre ruim e péssima, considerando-se sempre as infalíveis e boas exceções, pelas quais certamente vingou. Mas é inegável que hoje possui quadros de alta relevância política e sinceridade de propósitos. As críticas do MRP, que também eram e são minhas, e que no meu entendimento continuam válidas, centram-se no fazer político do núcleo dirigente, que muitas vezes funciona como pêndulo. Na oposição costuma fazer um discurso, por vezes indo ao radicalismo; quando no executivo, amacia ou muda inteiramente de posição ou de postura política. Também no que contém ou conserva de conduta estalinista e que se manifesta na luta política interna, em que as tendências contrárias às posições do núcleo dirigente tendem a ser silenciadas pelo autoritarismo. E não estou me referindo ao presente, em qualquer dos casos, quando o partido atinge o cume da pirâmide assumindo a presidência da República, na qual encontrou um "tremendo abacaxi com casca e nó" herdado de governos anteriores, em especial dos últimos oito anos de elitismo pessedebista, quando o social cedeu lugar principalmente a privilégios do já há muito superprivilegiado setor financeiro — com os bancos "regendo a orquestra", obtendo lucros em milhões de dólares pelo escorcho de milhões entre pobres e miseráveis; quando, ao mesmo tempo, a corrupção se expandiu a tal ponto que, quando num dia se comenta estarrecido um escândalo, no outro o assunto já é velho porque novos surgiram, fazendo com que as pessoas falem de coisas desencontradas; quando a concentração de renda se extrema, fazendo com que a miséria cresça na mesma e até maior proporção, e por aí afora.

Voltando ao MRP, anos depois de sua extinção tive uma conversa informal com uma amiga, Ana (viúva de Alípio Antônio Nunes Neto, um dos fundadores da organização e integrante do nosso Comitê Político (CP), enquanto o movimento existiu. Antônio foi vítima, em julho de 2002, de um enfarte fulminante, aos 62 anos). Ela havia se afastado da organização quando as divergências atingiram níveis insuportáveis de tão confusas. Tentávamos entender um pouco mais aquele passado. Na sua opinião, o problema central da crise que dominou o MRP e terminou por abatê-lo esteve no fato de ter nascido e se criado na clandestinidade, não tendo sido capaz de dar um passo adiante quando alguns fios de luz se abriram na escuridão da ditadura. Concordo com ela em alguma medida. Mas acho que a questão vai além. Apesar do empenho coletivo de oferecer uma nova alternativa de militância política de esquerda, começando pela insistência no combate ao estalinismo, suas formas organizativas e de relações entre direção e base, o MRP não conseguiu livrar-se de suas próprias raízes históricas: a velha esquerda. Nós, os mais velhos, tivemos nossa iniciação nela, ou por ela fomos influenciados, mesmo não tendo — é o meu caso — integrado os quadros de qualquer agrupação partidária ancestral, os PCs. Os mais novos não poderiam fugir disso. Assim, a organização acreditou ter dado um salto de qualidade e tropeçou nas próprias pernas. Os vírus que imaginou ter eliminado apenas se mantiveram incubados. Quando o corpo se revelou debilitado, vieram à tona com toda a força e veneno. O paciente não resistiu. Todas as deformações e vícios comuns às mais diferentes facções do campo da esquerda, reformista ou revolucionária, tornaram-se presentes. Em meio a tudo isso, a eterna incapacidade de conviver com divergências. O resultado já é conhecido e não poderia ser outro: o fim.

20
Argentina: revelação das monstruosidades

Com a dissolução do MRP e a morte de Diamantino Pereira, meu sogro, eu e minha companheira decidimos ter chegado o momento de deixar Salvador, nossa área de atuação. Embora gostando da cidade e com muitos amigos por lá, não havia mais motivo para nossa permanência em terras baianas. Minha sogra, Julieta, padecia de crises terríveis de depressão. A cunhada, Nanci, tinha que cumprir longas jornadas de trabalho em hospital, que incluíam seguidos e rotineiros plantões noturnos. Sendo pobre, a família não dispunha de recursos para oferecer à sogra assistência de uma ou mais pessoas, conforme o recomendado por especialistas. As despesas com médicos, exames laboratoriais e medicamentos já eram por demais elevadas. Não seria justo deixar todo aquele peso sobre os ombros exclusivos de Nanci. A solução foi nos transferirmos para Sorocaba, município a 96 quilômetros da capital paulista, domicílio do clã.

Iniciava-se aí uma nova e longa etapa de lutas. Eram meados de 1980 e eu ainda não havia providenciado a documentação legal, com base na anistia de agosto de 1979. A burocracia exigia provas de que eu era eu a cada passo: Identidade, Carteira de Trabalho, Título de Eleitor e CPF para começar o retorno à legalidade e por aí tentar novo lugar ao sol no mercado de trabalho. E foi neste item que os problemas maiores se apresentaram.

Fui ao DRT do Rio para reaver meu registro profissional de jornalista. Balcão cheio, as senhoras funcionárias tomavam seu cafezinho e conversavam entre si, um tanto indiferentes com a platéia. Demorou para que fosse atendido. Quando isto aconteceu, foi para ouvir que "pessoas como o senhor tiveram um ano para regularizar a situação após a mudança da lei de registro de jornalista, em 1969". De nada adiantou tentar explicar que nessa data, quando a lei mudou, eu me encontrava preso na Barão de Mesquita (unidade do Exército na Tijuca, Rio), removido depois para a Ilha das Flores e mais à frente levado para outras prisões militares até ser banido por decreto do general Médici em janeiro de 1971, saindo do cárcere algemado diretamente para o Aeroporto Internacional do Galeão. Apátrida, não poderia retornar ao país para reivindicar supostos direitos sem o risco de sair sem os tais direitos e, "de quebra", perder o pescoço. Essas pessoas nem sabiam do que falavam. Era como se nada houvesse acontecido de anormal no país nas décadas anteriores.

Após muita insistência, o máximo que consegui foi o registro como jornalista repórter fotográfico, apresentando farta documentação nesse exercício (anos mais tarde essa situação foi resolvida, tendo eu recebido o registro de jornalista pleno. A reconquista do título deveu-se a denúncias de fraudes na emissão de registros profissionais, o que terminou na criação de comissões em todo o país para revisão geral de todos os registros até então concedidos. Um tanto surpreso, recebi carta do Ministério do Trabalho informando sobre esse meu direito. Um tanto tarde, mas ainda assim bem recebido).

Mas também não me preocupei enquanto essa situação perdurou. Apenas não poderia assumir a responsabilidade legal pela edição de publicações segundo a lei, e esse não era meu objetivo. E gostava do que fazia. Aprendi com velhos mestres fotojornalistas brasileiros e de outras nacionalidades a importância da imagem fixa, como já manifestei em algum outro momento. Alguns ensaios sociais e registros culturais foram produzidos nesse período, publicados e transformados em exposições. Entretanto, não conseguia emprego. Muitos anos haviam se passado desde o último contrato com carteira assinada (texto) e a concorrência era imensa, tendendo a crescer. As empresas davam preferência, como seguem dando e cada vez mais, aos jovens, por meio dos quais baixam os salários e excluem os mais idosos, conservando apenas merecidas exceções de faixas etárias avançadas. É que sem estas exceções a qualidade "dos produtos", para usar a linguagem comum do "mercado", senhor impessoal de todos os senhores físicos e jurídicos, iria para o brejo. Não que não existam jovens jornalistas competentes. Acontece que o aprendizado e a experiência, em qualquer profissão, não se dá de um dia para outro.

Os limites financeiros pressionavam. Não sendo pessoas de entrega fácil ao desalento, minha companheira e eu buscávamos saídas para o sufoco, sempre com o apoio infalível de Nanci. Surgiu um concurso na área da Saúde para visitadora sanitária. Teca, embora também fotojornalista, apoiando-se nos conhecimentos que acumulou em seus quatro anos de faculdade de Odontologia, concorreu e foi aprovada. Ao menos um passava a ter emprego e salário fixos. Porém, não era intenção dela e nem minha abandonar a profissão. Elaboramos, por isso, um projeto que, a nosso ver, tinha tudo para dar certo. Tratava-se da criação de uma microempresa, que intitulamos Agência Século 21 Fototexto Ltda. A proposta consistia em oferecer serviços editoriais às grandes empresas, como assessoria de imprensa e edição de pequenos jornais e revistas. Tratando-se de região economicamente forte, pretendíamos realizar pautas e oferecer o produto de nosso trabalho aos grandes jornais da capital e a quem mais interessasse de qualquer outro lugar.

Uma vez instalados e com uma infra-estrutura simples, mas funcional, conseguimos nosso primeiro contrato com um clube tradicional da cidade, possuidor de duas sedes — uma central e outra campestre — e um quadro que contava mais de 30 mil associados. Criamos uma revista mensal. Com o título do clube na publicação e algumas páginas para uso exclusivo de seus interesses, o veículo começou a circular. O espaço publicitário e respectivo faturamento eram nossos. Funcionou. A Agência Século 21 tinha sobrevivência garantida e algumas perspectivas otimistas se abriam. Mas para assinar a revista, como a outras publicações que viéssemos a editar (exigência legal), tivemos que nos associar a alguns profissionais de texto, jornalistas com pouco tempo de estrada, mas com diploma universitário. Boas pessoas, porém muito jovens. Faltava-lhes consciência quanto ao alcance do projeto e disciplina correspondente para executá-lo segundo o que tínhamos programado e os princípios que defendíamos. Algumas vezes, clientes, ou possíveis clientes, com visita marcada para discutir as idéias e prováveis contratos, ficaram "a ver navios". Vieram os aborrecimentos e decepções pelos repetidos "furos" em nossos compromissos e as tentativas de remediá-los com desculpas mentirosas, irresponsáveis, enfim, com gestos infantis, embora fôssemos todos adultos. Nova aprendizagem. Pudemos ver nisso um pouco da juventude formada nos tempos ditatoriais. Decidimos, então, cortar o mal pela raiz, preferindo paralisar as atividades da empresa, dando-a por fechada. Tínhamos passado e nome a zelar.

Já há algum tempo vínhamos nos relacionando com uma pequena agência, montada por um núcleo de fotojornalistas, a Agência F4 fotografias, sediada na capital de São Paulo. Lá estavam profissionais conceituados, como Nair Benedicto, Juca Martins, Ricardo Malta, Maurício Simonetti e outros. A proposta que mantinha era interessante e, até então, inédita entre nós brasileiros desse segmento. Nela, cada profissional era livre para elaborar e executar suas pautas. A agência editava o material produzido, arquivava e providenciava a divulgação do que possuía em arquivo, seus autores e agilizava a comercialização. Ao lado disso, lutava em defesa dos direitos autorais da categoria, no geral fraudados pelas editoras (jornais, revistas, televisões, livros, etc., um caos que se perpetuava na forma de desrespeito, exploração e roubo). Nessa medida, a F4 revelou-se pioneira e, naqueles tempos, uma referência.

Tudo isto, aparentemente desinteressante para ser lembrado aqui, convergia para uma tomada de posição sobre algo que vínhamos amadurecendo em longas conversas em casa. A idade ia avançando e encontrar meios para pagar a vida fazia-se necessário. Veio a decisão. De novo Buenos Aires no meu caminho!

A Argentina abria-se para a transição política. A ditadura militar desmoralizou-se por completo, principalmente depois da tentativa fracassada de desviar a atenção dos problemas internos apoiando-se nos sentimentos nacionalistas do povo com a chamada — e desastrada — "Guerra das Malvinas". A oligarquia, que tanto apoio ofereceu à bestialidade dos generais e corruptos afins, em nome do combate ao comunismo, perdeu os rumos e o povo passou a dominar as ruas exigindo mudanças políticas urgentes e punição para os responsáveis pelos massacres e desmandos sem conta.

Tostões somados e muito apoio de velhos amigos portenhos possibilitaram-me a empreitada, como Carlos e Marta e duas outras pessoas que identificarei apenas como "gordas" (palavra carinhosa) por não ter pedido licença para citar seus nomes, mas que refiro para que saibam, caso este escrito chegue às suas mãos, que têm cadeira cativa no melhor de nossas lembranças. Missões de vida costumam separar pessoas ou levá-las para distâncias nem sempre fáceis de promover reencontros. A proximidade, porém, permanece no pensamento. E não creio que isto seja pouco, seres pensantes e, não raro, apaixonados pelo que conscientemente fazemos e por pessoas que vamos conhecendo no curso deste rio misterioso que resumimos na palavra vida.

A Agência F4 credenciou-me junto à Cancillería argentina, que por sua vez me concedeu credencial como correspondente, sem o que não poderia trabalhar com visto de turista. E logo entrei com pedido de residência provisória para evitar os inconvenientes (despesas e perda de tempo) de a cada três meses sair e reentrar no país para novo visto. Isso me deu dor de cabeça. Num desses finais de dia extremamente úmidos, em que me sentia exausto, a campainha do apartamento tocou e um oficial de Justiça apresentou-se com uma intimação para que eu assinasse. Deveria comparecer às oito horas da matina, do dia seguinte, à sede da Polícia Federal. Mal ele deu as costas, contatei duas pessoas que muito me apoiaram nos dez meses que permaneci em Buenos Aires: Clóvis Rossi, na época correspondente da *Folha de S.Paulo*, e Alceu Nader, na mesma função na *Veja*. Ambos se ofereceram para me acompanhar. Agradeci a solidariedade e pedi apenas que ficassem atentos. Estabelecemos um teto, creio que meio-dia, para que eu entrasse em contato. Caso isso não acontecesse, seria o caso de tomar alguma providência.

O policial que me recebeu mostrou-se educado. Disse que tudo girava em torno do meu pedido de residência provisória. Tinha numa gaveta aberta à sua frente um dossiê volumoso que havia recebido do Brasil a meu respeito e que, a cada assunto puxado por ele, virava mais uma página. Mil perguntas me foram feitas, em alguns casos baseadas em informações completamente infundadas, por vezes curiosas e até imbecis, como "no dia tal você se encontrou com fulano no CACO (Centro Acadêmico Cândido de Oliveira, no Rio)". A meu ver, um dado de nenhuma importância, até pelo passar dos anos. Para nossos "sherlocks" algo fundamental, de extrema gravidade "subversiva". No fundo, coisas assim me acalentavam a alma porque, por elas, certificava-me de que não era o único "burro" no mundo. De qualquer modo, nada de drástico aconteceu. Apenas o enfado por besteiras ouvidas, de horas perdidas. A sonhada residência provisória nunca foi concedida. Estou falando de 1983, alguns anos após a anistia política no Brasil. Logo que saí dali, conversei com Clóvis e Alceu por telefone. Quando lhes falei da intimação, preocuparam-se. Precisava, então, tranqüilizá-los, dizer que estava vivo e demonstrar meus agradecimentos pelos gestos solidários. Era o mínimo que me correspondia fazer frente a essa grandeza humana.

Cheguei a Buenos Aires em julho, quando os partidos realizavam convenções para escolher candidatos à presidência da República. Os justicialistas (peronistas) aprovaram Ítalo Luder; os radicais (Unión Cívica Radical), Raúl Alfonsín. Estes partidos figuravam como os principais concorrentes, com rivalidade histórica.

Os primeiros dias foram dedicados à organização pessoal e contatos. Tive sorte, porque amigos indicaram-me a Agência DyN (Diários y Notícias), chefiada por um homem que considero um dos melhores editores de fotografia que já conheci. Miguel Angel Cuarterolo, seu nome. Quando assumiu a diretoria do departamento fotográfico da agência impôs suas condições de trabalho e a equipe com a qual gostaria de trabalhar. Um timaço: Daniel Garcia (na subchefia editorial de fotos), Dani Yako, Roberto Pera, Eduardo Frias, Rodolfo Del Percio, Marcelo Setton, Jorge Rilo, Marcelo Ranea, Bécquer Casaballe, etc. Não existia laboratorista na DyN. Cada fotógrafo captava suas cenas, revelava seus filmes, participava da edição do que deveria ser distribuído, produzia as cópias para distribuição e ainda escrevia as legendas. Fotojornalistas, autores completos e ágeis. Com essa moçada aprendi muito. Alguns deles portavam marcas da repressão no corpo. Jorge Rilo ostentava umas 40 perfurações de balas de borracha que os repressores juram que "não ofendem", que não produzem ferimentos graves. Muitos dos atingidos perderam a vista.

Cuarterolo e seu time me ofereceram acesso ao laboratório para que eu processasse meus filmes e realizasse cópias quando precisasse. Podia deixar meu equipamento num dos armários destinados à equipe. Se meu estoque de filmes se esgotava, passavam-me uma ou duas latas para reposição até que os meus chegassem do Brasil. Podia usar o telex e ter acesso às pautas. Por último, foi sugerido (e aceitei) que me associasse à Asociación de Reporteros Gráficos de la República Argentina, com o aval do grupo como um respaldo a mais para as horas difíceis de repressão (guardo a carteira até hoje, como lembrança e documento de uma época que tive de enfrentar). E essas horas difíceis não eram esporádicas. Em especial para os fotógrafos, as coisas se complicavam em quase todas as manifestações populares. Os fotojornalistas ficavam entre dois fogos. Manifestantes achavam que poderiam ser reprimidos tendo suas faces nos jornais, revistas e televisões; repressores achavam que não cometiam abusos ao massacrarem manifestantes. Entendiam estar do "lado da ordem". Logo, o "porrete" vinha dos dois lados.

O comovente ficava por conta da obstinação das Madres de Plaza de Mayo, que os militares apelidavam de *las locas*. Não surpreende: quem não respeita a si mesmo não deve respeito a ninguém mais. São os chamados óbvios da vida que, talvez por serem óbvios, nem todos percebem. Sobretudo para aqueles que detêm em suas mãos a chave do poder. As mães tinham dia e hora marcados a cada semana para fazer seu protesto. Destemidas, muitas foram encarceradas e outras desapareceram. O tenente da Marinha Alfredo Astiz, com cara de anjo, e até promovido no governo Alfonsín, encarregou-se de muitas execuções. Sobre ele há muitas histórias escabrosas de torturas e assassinatos. Mas foi o primeiro "valente" contra reclusos indefesos na Escola de Mecânica da Armada a pôr os braços para cima, e sem dar um único tiro, quando os ingleses o pegaram nas Malvinas. Foi levado para a Inglaterra para julgamento, e tanto franceses como suecos tentaram em vão levá-lo para seus tribunais por tortura e assassinato de freiras das respectivas nacionalidades, em Buenos Aires, durante a etapa ditatorial, conduzida pelo general Videla.

Todas as quintas-feiras, as três horas da tarde, as Madres ocupavam a Plaza de Mayo, acompanhadas por grande contingente popular, sindicalistas e políticos. Sofriam agressões físicas e morais, mas não desistiam. Em fila, circulavam pela praça e ao final uma delas subia na base do monumento em homenagem a Belgrano, situado bem à frente da Casa Rosada. Contava sua história e, ao terminar, todas se voltavam para a sede do governo, dedo em riste, e bradavam: "Assassinos, assassinos, assassinos!". As pessoas que lá estavam para ouvi-las, apoiá-las como símbolos de resistência, protestar com elas e aplaudi-las, cantavam:

> Milicos
> Muy mal paridos
> Que hicieron con los desaparecidos
> La deuda externa
> La corrupción
> La gran mierda que ha tenido la nación
> Que paso con las Malvinas
> Esos chicos ya no están
> No podemos olvidarlos
> Por eso hay que luchar
> Milicos...

Conversei com muitas delas e até gravei entrevistas. Soube, por isso, que a maioria conservava pertences pessoais de seus desaparecidos devidamente arrumados em armários, estantes e guarda-roupas, em cômodos mantidos bem-cuidados e inviolados. Havia a esperança, talvez por necessidade de sobrevivência, de que um dia, com um sempre sonhado retorno às liberdades políticas, seus entes queridos voltassem para casa sãos e salvos. Falava-se muito de campos de concentração repletos de prisioneiros. Não foi o que aconteceu quando a ditadura militar desabou. Quem ainda foi mantido preso até a passagem de governo — a essa altura por sorte — foi solto. Os desaparecidos continuaram desaparecidos. Todos mortos e enterrados em valas comuns clandestinas, em muitos casos dentro de cemitérios oficiais. Imensas escavações eram abertas e a cada noite caminhões do Exército despejavam nelas cadáveres aos montes. Um trator os cobria com uma camada de terra. A operação se repetia na noite ou noites seguintes, até que os "técnicos" no assunto considerassem ter chegado o limite para a camada final, o fecho ou lacre de cada vala. A prepotência e certeza de impunidade eram tantas que não lhes passava pela cabeça que os que assistiam a essas cenas um dia poderiam denunciá-los. Hitler imaginou construir seu império por mil anos. Seus filhotes argentinos não pensavam diferente. Tanto que um dos torturadores mais perversos de uma das "patotas", como eles mesmos intitulavam os "grupos de tarefa" da Escola de Mecânica da Armada, adotava "Menguele" como nome "frio". O médico desse grupo identificava-se como "Magnasco".

Veio a posse do vitorioso no pleito, o radical Raúl Alfonsín, em dezembro. Tiveram início os processos contra os generais mandantes e os executores dos genocídios. Os "cabos" Anselmo de lá, só que às avessas, porque da repressão, apareceram dizendo-se arrependidos. Um deles, o ex-cabo da Marinha Raúl David Vilariño, entregou-se à Justiça para não ser fuzilado por seus ex-parceiros de atrocidades. Os repressores pretendiam ocultar os crimes, os nomes dos criminosos e seus cúmplices. Também os lugares onde se encontravam enterrados clandestinamente os "N.N.", ou seja, os desaparecidos.

Ao entregar-se aos tribunais, deu-se conta de que a Justiça permanecia nas mesmas mãos de juízes que serviram às Juntas Militares ditatoriais. Os juízes que procurou recusaram-se a tomar seu depoimento e a dar-lhe proteção, alegando que o caso não era de sua alçada. Com a recusa, ele parece ter sentido o sabor amargo do medo. Refugiou-se por dias a fio numa revista,[1] para a qual prestou longo e detalhado depoimento. O objetivo das denúncias que passou a fazer, dizia, era para, se preso fosse com a mudança política, não ir só para a cadeia.

As monstruosidades que trouxe à luz faziam das informações disponíveis, que corriam até então, apenas um leve verniz. Ninguém supunha, por exemplo, que os "grupos de tarefa" investigavam a vida de idosos, considerados abastados, para descobrirem o valor de seus bens e se tinham parentes vivos. Quando constatavam que não tinham herdeiros, ou se tinham pode-

---

1. *La Semana*, nº 379, de 8/3/1984, Editorial Perfil, Argentina.

riam ser silenciados por qualquer meio, os prendiam sob qualquer argumento, faziam com que assinassem papéis em branco e os executavam na própria Escola de Mecânica da Armada ou fora. Locais para isso não faltavam e traslados não constituíam problema. Dispunham da máquina do Estado para o que lhes aprouvesse. Os agentes faziam isso para eles mesmos ou de encomenda para terceiros por preços altos. Havia empresas especializadas nessa transação e o "mercado na área" garantia espaço para todas, com tendência a ampliar-se.

As declarações de Vilariño são aterradoras e vão além. Revelam apostas entre repressores da mesma equipe para ver quem prenderia moças mais bonitas para estuprá-las amarradas às válvulas das duchas, canos perfurados que seguiam as paredes do imenso banheiro, projetado para que dezenas de homens pudessem lavar-se a um só tempo. Coisa de caserna. No caso, sempre na Escola de Mecânica da Armada, palco das tragédias, onde Astiz, Massera, "Magnasco", "Menguele", Wahmond, Vildoza, Chamorro e outros divertiam-se cortando seios de mulheres em quatro, como quem corta laranja, algumas grávidas, e introduzindo instrumentos metálicos na vagina das vítimas, visivelmente excitados sexualmente, segundo o próprio Vilariño, para sentir a reação delas e depois executá-las para que nada fosse denunciado. Pessoas tão indefesas como completamente inocentes em se tratando de subversão. E assim o número de desaparecidos ia crescendo em nome da "lei, da ordem e da democracia ocidental cristã", discurso padrão da bandidagem dominante.

A propósito, em somente uma vala clandestina que fotografei num cemitério de Avellaneda, na Grande Buenos Aires, que não era a única e nem a maior (a maior, dizem, continua intocada em Córdoba e, não por acaso, a província que acolhe o maior parque industrial argentino), foram contadas 323 ossadas, muitas com mãos decepadas, na maioria dos casos mãos ou cotocos (o sadismo era repugnante) atados às costas com arame farpado. Incluindo restos de pessoas em número volumoso com idade entre nove e 15 anos e, na maioria dos casos, com crânios perfurados a bala de grosso calibre. Fuzilamento em massa. O quadro por si só explica tudo, dispensando comentários. Para generais como Luciano Benjamín Menéndez, homem extremamente truculento, tudo isso é "mentira comunista", apesar das provas documentais, obtidas nas exumações durante os processos judiciais e registros da imprensa (fotos, filmes, depoimentos, etc.). "Tudo muito natural numa guerra", conclui o general Ramón Camps, que comandava a repressão em Buenos Aires.

Foram meses duros de trabalho, em que noite e dia confundiam-se, tendo que conviver com o pesadelo de descobertas como essas que acabo de reportar. Mas também alegres por tamanha atividade, poder sentir-me útil, contribuindo para que a memória histórica não se perdesse de todo. No dia das eleições, 10 de outubro, um domingo, saí de casa por volta das oito horas da manhã e somente regressei na segunda-feira, às duas horas da tarde, com os filmes em preto e branco revelados e aguardando os cromos dos laboratórios especializados em cor para o envio. Cansaço, fome e sono pareciam não existir. Telefonemas do Brasil chegavam a cada instante, pedindo remessa urgente do material produzido. Somente pude ir para a cama na madrugada de terça-feira, quando, por fim, o pacote seguiu. Cá entre nós, eu estava exultante. Havia acertado no traçado do roteiro do meu filme de vida. De São Paulo, em especial da F4, chegava-me o reconhecimento dos colegas.

No Dia Internacional da Mulher, 8 de março (1984), dei minha missão argentina por encerrada. Cobri festejos e protestos que a data sugeria numa sociedade marcada por sofrimentos e muito sangue derramado inutilmente. As ausências eram sentidas. O pessoal da DyN ofereceu-me um "banquete" na própria redação, onde já me confundiam como membro do *staff*, e pude me despedir de Carlos, Marta e filhos, e também das "gordas", agradecendo a todos pela acolhida. Poucos anos depois recebo a notícia da morte repentina de Carlos. Só podia ser de coração, tão grande era. Perda irreparável para quem teve a oportunidade de conhecê-lo e mais irreparável ainda para quem teve a oportunidade de conviver com ele e com a sua família em mais de uma oportunidade, era o meu caso e o da minha mulher.

Hebe de Bonafini, líder das Madres de Plaza de Mayo

Plaza de Mayo — Dia Internacional da Mulher

O fotógrafo Pedro Viegas na cobertura das eleições em Buenos Aires (1983/1984).

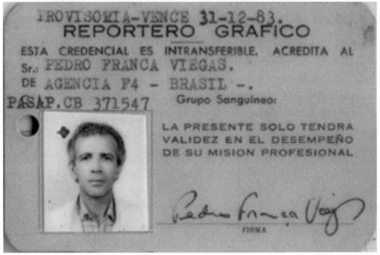

Credenciais de Pedro Viegas como repórter internacional.

21

Reconquista e identidade

As portas se mostraram abertas para meu reingresso no mercado de trabalho logo que pisei de volta o solo brasileiro. A auto-estima, bastante frágil ao partir, agora voava nas alturas. Em apenas uma semana havia à minha escolha propostas de emprego vindas de três fontes. Duas de publicações consideradas importantes de nossa imprensa e que tinham publicado boa quantidade do meu trabalho realizado na Argentina em seguidas edições, em alguns casos como matéria de capa. A última procedia de um órgão dedicado às estâncias hidrominerais e termais do interior de São Paulo. Chamava-se Fumest — Fomento de Urbanização e Melhoria das Estâncias. O contrato de trabalho seria com a Fundação Prefeito Faria Lima — Cepam, com sede na Cidade Universitária. Preferi dar um pequeno tempo para descanso enquanto fazia minhas avaliações. Um direito conquistado "na marra" e que agora iria usufruir conforme me apetecesse.

Nos dois primeiros casos, em geral, os profissionais que têm a chance de pertencer aos seus quadros de funcionários se sentem orgulhosos. "Subversivo" que sou, penso que não é a empresa que dá *status* ao trabalhador, mas que é o trabalhador que proporciona *status* à empresa, pelo empenho e qualidade de seu trabalho, qualquer que seja o ramo de atividade, função, cargo ou salário. Por esta irremediável maneira de ver o mundo, optei pela proposta mais modesta, mas que oferecia melhores condições de trabalho e salário, tomando-se como média essa relação nos nossos meios de comunicação (aos supostos *status* que oferecem não são agregados ao salário. Antes, costumam ser descontados do dito cujo!). De mais a mais, embora me sentindo vitorioso pelo que havia realizado em duras jornadas, trazia comigo algumas seqüelas. Muitas herdadas da fase militante. Outras, por sentir hoje as dores das pessoas que, como familiares, amigos ou simples conhecidos dos sacrificados, tinham o mesmo sentimento que eu, de forma até redobrada. O que houvera visto na Argentina reabriu velhas chagas. Precisava, portanto, sair disso, dessa roda-viva brutal, tentar esquecer ou atenuar lembranças amargas, fazer coisa diferente. Questão de preservar, enfim, o que restava de saúde mental.

A escolha foi acertada. Era o único fotógrafo. Tinha a meu cargo todas as tarefas, que iam da elaboração de pautas à execução, edição, distribuição e arquivamento das fotos. Viajava intensamente e por companhia tinha apenas o motorista. Foi um momento de plena liberdade profissional e, seguramente por isso, de farta produção (a maioria dos patrões não entende essa linguagem. Prefere a disciplina registrada nos cartões de ponto, de entrada e saída em suas empresas. Realmente, tiro meu chapéu para o Ricardo Semler, capitalista que tem a coragem de romper essa regra e por isso suas empresas obtêm continuado sucesso com paz e harmonia).

O inconveniente estava em residir em Sorocaba. Numa época de restrições de velocidade (80km), demorava uma hora e meia para chegar a São Paulo e uma hora e meia para retornar à casa. A perda de tempo me desagradava e, a partir de certo momento, comecei a sentir cansaço. Nesse vai e vem diário ficavam na estrada três horas, se não houvesse atrasos por engarrafamentos de fins de semana longos, no que somos pródigos, ou acidentes.

O trabalho avolumou-se e um dia o superintendente, um jovem engenheiro, Luiz Wolgran, homem justo e atento ao que passava à sua volta, chamou-me à sua sala. Disse-me que estava achando que a carga sobre meus ombros estava demasiado pesada. Observação rara nas chefias. Concordei, e ele pediu uma indicação de outro profissional. Sugeri minha companheira, e ele aceitou. Foi a oportunidade que encontrei para me transferir de mudança para a capital, pois agora seríamos dois a fazer o mesmo percurso e a nos submeter ao mesmo cansaço. Só que um mês depois a superintendência sofreu restrições nas atribuições que tinha. Na verdade, ciumeiras políticas. Wolgran caiu do galho. Para nós restou carta de aviso prévio. A velha perspectiva sempre desgastante de desemprego. Mas isto já não me assustava. Tinha mil portas abertas, e o mais importante era meu acervo. Somente com ele a sobrevivência estava garantida. O que viesse além disso significava lucro.

As fotos efetuadas nesse período foram cair nas páginas de uma publicação bilíngüe (português-inglês) muito bem elaborada pelo Fumest, destinada a embaixadas e consulados, para a divulgação das estâncias e algumas cidades do litoral.

Antes que o aviso prévio tivesse o prazo concluído e o "corte" fosse efetuado, o Cepam decidiu, em conjunto com a extinta Secretaria do Interior, transformar seu boletim em revista mensal, que ao nascer ganhou o título *São Paulo Interior*. Fomos poupados do desemprego e incorporados à equipe. A partir daí, já não eram apenas algumas cidades a serem "cobertas", mas todo o Estado. As pautas se multiplicaram: projetos de produção de alimentos, como plantações e colheitas de cereais diversificados, implantação de hortas comunitárias, plantação e corte de cana e criação de espécies animais variadas, educação, conflitos de terra e assentamento de trabalhadores rurais, e assim por diante. O editor responsável era o jornalista José Cláudio Manesco. A secretaria de redação era compartilhada por Alberto Guedes e Sônia Maria Pereira Fonseca. Na editoria de fotos estava Beatriz Albuquerque, competente, da qual viria me tornar amigo e creio que assim seremos enquanto a vida existir para nós. E foi aí que conheci Antônio Moura, que dividia seu tempo entre a *São Paulo Interior* e a sucursal do jornal *O Globo*. Foi ele a fazer as fotos de Che Guevara morto na Bolívia, imagens que correram mundo.

Todo o tempo que nos restava era ocupado em trabalhos extras, em "frilas", atendendo a solicitações ou para enriquecer o nosso arquivo. O número de estréia da revista *Nossa América-Nuestra América*, editada pelo Memorial da América Latina, saiu de nossa "usina", com o crédito de autoria de Elza Pereira, minha companheira. Durante meses, sempre que não estava viajando pela *São Paulo Interior*, lá estava ela nos fins-de-semana documentando eventos (Paulinho da Viola, maestro Eleazar de Carvalho, apresentações de balé e de peças teatrais de outros países; enfim, de numerosas manifestações culturais de dentro e de fora do país). Também colaborei em algumas edições de *Nossa América-Nuestra América*.

Em nossa agenda constavam as revistas *Imprensa,* fundada por Paulo Markun, *Casa e Jardim* e algumas outras menos conhecidas. Atendíamos a muitas pautas de agências de assessoria de imprensa e foi numa que fui encontrar proposta semelhante à que deu origem à nossa abortada Século 21 Fototexto. Era a Unipress, conduzida por Múcio Borges da Fonseca, que dirigia ao mesmo tempo a *Gazeta Esportiva*. Bem instalada em plena avenida Paulista, a Unipress tinha respeitável gama de clientes de ramos distintos da indústria e do comércio, para os quais editava revistas, o que confirmava a viabilidade de nossa idéia ao concebermos a 21. As paredes da sala em que Borges me recebeu estavam repletas de fotos em tamanho grande. Todas voltadas para o mesmo assunto: o estrago causado pelos militares ao invadirem, no Rio de Janeiro, a redação do jornal *Última Hora*, de Samuel Wainer, durante o golpe militar de 1964. Ali estava registrada a dimensão do "ardor democrático" de nossos "salvadores da pátria". Sintetizando tudo isso, e em destaque, estava uma foto de Antônio Maria, conhecido jornalista da época pelo indiscutível talento que possuía. Sob seu busto constava um recorte, montado na reprodução do original, com uma frase inspirada e ao mesmo tempo irônica que somente o humor que ele esbanjava poderia nos oferecer diante do exposto nas paredes da sala de Borges: "Que bobos! Eles pensam que os jornalistas escrevem com as mãos".

Em meio a tudo isso, chegou-me uma notícia por demais amarga, a morte de um homem cujo nome figura entre aqueles que mais admirei e sigo admirando: padre Paulo Tonucci. Morreu na Itália, resgatado que foi pela família. Transferido de Salvador para Camaçari, e sempre muito envolvido com os problemas sociais de qualquer que fosse a paróquia que assumisse, Paulo notou a exagerada incidência de tumores cerebrais na população. Pesquisou e começou a fazer denúncias, a exigir providências do governo e das autoridades sanitárias no sentido de que a poluição tivesse maior controle. Como sempre, por respostas obteve a omissão governamental e o ataque empresarial. Um engenheiro que respondia pelo complexo do Pólo Petroquímico dedicou-se à tarefa de difamá-lo. O mínimo ataque que fazia a Paulo era que se tratava de "padre vermelho". A imprensa conservadora baiana, ideologias à parte, preferia garantir o faturamento publicitário que as empresas lá instaladas ofereciam para a venda de seus produtos. Paulo começou a sentir sintomas do que denunciava. Um tumor no cérebro o estava vitimando. Quando seus familiares o levaram de volta à Itália, numa desesperada tentativa de salvá-lo, já era tarde. Nem mais enxergava ou reconhecia pessoas. Mas, dessa vez pelo menos, o castigo chegou a galope. O engenheiro que o combatia, que tanto o insultava e o acusava de ser "agente comunista infiltrado na Igreja", passou pela mesma tragédia em menos de seis meses. O "puxa-saquismo" não o salvou. Morreu do mesmo mal.

Tudo na vida tem começo, meio e fim. Mudanças de orientação na *São Paulo Interior* não estavam me agradando, dando-me a perceber que talvez estivesse se aproximando o momento de nova busca por outros campos. Mas fui resistindo. Nunca nos foi explicado o verdadeiro motivo, mas o certo foi que a revista terminou sendo substituída por um tablóide com a mesma periodicidade e quase a mesma dinâmica de pautas, embora com menos espaço. Possivelmente custos e/ou cortes de verba. Mas isto é especulação que fazíamos entre nós da equipe. Em mais um ano e poucos meses mais o tablóide também foi paralisado. Aí as coisas se complicaram. Chegaram a oferecer-me opções de atividades no Cepam para manter o emprego. Não aceitei. Seria muito difícil acomodar-me em tarefas alheias à profissão pela qual havia lutado tanto para não ser excluído do meio, como quase fui ao regressar do exílio pela desavergonhada burocracia dominante. Contava, a essa altura, 12 anos e sete meses de casa. Aproveitei o primeiro Programa de Demissão Voluntária que apareceu para negociar minha retirada, o que veio a acontecer em outubro de 1996.

Um processo iniciado em 1985 e do qual participei com um grupo grande de pessoas chegou à sua fase final após 14 anos de trâmite pelas instâncias de nosso lerdo Judiciário. Versava sobre o que considerávamos arbitrariedade das autoridades navais pelas punições que distribuiu contra marinheiros e fuzileiros navais que apoiavam o governo de Jango e exigiam respeito à Constituição, por fim rasgada com o golpe. O resultado definitivo nos deu ganho de causa e alguns direitos perdidos foram reconquistados.

Ao longo dos anos que se seguiram à anistia surgiram situações por vezes curiosas, algumas embaraçosas e outras até surpreendentes, para melhor ou para pior. Em todos os casos, minha maneira de reagir frente a elas em outros tempos era bem diferente. O que antes me levava à irritação fácil, hoje somente raríssimas vezes me "tiraria do sério", e assim mesmo sem perda de moderação. Quase sempre prevalece a indiferença. E alguns episódios até me divertem.

Um deles: tinha — como sigo tendo — que ir ao Rio com certa regularidade porque lá residem minha mãe, tias e parte importante e numerosa de familiares próximos e distantes. Também para tratar de assuntos burocráticos de meu interesse. Numa dessas idas senti vontade de procurar um velho conhecido, que integra o Conselho Editorial da *Folha de S.Paulo* e que há anos não via. Fui num meio de tarde à sucursal da *Folha*, na Av. Presidente Vargas, nas proximidades da Candelária. Não o encontrei. Esperei um pouco, ele não apareceu, decidi ir embora. Logo ao tomar a Rua Uruguaiana, em direção ao Largo da Carioca, reconheço uma antiga figura. Ia à minha frente. Parecia saudável, com terno bem-cortado e os mesmos óculos de fundo de garrafa de quando infelizmente o conheci, aros pretos e lentes de cor verde. Ultrapassei-o para ter certeza quanto às minhas suspeitas. Parei mais adiante numa vitrina. Não deu outra, era o próprio: Solimar, agente do Cenimar, que houvera passado uma noite vasculhando minha casa em 1964, que levara uma Beretta que não era minha, legal e documentada, e que nunca seria devolvida. Andei um pouco mais e decidi voltar para ver se, indo ao seu encontro, ele iria me reconhecer. Não reconheceu. Interessante: às vésperas de ser banido, com mais 69 presos, fui, como os demais, fotografado de todos os ângulos, vestido e nu para possível reconhecimento posterior. Mas fui eu a reconhecê-lo pelas costas, entre o fervilhar de transeuntes e sem qualquer esforço. Melhor ainda: pude confirmar na prática aquela máxima que diz que "quem bate esquece"! Não sendo vingativo, tudo o que fiz foi oferecer-lhe o meu desprezo, seguindo uma rua transversal para alcançar meu destino pela Av. Rio Branco.

Outra: as exigências para minha completa legalização como anistiado político, principalmente no âmbito profissional, levaram-me à Biblioteca Nacional e a muitos outros lugares, como arquivos de jornais e até da Penitenciária Lemos de Brito para tirar cópia de um documento de meu prontuário coberto de poeira num porão. Isto uma amiga fez em meu lugar. E assim, por vezes tateando no escuro e batendo de porta em porta, algumas erradas, solicitei à Subsecretaria de Inteligência da Casa Militar da Presidência da República uma certidão do que esse órgão tinha em seus arquivos a meu respeito. Demorou mas a resposta veio. Que me desculpem, mas ao ler o documento tive vontade de rir e até de gargalhar. Nem tudo era mentira. Mas até esse *nem* que uso já revela alguma coisa. Vamos lá: nunca utilizei na vida, como constam nos arquivos da ditadura e preservados como verdades até hoje, codinomes como "Antônio Amim", "Antônio Viegas" ou "Tuninho"; jamais pertenci ao Movimento Revolucionário 26 de Julho (MR-26) e nunca integrei o quadro de militantes do Partido Comunista Brasileiro Revolucionário (PCBR). As organizações pelas quais passei foram: Movimento de Ação Revolucionária (MAR), estive próximo do MR-8 por curtíssimo tempo em Santiago, da VPR também por pouco tempo e, por fim, participei da fundação do MRP e nele permaneci até sua desmobilização após a anistia. Mas os absurdos vão mais longe. No mesmo documento é assegurado que fui membro da direção da Associação dos Marinheiros e Fuzileiros Navais do Brasil (AMFNB), o que não corresponde à verdade, e que fui diretor-executivo da Gráfica Bagüense, que não conheço e, por não conhecer, não posso saber onde fica. Não faria sentido hoje negar tais informações se verdadeiras fossem. Baseado nessas e noutras, o *Jornal do Brasil* (de 12/1/1971), estampando minha cara em foto cedida pelo Exército (uma das muitas tiradas à véspera do banimento), afirma categoricamente que eu, na época, era estudante de Direito (isso encontrei em outros "documentos confidenciais" que corriam entre os órgãos repressores), o que em tempo algum me passou pela cabeça estudar, e que eu havia contraído matrimônio com a filha de um dos diretores da Brahma. Esta ultima é engraçadíssima, mas tomei a sério. Quem sabe, por ter sido incorporado à nobre família, sou um dos sócios majoritários de tão poderosa e abastada empresa sem saber, enquanto a conta bancária pessoal está sempre em déficit?! Vindo de família humilde, não tendo acumulado riquezas, poderes, nem sendo estrela política, torna-se difícil entender a que interesses tais informações poderiam servir. Com certeza os rapazes que "levantavam" esses dados sabem.

Chega. Por aqui fico. De propósito deixei para pôr o ponto final neste *pot-pourri* nada musical em data predeterminada — 29/6/2003 — hoje, quando completo 66 junhos de vida e quando, também, conto 40 anos de terme somado ao Movimento dos Marinheiros, abrindo aí a vereda para a longa e atribulada caminhada que viria. E como abri estas reminiscências com Goethe, peço licença a John Donne, voltado para o que de mais sério trouxe à lembrança nesta viagem, para encerrá-las com o seu magistral *Por Quem os Sinos Dobram*:

> "Nenhum homem é uma ILHA isolada; cada homem é uma partícula do CONTINENTE, uma parte da TERRA; se um TORRÃO é arrastado para o MAR, a EUROPA fica diminuída, como se fosse um PROMONTÓRIO, como se fosse o SOLAR de teus AMIGOS ou o TEU PRÓPRIO; a MORTE de qualquer homem ME diminui, porque sou parte do GÊNERO HUMANO. E por isso não perguntes por quem os SINOS dobram; eles dobram por ti."